和平與衝突研究
理論新視野

湯智貿 ★ 主編

湯智貿、吳崇涵、陳宗巖、邱奕宏
廖小娟、楊仕樂、郭祐輷、李佳怡 ★ 著
顏永銘、吳俊德、劉奇峰

序　言

　　本書的作者皆是學有專精的國際關係研究青年學者，亦是東吳大學政治系全球化與和平研究中心的研究員。付梓過程中，為求內容嚴謹，各章節於完稿後，先由作者群以一人一篇單向匿名的方式進行文章審查，之後再由出版社邀請的兩位外審委員進行匿名審查。編者要感謝各位作者付出寶貴的時間心力，在有限的篇幅下，以深入淺出的方式完成章節，同時感謝五南圖書副總編輯劉靜芬小姐在專書出版提案過程中的協助與說明，以及責任編輯張若婕小姐在付梓過程中不辭厭煩地聯絡所有作者並提醒出版流程相關事項。最後，編者要特別感謝兩位外審委員願意在繁忙之中撥出寶貴的時間審查本書，提出讓我們獲益良多的修改意見。總之，若沒有這十位作者、兩位編輯、和兩位外審委員，本書應該還飄盪在空中，不知何時能落地實現。

主編　湯智貿

目　錄

PART 2　國內層次

湯智貿[*]

　　兩次的世界大戰促使歐美學者積極地探討爲何會發生這樣死傷慘重的國際衝突，使得和平與衝突研究在社會科學研究中誕生。早期研究國際衝突的學者來自不同的學術領域，如Pitirim Aleksandrovich Sorokin（社會學家）、Lewis Fry Richardson（物理學家）和Quincy Wright（政治科學家）等。在二十世紀初行爲科學興起之際，這些學者開始系統性地蒐集與分析人類歷史上的戰爭事件，嘗試透過量化分析途徑探討國際衝突的成因、趨勢與模式。Pitirim Sorokin在其1937至1941年間所寫的專書合集《Social and Cultural Dynamics》中，針對西元前六世紀以來的戰爭做統計調查分析；Lewis Richardson的《Arms and Insecurity》和《Statistics of Deadly Quarrels》兩本著作嘗試將國際衝突數量化並利用統計模型預測國際衝突；Quincy Wright則在其1942年的經典著作《A Study of War》中透過實證分析探討戰爭的不同成因，提出建立和平的條件。這些研究可以視爲當代和平研究（Peace Research或Peace Studies）的開端，也讓和平研究具有跨領域和科學分析的性質。在概念上，這些早期的研究認爲和平與衝突是相對的狀態，亦即和平是沒有衝突的狀態，或者衝突是破壞和平的過程，因而相信若能瞭解引發衝突的因素，就能找到避免衝突的方法，從而創造與維護和平。這樣的想法成爲當代和平研究的核心，持續影響後來的和平研究學者。[1]

　　隨著第二次世界大戰結束後，世界局勢進入意識型態對立、毀滅性核武

---

*　東吳大學政治學系助理教授、全球化與和平研究中心主任。

[1]　回顧和平研究發展歷史的文獻相當多，這裡主要參考Håkan Wiberg（1988）、Harty and Modell（1991）、Herbert Kelman （1981）、Nils Peter Gleditsch等人（2014）。臺灣亦有討論和平研究發展的相關中文文獻，例如莫大華（1996；2006）、蔡育岱和譚偉恩（2008）與蔡育岱（2010）。

恐怖對峙、軍備競賽擴大的冷戰時期，人類生存受到前所未有的威脅，所有人類可能因核武戰爭在一夕之間滅絕。在此背景下，和平與衝突研究獲得更多國際社會的重視。例如，1948年聯合國教育科學文化組織（United Nations Educational, Scientific and Cultural Organization, UNESCO）鼓勵研究國際衝突成因，1951年奧斯陸社會研究中心（Institute for Social Research in Oslo）推動建立跨領域的和平科學（science of peace），1952年美國卡內基基金會（Carnegie Corporation）資助社會科學研究會（Social Science Research Council）探討軍人與文官之關係如何影響美國安全政策的形成。此後，和平研究相關的研究機構、學術出版、研究計畫與教學課程也相繼出現。

　　在美國，社會科學為主的學者聚集在Michigan大學，以「衝突解決（conflict resolution）為名建立新的跨領域學科，探討衝突的起因以及如何避免，推動和平研究。這個研究社群在1957年出版《Journal of Conflict Resolution》，且於1959年成立由社會學家Robert Cooley Angell與經濟學家Kenneth Boulding共同主持的「衝突解決研究中心」（Center for Research on Conflict Resolution）。這些學者以「衝突解決」而非「和平」為名推動和平研究，主要是因為當時和平一詞有左翼政治意義，不容於當時美國反共產主義的政治氛圍，若用和平作為名稱可能招致不必要的政治反對，而且他們認為這個新創的跨領域學科是學術導向，不是為特定意識型態或規範性目的服務，需要維持客觀中立。另外，在John Burton領銜下，「國際和平研究學會」（International Peace Research Association）於1963年籌備並於1964年成立。[2]而Walter Isard於1963年脫離國際和平研究學會，另行成立「和平研究學會（國際）」（Peace Research Society (International), PRSI），其成員亦與Michigan社群重疊，並且於1973年開始出版另一個重要的和平研究期刊——《Conflict Management and Peace Science》。由於深受當時盛行的

2　該學會的前身為1963年開始運作的Conferences on Research on International Peace and Security（COROIPAS）。

行為主義的影響，衝突解決研究社群追求透過科學方法分析各類型人類衝突的實證資料，如心理衝突、人際衝突、社會衝突、國際衝突等，發展可以解釋所有人類衝突的一般性理論。不過，當時整個社群的研究焦點仍是國際衝突。因而，J. David Singer於1963年在Michigan大學創立爾後影響和平研究深遠的「Correlates of War（COW）」資料庫專案計畫。除了美國，同樣出身於Michigan研究社群的Anatol Rapoport在加拿大Toronto大學建立和平與衝突研究學程。

同一時期，歐洲也陸續誕生許多和平研究機構與教育單位。例如，Johan Galtung 於1959年創立「挪威和平研究中心」（Peace Research Institute Oslo, PRIO）且於1964年開始出版《Journal of Peace Research》，以衝突、軍備、武器管制與解除為主要研究項目的斯德哥爾摩國際和平研究所（Stockholm International Peace Research Institute, SIPRI）於1966年成立，英國Bradford大學於1973年建立和平研究學系，延攬具有實務與學術經驗的Adam Curle擔任教授。瑞典Uppsala大學於1971年成立「和平與衝突研究學系」（Department of Peace and Conflict Studies），並開始「Uppsala Conflict Data Program（UCDP）」資料庫專案計畫，蒐集各面向武裝衝突的實證資料，而該資料庫與COW資料庫已成為當前和平與衝突研究的最常被引用的實證資料來源。

這些來自不同領域學學科的和平研究先驅，包括政治學、經濟學、社會學、心理學、人類學、數學等，用不同的理論和研究方法，例如賽局理論、計量方法，比較研究法、調查研究、深度訪談、實驗、田野等，探討國際、國內、社會、家庭與個人層面衝突的成因與影響，以更全面的視野瞭解人類衝突行為，讓和平與衝突研究逐漸走向跨領域議程，不再侷限於傳統國際關係學注重的國際層次。從哲學思想的角度來看，和平研究在於反思以馬基維里思想為中心的現實主義世界觀，承襲烏托邦思想。在經歷超過半個世紀的發展，和平研究已成為一個重要的跨領域研究，更成為促進和平運動的重要動力之一。

當代和平研究發展深受社會暨統計學家Johan Galtung提出的概念與框架

所影響。Galtung（1969）以暴力（violence）定義和平，認為和平不僅是沒有暴力的社會狀態，亦是消弭暴力的社會目標。[3] 換言之，和平不只是一種狀態，更是改善世界的行動，有其規範價值意義。而這不同於前述美國和平研究社群以衝突行為定義和平，尋求科學客觀、價值中立的研究途徑。Galtung以暴力為軸線，貫穿串連各種層次（國際、國內、社會、族群、與個人，以及雙向與單向）的衝突，讓和平研究超越以國家為中心、國際層次為主軸、軍事安全為焦點的傳統衝突研究框架。Galtung將暴力分為兩類，一類為可以清楚確認施暴者與被害者的暴力（personal violence），也就是一個行為者傷害另一個行為者的直接暴力（direct violence）；另一類為結構性暴力（structural violence），是源自於政治、經濟、社會等制度結構所造成的權力以及資源分配不平等而形成的間接暴力（indirect violence）。亦即，制度結構的不公不義間接地透過壓迫、歧視、偏見或剝削等方式傷害一個人的生存狀況（生理與心理）、生存條件與發展機會。例如，造成疏離、貧窮、飢餓、受教育或工作的機會。這兩種暴力都會對於個人生命造成威脅。[4] 同時，相對應於這兩種暴力，Galtung提出消極和平（negative peace）與積極和平（positive peace）兩個重要的和平概念。消極和平指的是沒有直接暴力的狀態。這可能是透過以暴制暴或平和的方式消弭衝突，但是卻未必根除衝突的成因，所以衝突可能會再現。換言之，消極和平可能是短暫的。積極和平為沒有結構性暴力的狀態，其達成可以透過調整與改善現存的不公平正義的權力與資源分配制度結構來降低社會裡的相對剝奪感，促進社會整合，從而避免暴力產生，建立一個可以永續維持和平的環境。積極和平是有衝突解決機制和正義的狀態。若以病理學做比喻，消極和平是治

3　根據Galtung的解釋，暴力對個人的影響是指個人肉體與心靈的實踐（realizations）低於其潛力的時候。暴力區分為六個面向，包含肉體與心理（physical and psychological）、消極與積極（negative and positive）、客體受害與否（whether or not there is an object that is hurt）、有無暴力主體（whether or not there is a subject (person) who acts）、蓄意與無意（intended or unintended）、顯性與隱性（manifest and latent）。

4　Galtung（1990）認為文化通常被用來正當化直接暴力和結構性暴力，因而提出文化暴力（cultural violence）的概念。

療，而積極和平是預防（Galtung 1996）。

　　從實務應用的角度來看，和平研究亦探討如何有效地在衝突雙方或多方間透過第三方調解或外交談判達成「和平促成（peacemaking）」，在國家內部政經情勢嚴重危及國內和平與國際安全時，進行非武力的「和平維護（peacekeeping）」，最後在後衝突時期對被衝突撕裂的社會進行「和平建立（peacebuilding）」，建立調和社會差異、消除衝突相向的社會關係的制度，將社會中的暴力衝突文化轉變成和平文化。在這幾個大面向下衍生出許多不同於傳統國際政治研究的次議題，例如，衝突解決與避免（調解、談判）、衝突和解、非暴力（非暴力抗議、非暴力干預、不合作、公民不服從）、人權、性別、社會正義、消除貧窮、生態永續等。

　　如前所述，雖然和平研究社群在初創時期就意識到衝突研究層次不應侷限於國際層次，但冷戰的背景讓許多學者著重於國際衝突研究。不過，隨著美蘇兩極對峙的冷戰格局瓦解，世界格局發生了劇烈的變化，而這也影響了和平研究的往後發展。在後冷戰時期，國際衝突減少，但是其他層次衝突逐漸增加，如國內武裝衝突、種族衝突、宗教衝突、社會衝突與恐怖攻擊等。同時，非國家行為者，如政府間國際組織、非政府組織、跨國企業、國內團體、乃至個人，對於世界事務運作的影響也隨著全球化的加深而大幅提升。因此，和平研究社群也開始將其目光轉至非國家行為者和其他層次類型衝突之間的關係。另外，蘇聯瓦解被視為自由價值的勝利，以民主和經濟為核心的自由和平論也隨之興起，推動探討政治與經濟制度和衝突之間關係的研究，進而觸發一波自由主義者與現實主義者之間的辯論。此外，聯合國於1994年倡議人類安全概念（human security），希望能透過這個以人為中心和以「免於匱乏的自由」（freedom from want）與「免於恐懼的自由」（freedom from fear）為支柱的安全概念引導後冷戰世界的和平與發展。人類安全的內容與實踐路徑則與積極和平與消極和平概念相互呼應 （蔡育岱2010；蔡育岱、譚偉恩，2008）。因此，後冷戰時期的和平研究議程不僅持續關注衝突暴力，也進一步結合「發展研究」，逐漸回歸到原來設定的研究議程。

　　在這樣的背景之下，本書以Galtung的直接與間接暴力和消極與積極和平為出發點，從制度規範、利益與行為者三個角度和國際與國內兩個層次來介紹說明目前和平研究關注的面向。

　　首先，第一章「國家間和平：從民主和平論到資本和平論？」介紹當前國際層次自由和平論中的「民主和平」與「資本和平」兩個理論內涵的發展，梳理兩種和平論述之間的關連、演變與辯論。自由和平論原始核心內容主要是以政治體制與文化為焦點的民主和平和以自由貿易為焦點的商業和平。民主和平論認為，當國家彼此共享相同的自由民主政治文化和公開透明且相互制衡的政治制度時，則雙方比較不會發生戰爭或軍事化衝突，而商業和平論認為，由於國際衝突而造成的經濟與政治成本會隨著經貿互賴的加深而增加，所以貿易互賴高的國家較不會以暴力的方式解決彼此之間的紛爭。不過，有論者認為，資本流動在現代經濟體系的重要性已凌駕商品貿易活動，而且商業和平論忽略了國內經濟制度規範對於國家對外行為的影響，因此提出資本和平論，將有關政治與經濟制度如何影響國內個人或團體與國家政府外交決策之間理性計算的互動，以及討價還價互動過程中政治與經濟成本訊息傳遞的因素，不僅深化經濟自由和平論的國內層次論述，也挑戰了商業和平論的實證證據，甚至試圖從資本經濟體制造就民主政治的論述中挑戰民主和平論述。同時，理論層次的辯論也誘發實證證據分析方法上的辯論。然而，該章認為，目前民主和平與資本和平的理論框架其實是相同，而且資本主義經濟制度的和平效應在實證上仍未獨立於民主和平效應之外，所以資本和平論能否成為獨立的和平論述，仍有待觀察。

　　第二章「國際衝突與利益和平論」亦是評估民主和平論的解釋力，將焦點放在國家利益，討論其是否只是一個中介變數（即民主是透過國家利益間接地促成了和平效應），還是一個獨立於民主政體之外影響國家間和平的變數。該文認為，民主和平論過於簡化國家間和平關係演進的過程，民主國家之間不發生戰爭，並不只是因為政體相似與否的關係，雙方的國家利益是否相近也是降低國家間衝突的重要因素，因為共享相同的利益可以讓在特定議題中發生衝突的兩個國家減少誤會，降低衝突激化，同時也能雙方產生友好互信的社群同夥關係。因此，該章認為，當我們在做實證分析時，應將國家間利益分配關係視為獨立變項，如此才能更適當地評估民主和平論。

　　第三章「國際收支與國際安全」則從現實主義的脈絡出發，認為在全球經濟高度互賴的時代，國際經濟與國際安全是高度連動的，經濟財富作為國際政治地位與影響力的基礎更形重要。跨國經濟交易導致的國際財富分配失衡會引發國際經濟權力分配出現變化，進而改變國際政治與軍事權力的分配現況，最後可能影響國際安全的穩定。在現代經濟體系，國際收支狀況是瞭解一個國家經濟財富上升或下降與國際經濟關係變化的重要指標。當國際收支失衡時，意謂有些國家正在流失財富，這不僅造成該國財務問題，也影響其國際權力的基礎。為了改善失衡的狀況，各國將會透過談判或各種政策手段恢復平衡，但在過程中，不免發生糾紛與誤解，若糾紛進一步惡化，則可能導致國際安全環境受到影響。同時，於經濟全球化下，各種跨國經濟交易因應而生，也使得管理複雜的跨國貿易、資金與資產流動以平衡各國國際收支的方式也越來越多。換言之，國家若將經濟作為一種影響他國的政治與安全的政策工具，這些用來穩定國際收支的手段將變成實踐政治目的工具，執行過程中將可能直接或間接衝擊國際經濟穩定，而影響區域與全球的安全現狀。

　　第四章「軍事衝突在商業政治風險分析中的考量」也是討論經濟面向的和平論述，但是將觀察主體換成跨國企業，指出軍事衝突不僅會直接對跨國企業資產造成破壞或威脅其人員生命，也會導致地主國的商業環境或現行經濟政策發生變化，而間接地對跨國企業造成的負面衝擊。當和平穩定的商業環境受到破壞之後，將可能引發外資銳減，最後對本國經濟所造成的負面衝擊，因此國家會慎重考量是否採取軍事行動處理國家間糾紛。這正是自由和平論強調經濟互賴促進國家間和平的主要論據。但是該章認為，此觀點成立的前提是跨國企業能夠有效地認知軍事衝突在政治風險中的重要性，且會因政治風險的考量而影響其投資地點選擇的決定。不過，政治風險概念複雜且不好界定，致使當前的相關研究仍有待精進之處。同時，該章建議我們應審慎地檢視軍事衝突在跨國企業考量商業政治風險中所扮演的角色與地位，並探究跨國企業是否會因爲地主國具有較高軍事衝突的風險，進而作出改變其投資地點的決定。

第五章「國家權力變動與意圖：權力平衡論與權力轉移論」則是回到傳統國際政治研究中現實主義的權力論述，從權力比和國家意圖（不滿意度）兩個面向重新檢視權力平衡理論與權力轉移理論，並修正與連結兩個理論，提出衝突預警整合架構。在整合權力和不滿意度兩個分析象限後，該章提出三個預測國家間衝突發生的時期。首先，雖然權力差距提供了國家發動戰爭的機會，但意圖比機會重要，當國家不滿意度處於最高程度時，引起戰爭的可能性最大。第二，即便不滿意度位於中等程度，但當兩國的權力處於正要進入或離開相等階段時，還是可能發生戰爭。最後，雖然不滿意度低，但當崛起國擁有一定權力優勢後，戰爭就有可能引發。

第六章「科技與地理和平論」同樣地從現實主義角度切入，探討以「攻守理論」之名登場的科技與地理和平論，追溯其起源與發展，並以核子武器與傳統武器等兩大焦點，評價正反雙方的爭執。該章指出，歷來的科技與地理和平論，錯將核子武器的相互保證毀滅與嚇阻的概念混爲一談，才以爲嚇阻是較強的防禦；同時，日新月異的武器科技發展雖使科技與地理和平論偏重於科技因素的探討，但同樣的科技在不同的地理條件裡會產生不同效果，既有的科技與地理和平論忽略了此一層面，遂不免在解釋上發生難以兩全的矛盾。綜合而言，科技與地理和平論確實有許多缺失，也因此不算太受歡迎，但這多少也與其淵源有關。科技與地理和平論關心科技與地理因素如何影響了攻守行動的難易程度，而這攻守難易程度的變化則影響了戰爭與和平。只是，國際關係研究的重點畢竟是戰爭的前因後果，科技與地理和平論卻太過專注於研究戰爭的過程。

第七章「義戰理論與全球正義」從規範的角度介紹義戰理論的內容和探討義戰理論作爲一個「非理想理論」如何成爲追求全球分配正義的理論基礎，焦點放在執行全球分配正義能否成爲發動戰爭的正當原因。該章以緊急避難權利、存活權和現代國家體系三個理論角度逐一說明消弭貧窮作爲道德責任是否可以成爲發動戰爭的理由，以及爲何國家間互相援助是國家在現代國家體系中維持其政治獨立與領土完整的正當性基礎。該章指出，在追求全球分配正義的過程中，國家有消極與積極兩方面的責任。消極責任為必須確保自己的各種政策不會對其他國家人民造成傷害，阻礙他國人民滿足自己的基本需求，而積極責任為當貧窮國家人民沒有能力滿足自己基本需求時，其他國家必須提供援助，協助貧窮國家人民解決困境。如果已開發國家沒有盡到這兩種責任，貧窮國家人民可以自由且自主地發動正義之戰來執行這兩項責任，保障其基本需求。最後，該章認為，當前義戰理論的發展應該對實現全球正義手段的正當性提供完整的衡量標準並說明這些標準原則如何構成一個完整的理論體系。

　　第八章「恐怖主義的政治經濟學分析」回顧恐怖主義的政治經濟學相關研究，且系統性地歸納整理恐怖主義的成因、影響與手段。恐怖主義屬於政治暴力的一種，多半是恐怖組織或少數人民因為不滿生活狀況、仇恨政府，或特定的政治目的而發動，通常使用極端的威脅及恫嚇方式，像是炸彈、縱火、綁架或挾持人質、暗殺或伏擊、劫機、破壞、詐騙、生化武器攻擊、和核子威脅等方式，造成一般大眾普遍性的恐慌與政治經濟的失序，從而迫使目標政府同意其訴求。例如，恐怖主義者透過恐怖攻擊釋放不利於政府的負面訊息，促使一般大眾怪罪政府反恐不力，從而影響政府的執政正當性，或是造成貿易或投資風險增加，讓受攻擊國家的經濟環境惡化。恐怖主義發生的原因有其外在的結構性因素，例如政治體制、經濟、地理和人口，和非結構性的心理與意識型態因素。例如，後冷戰時期恐怖主義事件較易發生在民主國家、中東國家、以及失業率高的國家。換言之，政治體制、經濟與地緣等結構性因素與恐怖主義事件息息相關。該章也指出，近年來新興的恐怖攻擊形式和以往的作法大不相同，甚至變本加厲，例如藉由殘殺無辜受害者達到威嚇大眾的效果，將血腥的殺戮畫面透過網路及社交媒體播送到全世界。另外，個人孤狼式恐怖主義的興起也使得政府對於恐怖攻擊越來越難預測及掌握。因此，政府要如何跟上恐怖主義日新月異的演變，提出更有效的反恐對策，將是一個急迫的課題。

　　第九章「人權與衝突：『常識』背後的多重邏輯」主要在討論衝突與人權之間不同面向因果關係。該章指出，武裝衝突危害人權狀況是顯而易見。武裝衝突將會不可避免地導致物質破壞和生命喪失，但是在衝突過程中，人命傷亡不只侷限於實際參與交戰的武裝部隊，更是擴及無辜的平民百姓，有時後者的犧牲傷害更為嚴重，而且他們所受到的衝擊甚至衝突結束後還持續出現。相反地，人權狀態惡化也可能是衝突發生或惡化的原因，因為即便人身自由權並未遭到侵犯，但其他類型的歧視與偏差待遇仍可能讓特定族群的不滿而導致社會衝突，甚至擴大成內戰。不過，雖然改善提升人權情況是普遍的期待，但是在衝突後的和平重建過程中，追究衝突期間人權侵害之責任以落實轉型正義的行動，卻可能對於和平協定的落實造成負面效果，反而再一次造成社會分裂與衝突。除了國內衝突，實證研究也發現尊重人權規範文化的國家也傾向透過和平手段執行外交政策。該章認為，目前學界對於人權與衝突的研究仍存有需要深入探討的地方。例如，人權中的經濟社會權利與公民政治權利在衝突發生過程中的所扮演的角色以及與衝突之間的三向關係，或者限制公民自由，迫害，到軍事衝突可能有其連續的因果關係，而其中政府的決策動機與人權倡議團體的反應策略為何都可以做更深入的研究。這些研究也都可以與民主和平論加以連結。

　　第十章「網際網路與社會運動」以2010年「阿拉伯之春」為例子，探討網路在社會運動中所扮演的角色與影響，並且介紹網路如何影響社會運動的相關重要理論，包括交易成本理論、賦權理論、政治傳播理論、集體行動理論、以及動員結構理論。理論上，網路大幅降低訊息獲取與傳遞的交換成本，讓人際聯絡溝通更有效率，使得社會運動的籌劃與推展相對容易。其次，網路讓任何人都可以從被動的資訊接收者變成主動的資訊選擇者、提供者與評論者，而這不僅讓人民可以有更多元的政治資訊與知識來源，也可以提升其言論自由、政治參與的興趣與能力，從而增加發起社會抗議的動機。另外，社群網站將個人的社交網絡在網路上連結起來，讓人際溝通更頻繁，有助於維繫感情與增進友誼。當人際的交往越緊密，就能在集體行動發生時提供更多的社交誘因，將原本的囚徒困境轉化為互信賽局，降低搭便車的心態，從而減輕集體行動失敗的問題。不過，該章也指出，網路要能對政治參與和社會運動發揮正向作用，關鍵在於民眾使用網路的目的。若上網都是以娛樂為主，對於政治參與就不會有影響。此外，網路的影響力也會因為個人社會經濟地位的差異而不同。通常大量使用網路的族群是社會經濟地位與政治知識較高的民眾，網路對於他們的政治參與影響較顯著。相對地，社會經濟地位較低的弱勢族群，不僅政治參與的比例與意願本來就較低，其使用網路的機會也較少，所以網路他們的影響較小。這樣的差異將可能讓網路對政治參與的影響是「富者越富，貧者越貧」的走向。該章認為，若網路要成為使政治社會權力結構更公正平等的力量，擴大網路普及程度將是重要的課題。

　　第十一章「尋找當代內戰中的主戰場：以『時空群集』概念測量內部武裝衝突」，從地理空間的角度提出嶄新的「時空群集（temporal-spatial clusters）」方法來測量武裝衝突嚴重性。在衝突研究中，武裝衝突的強度或嚴重性一直是學者是探討國際或國內衝突的焦點，因為衝突強度一方面顯示交戰雙方的決心，另一方面呈現戰爭的規模與殘酷。目前量化研究對於武裝衝突強度的測量，常以戰鬥人員死亡數作為指標。但是該文認為，戰鬥人員死亡數並不適合運用在測量國內層次的武裝衝突嚴重程度，如內戰、族群、社群、部落衝突等，因為這類型衝突中受衝擊最嚴重的往往是平民，而非戰鬥員人員，因此容易造成測量的落差。同時，內戰的地點與範圍通常集中在局部地區，且地形、自然資源、人口、族裔分布等導致內戰發生的因素也會因地而異。若依循國家總體層次資料作為實證分析基礎，將忽視相關因素分布差異的影響，而導致偏誤的分析結果。因此，為了改善以戰鬥人員死亡數測量武裝衝突強度而造成的落差問題，並避免忽視空間分布差異的重要性，該章提出時空群集法來找出武裝衝突中戰鬥最為集中的時間及地區作為標定衝突中最嚴重的時空區位，反映出內戰中的實際情況。由於時空群集法也將時間面向納入考量，也讓研究者能納入更多的突發變數，如洪水、乾旱、風災、地震等以往因其突發性和非規律性而未受重視的資訊，來解釋內戰在局部地區的發生和不同地區的嚴重性，從而發掘更多可能的因果關係。

　　本書以深入淺出的方式介紹分析不同的和平研究面向及其趨勢，包括民主制度、資本主義、利益與和平、國際財富分配與國際安全、跨國企業與政治風險、國際權力分配與戰爭、科技與地理、正義與發展、人權、恐怖主義、地理與內戰嚴重度。編者期望透過本書，延續過去許多前輩在和平研究上的努力，繼續推動台灣的和平與衝突研究。

參考文獻

莫大華，1996，〈和平研究：另類思考的國際衝突研究途徑〉，《問題與研究》，第35卷第11期，頁61-80。

莫大華，2006，〈和平研究的理論研究趨勢與啓示〉，《復興崗學報》，第86期，頁115-140。

蔡育岱，2010，〈和平研究五十週年與人類安全：和平與安全之間的搭橋與對話〉，《國際關係學報》，第29期，頁169-181。

蔡育岱、譚偉恩，2008，〈雙胞胎或連體嬰：論安全研究與和平研究之關聯性〉，《國際關係學報》，第25期，頁77-118。

Galtung, Johan. 1969. "Violence, Peace, and Peace Research." *Journal of Peace Research* 6 (3): 167-191. doi: 10.1177/002234336900600301.

Galtung, Johan. 1990. "Cultural Violence." *Journal of Peace Research* 27 (3): 291-305.

Galtung, Johan. 1996. *Peace by Peaceful Means: Peace and Conflict, Development and Civilization.* London: Sage.

Gleditsch, Nils Petter, Jonas Nordkvelle, and Håvard Strand. 2014. "Peace research-Just the study of war?" *Journal of Peace Research* 51 (2):145-158. doi: 10.1177/0022343313514074.

Harty, Martha, and John Modell. 1991. "The First Conflict Resolution Movement, 1956-1971." *Journal of Conflict Resolution* 35 (4): 720-758. doi:doi:10.1177/0022002791035004008.

Kelman, Herbert C. 1981. "Reflections on the History and Status of Peace Research." *Conflict Management and Peace Science* 5 (2): 95-110. doi:doi:10.1177/073889428100500202.

Wiberg, Håkan. 1988. "The peace research movement." In *Peace Research: Achievements and Challenges*, edited by Peter Wallensteen, 30-53. Boulder, CO: Westview.

PART 1

國際層次

湯智貿[*]

壹、前言

　　冷戰結束後，自由和平論（Liberal Peace Theory）在國際關係研究中快速崛起，不僅成為探討衝突（戰爭）與和平的重要途徑，同時在實務上也對後冷戰時期國際外交政策制訂與互動產生相當的影響，例如美國柯林頓政府時期（1993-2001）的外交政策就有自由和平論的影子。自由和平論者主要以德國哲學家Immanuel Kant在1795年提出的「永久和平」（Perpetual Peace）主張作為論述起點，並從政治和經濟兩個軸線探討人類和平如何可能永續。從政治體制切入者，發展成為目前廣為熟知的「民主和平論」（Democratic Peace），由經濟方面切入者則是分析國際經濟互動與經濟制度如何約束國家對外政策，從而產生國際和平效應。當民主和平論述逐漸建立其穩固的實證基礎，甚至被賦予近似經驗通則（an empirical law）的地位之際（Levy 1989: 270），經濟面向的自由和平論也以商業自由主義（Commercial Liberalism）為基礎，發展成以自由貿易經濟互賴為焦點的「商業和平論」（Commercial Peace）。不過，近年來，經濟自由和平論的發展已逐漸從貿易互賴的角度轉向探討國內經濟制度規範如何影響國家對外行為。這個理論與實證研究焦點的轉向，促成「資本和平論」（Capitalist Peace）的提出，並使民主與貿易和平論的實證基礎，在自由和平論研究社群中掀起一波辯論。

　　基於這樣的背景，本章從理論與實證兩個層次分析，爬梳從民主和平論到資本和平論的發展脈絡，釐清其中辯論的焦點，進而評估資本和平論是否

---

[*]　東吳大學政治學系助理教授、全球化與和平研究中心主任。

有可能取代民主和平論。本章首先討論自由和平論的理論內容及經驗分析的發展；接著探討資本和平論的內容發展與現況，然後分析民主和平與資本和平之間的辯論；最後於結論提出對於自由和平論發展的反省。

貳、自由和平論：民主與經濟

一、民主和平論

　　自由和平論認爲自由國家彼此間發生戰爭的機率很小，並將其論述基礎回溯至德國哲學家Immanuel Kant提出的永久和平（perpetual peace）論點（e.g. Doyle 1983a; 1983b; 1986; 2005; Russett and Oneal 2001）。[1]Kant認爲人類社會若要實現永久和平，有三個條件必須同時存在：第一，國家政治體制必須是尊重維護人權（個人政治、經濟、社會權利）的共和代議制；第二，這些民主共和國共同成立一個和平聯邦（pacific federation）；第三，建立讓外國人能與本國人自由地交換商品與意見的友善環境（Kant 1795; 1991）。

　　將上述的第一個永久和平條件理論化並透過量化歸納與計量方法建立其實證基礎就是目前廣爲熟知的民主和平論。目前學界大多以Dean Babst在1964年出版的文章作爲第一份民主和平論的實證分析文獻（Babst 1964）[2]，但是依據Doyle（1986: 1166）的文獻考察，Streit Clarence在1938年就提出民主和平有其實證規律的觀察（Clarence 1938）。若以1964

1　不過，當前自由和平論援引的永久和平概念並非Kant獨創，而是歐洲啓蒙時期幾位哲學思想家對話辯論而來。根據Knutsen（1994）的考察，Kant的永久和平構想主要是啓發自Rousseau在1756年出版的《*Extrait de project de Paix Perpétuelle de M. l'Abbé de Saint-Pierre*》與《*Judgement sur la Paix Perpétuelle*》，前文是Rousseau摘要解釋法國教士Saint-Pierre在1713年出版的《*Projet pour render la paix perpétuelle en Europe*》；後文則是批評Saint-Pierre在其1713年一文中所提的永久和平計畫。然而當時Rousseau的論點則有受到Montesquieu於1748年出版的《*Spirit of Law*》的影響（Gates *et al.* 1996）。有關Kant與Rousseau在永久和平概念發展的對話，亦可參閱周家瑜（2014）。

2　該文於1972年再出版於一個非政治學類的期刊《*Industrial Research*》，見Babst（1972）。

年作爲起始點，民主和平論已經發展超過半個世紀。同一時間，學者也相繼提出多方解釋來支持民主和平論，並使用實證資料反駁其他學者的挑戰，尤其是現實主義學者的質疑。在實證上，經過不斷地複製（replication）和精進實證分析，自由和平論者基本上達成一個共識，即民主國家之間（配對或對子層次，dyadic level）比較不會發生軍事化衝突或戰爭，但民主政體本身（國家層次或單位層次，monadic level）是否比其他非民主政體較不易發動或涉入干戈相向的爭端或戰爭則仍有爭議（例如：Bremer 1992; Chan 1984; Dafoe *et al.* 2013; Dixon 1994; Doyle 1986; Morgan and Campbell 1991; Pickering 2002; Quackenbush and Rudy 2009; Ray 1993; Rummel 1983; Weede 1984）。

在理論層次上，學者主要從兩個面向爲民主和平論提出因果關係的解釋：「文化規範」（cultural/normative）（民主文化、規範與實踐）和「結構制度」（structural/institutional）（例如：Doyle 1986; Ember *et al.* 1992; Maoz and Russett 1993; Rummel 1979; 1983）。文化規範面向的解釋認爲民主社會運作內涵是尊重個人權利、包容社會不同聲音、個人或團體可以透過和平的方式進行政治競爭、以非暴力的協商方式解決政治爭端，這樣的政治文化也會外溢（外部化），進而影響民主國家之間的互動行爲，即當民主國家之間發生爭端時，民主政治文化會促使它們優先選擇非暴力的外交協商方式解決彼此之間的衝突。[3]結構制度面向的解釋則著重於民主制度的約束機制。民主國家的人民可以透過選舉或抗議等方式對政府與國內政治領袖所推動的國內或對外政策表達支持或反對的意見，而且因爲必須共同承擔其支持或反對相關政策可能造成的成本，所以人民會更加在意政策執行的結果，民主政府的所作所爲也就會受到人民更多的關注與壓力。在這樣的背景之下，

3　但在文化規範的脈絡下，Dixon（1994）指出，雖然民主國家共享民主治理內涵與價值，如責任政治、公平選舉、言論自由、普遍選舉權等，但並非每一個民主國家都以一致的方式體現上述的治理內容，例如社會民主與古典自由民主就有不同之處。因此，若用一個整體民主文化規範或意識型態來解釋民主和平，可能會弱化民主和平論的理論解釋力。Dixon認爲，民主政治的共同核心是透過非暴力強迫的制度化程序（如選舉機制）進行價值與資源的「有限競爭」（bounded competition），應該此概念作爲民主和平論的實證分析基礎。

民主政府在政策制訂過程中必須慎重考量國內人民的不同聲音與利益，花更多的時間透過國內公共辯論與說服來取得民意的支持。同時，在行政與立法的制衡機制之下，執政政府不僅要對其推動特定政策負責，其政策自由度也會因為政黨競爭而限縮，而且政府權力分散的設計使政策須經過各部門協商之後才能產生，這讓民主政府領導者獨斷決策的機會不高。在政策制訂過程相對複雜冗長且有民意監督的情況下，民主國家也就較難發動高風險成本的侵略性對外政策，而這也使得發生爭端的民主國家彼此有更多的時間與空間以非暴力協商的方式解決爭端，避免衝突升高至嚴重的戰爭。（Ember *et al.* 1992; Maoz *et al.* 1993; Morgan *et al.* 1991）

　　不過，上述民主和平論的兩個主要理論解釋是比較偏向總體（macro）層次脈絡的討論。其實，一個國家是否採取軍事武力手段解決國際紛爭，相當程度還是取決於國家領導人與相關決策者事前對於發動戰爭所做的成本獲益的理性評估。因此，以個人微觀的角度探討領導人在不同的國內政治制度下如何考量戰爭的成本和獲益，成為民主和平論的另一條重要思辯主軸。在此脈絡下，Bueno de Mesquita等人（Bueno de Mesquita *et al.* 1999; 2003; 2004）提出以「推選人團理論（Selectorate Theory）為論述核心的政治存活邏輯（the logic of political survival）來分析解釋政治制度如何影響領導人決定發動戰爭。他們認為，維繫政權的存續是領導者在位時的首要目標。由於不同的國內政治體制會形成規模大小不同的推選人團（可以選擇領導人的公民人數），而推選人團的大小則決定領導人組成「贏家聯盟」（winning coalition）（維繫執政所需的政治支持者人數或結盟數量）的規模，進而影響領導人選擇是以提供公共財或是以私人利益授受的方式來鞏固贏家聯盟成員的支持以維繫政權。在贏家聯盟規模大的政體（通常是民主國家），領導人是由全體公民選出，她或他若想要繼續執政，就必須在定期普選制度下獲得人民對其執政表現的認可。因為民主國家的贏家聯盟規模大，領導人主要透過公共政策創造與分配公共財的方式來鞏固聯盟成員（即選民），所以會相當在意公共政策能否使所有選民或至少足以支持其繼續執政的選民人數滿意。由於戰爭是一個必須動用極大資源的政策，一旦領導人決定採用戰爭政策處理對外事務，勢必要挪移國內其他政策資源來支持戰爭活動，而這可能引起人民的不滿。同時，假若戰爭失敗或是獲勝但其報償不足以抵銷付出的成本時，對人民負責的領導人將必須面對檢討的壓力而爲這樣的政策結果負責下臺。因此民主國家領導人會更謹愼地考慮是否以戰爭的方式來解決國際紛爭，但是若他們一旦決定發動戰爭，將會全力求勝。相反地，在贏家聯盟規模小的政體（通常是專制國家），領導人的執政權力基礎並非由全體公民賦予構成，而是來自於少數掌握國家政經資源的特定利害相關人士與團體（如國家或私人企業、親人家族、軍隊等）的支持，只須滿足由這些人的利益需求就可以維繫其政權，所以專制國家領導人因戰爭失敗而下臺的風險比較小，也因爲下臺負責的壓力小，專制國家領導人比較不會像民主國家領導人在戰爭中全力求勝。依據上述的邏輯，民主國家領導人較不輕易發動戰爭，並且會小心地選擇發起會贏的戰爭。再者，民主國家一旦決定發動戰爭，它會動員更多的資源來贏得戰爭，爭端的另一方將更不能確定能否在戰爭中獲勝，因此讓民主國家也較不易成爲戰爭的目標，民主國家之間也較不容易發生戰爭（Bueno de Mesquita *et al.* 2003; Reiter and Stam 1998）。[4]

　　然而，上述Bueno de Mesquita等人的政治存活邏輯並沒有更深入討論爭端中的兩個國家爲何無法達成和解共識，反而逐漸升高危機態勢，最後導致戰爭爆發。以討價還價理論（Bargaining Theory）作爲分析基礎，Fearon（1994b; 1995）認爲爭端雙方訊息不對稱或不確定是重要的原因。危機升高至戰爭是由於爭端雙方會掩飾自己眞正的軍事實力與決心，試圖藉著誇大自己能贏得戰爭的實力與決心，希望在討價還價過程中取得較有利於自己的結果，但就是因爲談判過程中的資訊不確定的狀況，使得雙方不能正確地瞭解對方眞正的偏好與決心，以致無法評估發動戰爭的實際得失，錯失和平解決爭端危機的機會，最後走向戰爭。不過，領導人的國內「聽衆成本」

4　雖然民主國家因爲國內動員的成本高而會避免戰爭，這卻容易使其他非民主國家對它發動侵略作爲，進而使民主國家被迫回應，甚至先發制人（Bueno de Mesquita and Lalman 1992），最後衝突終究發生。

（audience cost）（Fearon 1994a），即是政府推動特定政策時，若中途退卻後所必須面對的國內政治成本（例如失去政權），可以間接傳遞這些在談判過程中被隱藏的訊息，改善上述資訊不對稱或不確定的狀況。因爲在聽眾成本比較高的國家，當其領導人決定將危機升高至戰爭的層次時，就必須對全力求勝以達到對人民的承諾，而這等同間接向爭端危機中的對方傳達其升高危機絕非虛張聲勢的「昂貴訊號」（costly signal），讓對方瞭解其政策是可信的（credible）。如此，若爭端危機對造的眞實實力與決心不高時，就可能在談判過程中退讓妥協，進而促成和平解決爭端危機。由於民主國家的國內聽眾成本比較高，與之發生軍事衝突所付出代價會比較高，所以它較不會成爲升高危機至戰爭的對象。而當國際爭端危機兩造都是民主國家時，就更不會以激烈的軍事手段來解決紛爭。[5] 至此，Bueno de Mesquita等人的推選人團理論和Fearon的聽眾成本概念都進一步將政治制度與個人理性決策連結在一起，爲民主和平論提供微觀的理論基礎。

二、經濟自由和平論

除了民主文化與政治制度，經濟是自由和平論的另一個重要理論建構面向。如前所述，構建永久和平的另一支柱是讓所有的人能在友善自由的環境下彼此交換商品與意見。以現代自由經濟理論的角度來看，依據比較利益原則進行國際生產分工並透過自由貿易互通有無可以創造比自給自足更好的整體國家福利。因此接受該自由貿易（交換）精神（spirit of commerce）的國家會避免破壞商品與意見自由交換體系的事件（如戰爭）發生，且願意一起合作創建使自由貿易制度能順利運行的和平環境（Doyle 1986）。換句話說，當各個國家因自由貿易而加深彼此間經濟互賴的時候，這些國家間比較不會發生破壞自由貿易的國際軍事衝突。根據這個論述，學者開始以國際貿易作爲觀察指標，從機會成本（成本效益）的觀點出發，針對經濟互賴與國

5　民主國家也可能發動它們認爲會贏的危機來避免國內的聽眾成本（Gelpi and Griesdorf 2001）。

際軍事衝突之間的關係進行實證分析，提出以「商業自由主義（Commercial Liberalism）」爲基礎的和平論。這些學者認爲，軍事衝突可能造成彼此間或與第三國間經濟活動（貿易）減少或中止，使得倚賴這些貿易活動的國內產業產能與收入下降，最後導致國家整體經濟成長衰退。由於這些經濟損失使得發動軍事衝突的成本增加，所以減少領導人以軍事武力的方式來解決國際爭端的誘因，進而降低國際軍事衝突發生的可能性（如：Hegre *et al.* 2010; Long 2008; Oneal *et al.* 1996; Polachek 1980; Polachek *et al.* 1999; Russett *et al.* 2001）。[6]但是，Morrow（1999）認爲，貿易活動流量的程度是衝突發生之前即可得知的資訊，互賴的兩個國家於發動衝突之前就可以將其納入對戰成本考量，進而得知對方將危機升高至軍事衝突的決心。在機會成本的論述邏輯下，貿易依賴程度高會減少雙方對戰的決心，然而當一方因依賴雙邊貿易而減少其對戰的決心時，卻也向對方透露它願意退讓妥協以避免戰爭，這反而可能增加對方透過軍事衝突獲取更多讓步的誘因。因此，雖然機會成本論述說明一個國家發起戰爭的意願如何受到成本的增加而減少，但是在邏輯推演上卻有不確定性的問題，無法清楚說明貿易互賴的國家爲何（不）走向戰爭一途。Morrow認爲，危機無法和平解決反而升高至衝突主要是因爲雙方無法實際觀察而得知的戰鬥決心所造成，但貿易活動其實是另一個傳遞昂貴訊號的管道（如聽眾成本的邏輯），讓爭端雙方可以間接得知彼此無法透過實際互動而觀察到的決心，進而促成危機和平解決。同樣地，Gartzke等人（2001）也認爲機會成本的考量無法讓經濟互賴的國家避免衝突。他們以不完全資訊賽局爲基礎，認爲在高度經濟互賴的世界，國家可以透過威脅減少或終止雙邊貿易或資本流動等經濟活動來傳遞昂貴訊號，使對方得知其對戰決心，進而減少國際衝突的發生。不過，Polachek和Xiang（2010）認爲，Gartzke等人的理論仍是以機會成本的論述爲核心假設，即

6　從經驗分析上，學界大抵同意對國際衝突會減少貿易的論點（如Keshk *et al.* 2010; Long 2008; Pollins 1989），但對於貿易（互賴）是否會降低國家間軍事衝突的發生可能性則在理論與經驗分析上仍有歧異。相關的辯論可以參考Mansfield與Pollins（2003）所編著的專書。

經濟互賴的中斷會導致損失（成本）；再者，他們的理論忽略了在承平時期經濟互賴會增加雙方的獲益，而這將會改變爭端雙方在討價還價過程中出價的多寡，進而會影響對方接受和解的可能性，所以機會成本的論述仍是對的。以機會成本和訊息傳遞為主要理論基礎之上，經濟自由和平論的國際層次實證研究逐漸從以國際貿易流量作為主要觀察經濟互賴的指標拓展至其他各面向的經濟指標，如國家經濟發展程度、國家資本開放程度、外國直接投資流量與存量等（如：Bussmann 2010; Gartzke 2007; Gartzke and Hewitt 2010; Gartzke and Li 2003; Gartzke *et al.* 2001）。

　　除了國際層次的分析，學者也從國內層次為經濟自由和平論提出論據。從國內貿易政治的角度出發，McDonald（2004）認為，當一個國家內部支持實行貿易保護政策的力量較大時，該國發起軍事衝突發生的可能性會增加。換句話說，實行自由貿易政策的國家較不會發起軍事衝突。因為國家依比較利益原則進行國際分工與貿易來提升國家總體經濟收入，但是這些貿易收入在國內並非平均分配至每一個人身上，收益分配的差異使國內不同經濟部門的個人或團體產生不同的外交政策偏好，這些不同的偏好會影響政府外交決策的方向。在國際市場上，具有生產優勢的出口導向產業因為會受益於自由貿易政策，所以該產業部門的個人與團體（或企業與勞工）會結盟要求政府推行自由貿易政策，避免會破壞有益於自由貿易運行的政策，例如使用武力的對外政策。相反地，不具國際市場生產優勢的進口替代產業會合作起來要求政府推行貿易保護政策，甚至傾向支持侵略性外交政策，因為這一來可以保護其市場優勢，同時透過軍事侵略兼併其他經濟體的方式也可以增加該產業部門的市場占有率。McDonald（2007; 2010）更進一步從國內經濟制度面的角度主張，當一個國家實行國有財產制，並以國有企業為經濟生產活動主體時，則該國比較可能推行侵略性的對外政策。因為在這樣的經濟制度下，國家掌握大部分經濟活動的收益，其財政自主性也相對地提升。由於政府不需要以向人民徵稅作為財政收入主要來源，並且擁有較大的經濟收益分配權力，所以較不受制於國內社會的壓力，進而對於國內事務會有較大的主導能力。同時，透過經濟利益組織執政聯盟，強化其政策制訂與執行的優勢，因此即使政策執行失敗，政府亦能以經濟利益疏通減緩檢討懲罰的壓力，化解政府領導人下臺危機，所以政府若想要制訂執行侵略性的外交政策時會比較不受國內的限制。換句話說，假若一個國家實行資本主義私有經濟制度，則其政府較難有機會推行侵略性對外政策，因為它在政策制訂過程中必須面對較多有制約能力的國內政經勢力。

　　同樣地，Mousseau（2000; 2009; 2010; 2013）以經濟制度為焦點，提出「經濟規範理論（Economic Norm Theory）」。他認為人類社會的經濟交易型態界定了人類政治互動的方式，進而影響國家的對外行為。他指出，人類社會的經濟型態可以分為「非私人性」（impersonal）與「私人性」（personal）兩種。前者指的是契約密集（contract intensive）的經濟型態，即個人是透過在市場上與陌生人訂立契約交易來取得物資與服務，而簽約雙方相信契約會被履行是因為有可信賴公正之第三方（通常是國家）強制執行的保證；後者則是契約稀少（contract poor）的經濟型態，即商品交易的達成是建立在私人關係和過往互動經驗，而且交易對象通常是親友或親近團體。經濟規範理論認為，在以契約密集經濟型態為主的國家中，追求經濟利益的個人會希望建立公正透明的國家行政組織與司法制度來監督強制契約履行的過程並且懲罰違約，保障每一個人在市場上都有一樣地立約交易的自由與權利，如此市場經濟活動的規模才能擴大，經濟發展才得以推進，個人財富也就會增加。在這樣的經濟環境下，人民會逐漸培養出對於自由公民權利的期待與需要。因此，契約密集經濟型國家通常會演變成民主國家。若民主國家的政府或領導人無法持續經濟持續成長，則可能失去政權，所以契約密集經濟型國家會偏好相互合作，擴大市場經濟，以和平的方式彼此的爭端，避免經濟活動受到破壞。相反地，在以契約稀少經濟型態為主的國家中，個人的財富是透過封閉的私人交易網絡，運用不公正的尋租方式壟斷國家社會資源而獲得。因此，國家領導人維持國內統治的方式是利用恩庇侍從體制來維繫旗下尋租團體的支持，同時壓迫其他非我族類的尋租團體。為了維持這樣的政經體制，國家領導人可以利用發動對外戰爭將國家資源作為私有財分配支持者，同時可以將戰爭的成本加諸於非支持者的身上，弱化非支持者的反動能量。再者，透過對外戰爭，國家領導人可以催生民族主義，建立國家認同，進而強化其統治正當性。因此，契約稀少經濟型國家會比較容易發動對外戰爭。[7]

參、民主vs.經濟：資本和平論優於民主和平論？

如前所述，民主和平論與經濟自由和平論各有其理論依據，但也這些論述背後的核心理論機制基本上相差不大。不過，隨著政治與經濟等相關變數的實證資料蒐集在時間、空間與面向上的增加，國際關係學者得以從更長的時間、更廣的樣本涵蓋和更多樣的解釋變數或控制變數不斷檢證自由和平論在長時間國際政治經濟關係變化過程中的解釋力。在這樣的背景之下，被認為近乎是國際關係研究實證法則的民主和平論不斷地面對新的實證分析挑戰。在理論上，這些挑戰懷疑民主直接導致和平是一個虛假的因果關係（亦即有第三個因素同時影響民主與和平），或民主和平效應是基於另一個因素而產生。經濟自由和平論就是其中一個強力的挑戰者。這也引發了一場自由和平論者間的辯論並催生出「資本和平論」。

一個國家的經濟發展與它的國力和國內統治穩定息息相關。為了維持經濟發展不斷推進，國家必須要取得充足的資源。在過去，國家以武力掠奪占領土地的方式來增加經濟發展所需的物質與人力資源和擴大市場規模。由於土地資源有限，爭奪土地變成是一場國家之間的零合戰爭。但是，隨著經濟發展上升與科技進步，透過戰爭獲取資源的成本也隨著提高，包括占領成本、軍費支出、戰敗損失等，所以透過武力占領資源不再是一個能有效率地推動經濟發展的方式。在現代生產分工的經濟體系下，土地的重要性已不如以往，因為科技使得以貿易交換取得資源的成本低於武力殖民的方式。在

---

7 基本上，Mousseau的論述可以說是以Bueno de Mesquita等人的推選人團理論為基礎，同時加入了McDonald的理論要素。

生產分工、貿易、資本與人力互賴程度增加的趨勢下，國際經濟生產體系盤根錯節，任一環節的中斷都會造成整個經濟體系運作的不穩定，甚至崩潰，因此國家會避免造成中斷的衝突發生（Rosecrance 1986; 1996）。簡言之，貿易互賴與國際衝突之間的反向關係取決於經濟發展的高低（如：Hegre 2009; Hegre *et al.* 2010）。另一方面，資本和平論者認為，自由貿易（經濟自由）促進經濟發展，經濟發展催化民主制度的出現，進而創造民主和平，所以資本主義經濟體系才是促成世界和平的主要驅動力（Weede 1995; 1996; 2003; 2005），亦即民主的和平效應是建立在以資本主義為核心的經濟發展之上，其和平效應強弱取決於經濟發展的高低（Hegre 2000; 2009; Hegre *et al.* 2010; Mousseau 2000; Mousseau *et al.* 2003）。換言之，民主和平效應是有條件的。進一步，當在實證分析中考量國家資本市場開放程度（Gartzke 2007）[8]，或國家是否採行資本主義市場經濟制度（契約密集程度高）（Mousseau 2010; 2013）[9]的資本主義經濟變數之後，民主和平論的解釋力變得不再重要。資本和平論者據此認為，經濟全球化的歷程中，資本市場經濟才是促進國際和平的主要因素，而民主和平僅是一個附加的效應。不過，亦有持中間立場的資本和平論者認為，民主的和平效應還是存在，只是小於資本主義的和平效應（McDonald 2009; 2010）[10]。此外，國際體系組成的變化也被認為可能影響民主和平論的解釋力，亦即當國際體系中有越來越多的民主國家時，民主國家共同合作對抗外在威脅（例如非民主國家）的動機減弱，反而它們之間的利益差異會逐漸被凸顯，以致彼此發生衝突的可能性會增加（Gartzke and Weisiger 2013; 2014）。[11]換言之，民主國家之間較不會發生衝突的論點應是基於彼此間是否有共享的利益或威脅，而非因為它們共享民主體制。

8　Gartzke以國際貨幣基金檢視政府限制外匯兌換、經常帳與資本帳交易程度的八項指標做成一個綜合性的變數來測量政府開放國際資本的程度。

9　Mousseau以個人壽險保額作為契約密集程度的測量指標。

10　McDonald以國家公有財產作為指標。

11　由於Gartzke等人以利益為出發點，亦可被視為現實主義者。

　　不過，民主和平論者認為，資本和平論者從理論上將自由主義截然分割為民主與資本經濟是不恰當的，因為兩者都包含有自由元素且相輔相成，區分民主與資本經濟哪一個是因，哪一個是果，或兩者相對重要性的意義不大（Russett 2010）。再者，即使以經濟規範理論作為經濟和平論的基礎，其高契約密集經濟體之間較不會發生衝突的推論邏輯仍不脫前述經濟互賴的成本效益論點（Ray 2013）。從實證分析的角度來看，民主和平論者也認為，資本和平論者目前所得出的實證分析結果是奠基在有缺失的研究設計上，特別是最近Gartzke與Mousseau等人的研究。例如，Dafoe（2011）指出，Gartzke（2007）的實證分析結果有可議之處，因為其使用的分析樣本與模型變數建置有以下的問題：第一，由於金融開放程度（主要解釋變數）的資料起於1966年，以致1950～1965年的分析樣本在統計分析過程中被排除，因此模型估計中缺少近39%的訊息；第二，在模型中加入與理論不相關的區域虛擬變數（處理空間異質問題）；第三，未把和平年份（peace-year）變數放入模型，錯用Beck等人（Beck *et al.* 1998）提出的控制和平時間因素的方法。另一方面，Choi（2011）則指出，Gartzke將所有國家配對納入分析在理論與方法亦有爭議，因為有些國家的政治相關性很小（例如臺灣與模里西斯的地理關係天南地北，相對地雙邊的政治與經濟交流就可能不多），所以理論上雙方發生出衝突的可能性本來就很低，將這些國家配對加入分析樣本只會使衝突事件更顯稀少，使模型估計更偏離理論的預設；同時，放入區域虛擬變數導致部分歐洲與南美洲的資料被排除於模型估計過程中，可能造成模型估計偏誤。同時，Choi（2011: 762-764）也指出，由於Oneal與Russett（1997）的民主和平模型有錯誤之處，因此Gartzke以該模型作為基本模型得到的結果也會有問題。當將上述這些問題排除後，民主變數仍具有顯著的和平效應。

　　另外，雖然Mousseau（2009; 2013）以壽險支出作為契約密集指標有其創新之處，但大部分的民主國家就是契約密集經濟體（Russett 2010），甚至其中有些國家成為契約密集經濟體之前就是民主國家（Ray 2013），而這顯示民主與契約密集經濟體可能有內生性的問題。[12]高契約密集國家或有經濟互賴的傾向，但壽險支出指標所呈現的是國家（monadic）層次的訊息，缺少配對（dyadic）層次分析所需的國家間互動資訊（Ray 2013），因此以國家層次的資料間接地反駁配對層次的民主和平論有待商榷。同時，Dafoe等人（2013）指出，Mousseau（2009）僅說明民主和平效應的不顯著，但未正確解讀具有統計顯著性的民主與契約密集經濟的交互作用變數（interaction term），而該交互作用變數所傳遞的訊息是民主和平效應是有條件的，並非否定民主和平效應。當Dafoe複製Mousseau（2013）的實證分析並加入民主與契約密集經濟的交互作用變數於模型後[13]，如Mousseau（2009）先前的研究結果一樣，民主和平效應不能被否定。不過，Dafoe等人雖不認同Mousseau的研究結論，但經過更細緻的研究設計，他們也同意實證上民主與契約密集經濟體有部分相互重疊的和平效應（Dafoe et al. 2013: 210）。同樣地，針對Gartzke與Weisiger（2013）提出民主和平論會因為國際體系中民主國家數量的增加而減弱其解釋力的說法，Dafoe等人（2013）認為他們的研究結果並不可靠，因為其研究設計與提出的理論不一致，且民主變數與國家鄰近（contiguous）變數的資料編碼有誤。在適當地更正研究設計與理論不一致問題，並更換大國（major power）變數資料與加入每年國際體系國家數量的控制變數後，實證分析結果顯示國際體系中民主國家數量的增加並不影響民主國家之間的和平。因此，目前民主和平論者仍對民主和平效應抱持信心。再者，雖然資本和平論對於民主和平論提出挑戰，但在對外經濟開放層次的面向上，其理論仍未超越機會成本的論述。而且，在國內經濟自由面向上，對於為何經濟行動者與政治決策者的互動在

12　Mousseau（2009）早先的實證分析結果受質疑的地方是其資料涵蓋的國家與時間有限的問題（Russett 2010）。雖然Mousseau（2013）在之後的統計分析中，已先對契約密集經濟變數資料遺缺的部分進行補值，但是Dafoe等人（2013）認為，Mousseau使用的契約密集經濟變數有超過90%是透過補值而求得，但卻對於補值方法與比例的說明不夠清楚，因此在這種狀況下的實證資料分析結果會有爭議。因此，他們用多重補值法（multiple imputation）重建Mousseau的資料庫且以此做實證分析，結果民主和平效應還是存在。

13　Mousseau（2013）的實證分析並未將民主與契約密集經濟的交互作用變數加入統計模型。

資本主義經濟體制下會比在國家主義經濟體制下更加和平仍需要更細緻的微觀層次理論（Schneider 2014）。

　　雖然民主和平論者逐一回應資本和平論者的質疑，但是其本身在理論與實證上也仍有以下幾個需要進一步考量的地方。第一個問題便是如何測量民主。以目前學者主要用來操作化民主變數的Polity資料庫（Marshall *et al.* 2015）為例，該資料庫主要著重於政治參與和競爭面向的制度內容，包括行政首長選任的制度化程度、行政人員選任過程開放與競爭程度、行政部門職權受約束的程度、政治參與制度化與競爭程度。雖然競爭與參與是民主制度的重要特徵，但是現代民主的內涵並不止於這兩個面向，可能還需要考慮司法公正、性別平等其他面向公民自由：[14]第二，民主的定義內容可能因歷史時空變化而有所不同時（例如希特勒時期的德國是不是民主國家？）（Gleditsch 1992），甚至一個國家可能因為其他國家主觀認知的變化而被視為民主或不民主（Oren 1995）。定義不一致、認知變化的影響與實證資料涵蓋面不完善的問題都可能弱化民主和平論長時期實證分析的效度與信度；第三，民主和平論的實證基礎主要是建立在國家配對層次的觀察，但是在國家層次上，相較於其他政體類型的國家，民主國家本身是否會因其制度與文化比較不會使用武力的方式解決爭端和維護利益仍然沒有定論（如：MacMillan 2003; Pickering 2002; Quackenbush *et al.* 2009; Rousseau *et al.* 1996）。這意謂，民主國家之間的和平可能是一個有範疇侷限性的「分隔的民主和平（Separate Democratic Peace）」（Doyle 1983a: 232; Russett *et al.* 2001: 275）。民主和平效應是否有外溢效果，跨越民主國家和平區的界線，影響非民主地區，將世界塑造成一個民主和平國際體系仍然需要進一步的實證研究（Gartzke *et al.* 2014）；第四，民主與和平的因果關係也可能

14　政治競爭與參與的擴大或許某種程度上間接指涉其他面向的公民自由程度上升（Vanhanen 2000），但若能有針對特定公民自由更直接的單獨測量指標與數據，將會使測量一個國家總體民主程度更為精確。例如，根據2015年Polity IV的資料，臺灣的民主程度是10分（最高分數，即最民主），但臺灣內部認為自己的司法民主與公正程度還有相當多改進的空間，因此司法民主與公正程度的分數是否也可以依據Polity IV的總體評分給於10分呢？若臺灣在司法民主部分不及10分，則臺灣的總體民主程度將不會是Polity IV所評定的最高分。

存在內生性的問題，即和平可能提升民主的反向因果關係，例如國家社會穩定和平會促進國內與對外貿易與投資等經濟活動，人民爲了維護有益於增加自身經濟利益的環境會要求更自由開放的民主政經制度（Gates *et al.* 1996: 5），而這內生性的問題若沒有納入考量，可能使我們高估民主和平論的解釋力。

　　根據上述雙方之間的辯論，民主和平論者目前仍成功地對民主的和平效應提出實證上的支持，但也開始不否認資本本身有其和平效應。不過，要證成民主和平論失去解釋力，資本和平論不僅需要更多面向的實證支持，可能還需要提出更完整的論述來說明爲何資本本身可以獨立於政治制度影響國家的對外行爲，亦即經濟行爲者爲何在資本主義制度下較能影響政治決策。

肆、結語

　　當前國際層次自由和平論的內容以政治與經濟兩個脈絡爲主，其理論機制的發展已經從政治制度結構與文化規範的制約觀點和經濟互賴機會成本理論分析的面向逐漸納入有關政治與經濟制度如何影響國內個人或團體與國家政府外交決策之間理性計算的互動，以及討價還價互動過程中政治與經濟成本訊息傳遞的因素。在這樣的理論框架下，這一波自由和平論中民主vs.資本的辯論，主要聚焦於促進國際和平過程中，政治制度與經濟制度孰輕孰重與孰前孰後的問題。孰輕孰重的爭論反映在計量實證分析的研究設計是否允當，而孰前孰後的論辯則是政治與經濟何者優先理論的競爭，這是一場由後者牽動前者、一體兩面的知識辯證。資本主義經濟制度與民主政治制度之間的關係一直是社會科學研究的重心，其中包含著誰催生誰的問題，而目前自由和平理論的發展便是來到這個雞生蛋或蛋生雞的節點。這也促使學者蒐集更多面向的實證資料且進行更細緻研究設計與分析。不過，近年來相關文獻大部分都著墨於量化實證分析上的精進與討論。雖然這對於自由和平論發展成爲一個穩健的理論典範確實有所助益，但也凸顯出自由和平理論的發展已經從上升階段進入平緩階段，甚至可能已經面臨侷限。這個現象同時反映在民主和平論與資本和平論上。雖然它們的探討的切入點不同，但核心理論機制基本上是相同的，也就是說兩種和平論在理論層次上是有重合之處。所以，即使資本和平論屢屢從實證分析上質疑民主和平論的解釋力，但因爲其論述核心不脫離前述的幾個理論機制框架，基本上與民主和平論相互重疊，將使其難以在孰前孰後的問題上對民主和平論提出有突破性的辯駁。這也連帶著使得目前資本和平論所主張的資本主義經濟制度的和平效應在實證上無法完全獨立於民主和平論的實證結果。同時，實證結果可能因時空差異而有所變化的情況也可能讓資本和平論的實證分析主張不夠穩固，因此資本和平論在孰重孰輕的問題可能只是短暫地占上風。在這樣的情況下，資本和平論若要真正地獨立於民主和平論，成爲自由和平論的唯一支柱，就必須要提出有別以往的新理論機制，但是資本和平論目前尚未做到這一點，仍停留在計量實證分析上的辯駁。僅依賴計量研究設計上的精進難以達到此目標，可能需要更多的相關質化個案研究，乃至跨領域的結合才可能達成。因此，現在要說民主和平論已不適用可能還言之過早，自由和平論的茶壺內爭論還將會持續下去。所以，讓我們繼續看下去吧！

參考文獻

一、中文部分

周家瑜，2014，〈康德、盧梭與永久和平〉，《人文及社會科學集刊》，第26卷第4期，頁621-657。

二、外文部分

Babst, Dean V. 1964. "Elective Governments- A Force for Peace." *The Wisconsin Sociologist* 3(1), 9-14.

Babst, Dean V. 1972. "A Force for Peace." *Industrial Research* 14 (Apr.): 55-58.

Beck, Nathaniel, Katz, Jonathan N. and Tucker, Richard. 1998. "Taking Time Seriously: Time-Series-Cross-Section Analysis with a Binary Dependent Variable." *American Journal of Political Science* 42(4): 1260-1288.

Bremer, Stuart A. 1992. "Dangerous Dyads: Conditions Affecting the Likelihood of Interstate War, 1816-1965." *Journal of Conflict Resolution* 36(2): 309-341.

Bueno de Mesquita, Bruce and Lalman, David. 1992. *War and Reason : Domestic and International Imperatives*: New Haven: Yale University Press.

Bueno de Mesquita, Bruce, Morrow, James D., Siverson, Randolph M. and Smith, Alastair. 1999. "An Institutional Explanation of the Democratic Peace." *American Political Science Review* 93(4): 791-807.

Bueno de Mesquita, Bruce, Morrow, James D., Siverson, Randolph M. and Smith, Alastair. 2003. *The Logic of Political Survival* Cambridge, Mass.: MIT Press.

Bueno de Mesquita, Bruce, Morrow, James D., Siverson, Randolph M. and Smith, Alastair. 2004. "Testing Novel Implications from the Selectorate Theory of War." *World Politics* 56(3): 363-388.

Bussmann, Margit. 2010. "Foreign direct investment and militarized international conflict." *Journal of Peace Research* 47(2): 143-153.

Chan, Steve. 1984. "Mirror, Mirror on the Wall... Are the Freer Countries More Pacific?" *The Journal of Conflict Resolution* 28(4): 617-648.

Choi, Seung-Whan. 2011. "Re-Evaluating Capitalist and Democratic Peace Models." *International Studies Quarterly* 55(3): 759-769.

Clarence, Streit. 1938. *Union Now: A Proposal for a Federal Union of the Leading Democracies*, New York: Harpers.

Dafoe, Allan. 2011. "Statistical Critiques of the Democratic Peace: Caveat Emptor." *American Journal of Political Science* 55(2): 247-262.

Dafoe, Allan, Oneal, John R. and Russett, Bruce. 2013. "The Democratic Peace: Weighing the Evidence and Cautious Inference." *International Studies Quarterly* 57(1): 201-214.

Dixon, William J. 1994. "Democracy and the Peaceful Settlement of International Conflict." *American Political Science Review* 88(1): 14-32.

Doyle, Michael W. 1983a. "Kant, Liberal Legacies and Foreign Affairs." *Philosophy and Public Affairs* 12(3): 205-235.

Doyle, Michael W. 1983b. "Kant, Liberal Legacies and Foreign Affairs, Part 2." *Philosophy and Public Affairs* 12(4): 323-353.

Doyle, Michael W. 1986. "Liberalism and World Politics." *American Political Science Review* 80(4): 1151-1169.

Doyle, Michael W. 2005. "Three Pillars of the Liberal Peace." *American Political Science Review* 99(3): 463-466.

Ember, Carol R., Ember, Melvin and Russett, Bruce. 1992. "Peace between Participatory Polities: A Cross-Cultural Test of the "Democracies Rarely Fight Each Other" Hypothesis." *World Politics* 44(4): 573-599.

Fearon, James D. 1994a. "Domestic Political Audiences and the Escalation of Disputes." *American Political Science Review* 88(43): 577-592.

Fearon, James D. 1994b. "Signaling versus the Balance of Power and Interests: An Empirical Test of a Crisis Bargaining Model." *Journal of Conflict Resolution*, 38(2): 236-269.

Fearon, James D. 1995. "Rationalist Explanations for War." *International Organization* 49(3): 379-414.

Gartzke, Erik. 2007. "The Capitalist Peace." *American Journal of Political Science*, 51(1): 166-191.

Gartzke, Erik and Hewitt, J. Joseph. 2010. "International Crises and the Capitalist Peace." *International interactions* 36(2): 115-145.

Gartzke, Erik and Li, Quan. 2003. "War, Peace, and the Invisible Hand: Positive Political Externalities of Economic Globalization." *International Studies Quarterly* 47(4): 561-586.

Gartzke, Erik, Li, Quan and Boehmer, Charles. 2001. "Investing in the Peace: Economic Interdependence and International Conflict." *International Organization* 55(2): 391-438.

Gartzke, Erik and Weisiger, Alex. 2013. "Permanent Friends? Dynamic Difference and the Democratic Peace." *International Studies Quarterly* 57(1): 171-185.

Gartzke, Erik and Weisiger, Alex. 2014. "Under Construction: Development, Democracy, and Difference as Determinants of Systemic Liberal Peace." *International Studies Quarterly* 58(1): 130-145.

Gates, Scott, Knutsen, Torbjørn L. and Moses, Jonathon W.. 1996 "Democracy and Peace: A More Skeptical View." *Journal of Peace Research* 33(1): 1-10.

Gelpi, Christopher F. and Griesdorf, Michael. 2001. "Winners or Losers? Democracies in International Crisis, 1918-94." *American Political Science Review* 95(03): 633-647.

Gleditsch, Nils Petter. 1992. "Democracy and Peace." *Journal of Peace Research* 29(4): 369-376.

Hegre, Håvard. 2000. "Development and the Liberal Peace: What Does it Take to Be a Trading State?" *Journal of Peace Research* 37(1): 5-30.

Hegre, Håvard. 2009. "Trade Dependence or Size Dependence?: The Gravity Model of Trade and the Liberal Peace." *Conflict Management and Peace Science* 26(1): 26-45.

Hegre, Håvard, Oneal, John R and Russett, Bruce. 2010. "Trade Does Promote Peace: New Simultaneous Estimates of the Reciprocal Effects of Trade and Conflict." *Journal of Peace Research* 47(6): 763-774.

Kant, Immanuel. 1795/ 1991. "Perpetual Peace." In H. Reiss (ed.), *Kant: Political Writings* Cambridge: Cambridge University Press. 93-130.

Keshk, Omar M.G., Reuveny, Rafael and Pollins, Brian M. 2010. "Trade and Conflict: Proximity, Country Size, and Measures." *Conflict Management and Peace Science* 27(1): 3-27.

Knutsen, Torbjørn L. 1994. "Re-Reading Rousseau in the Post-Cold War World." *Journal of Peace Research* 31(3): 247-262.

Levy, J.S. 1989. "The Causes of War: A Review of Theories and Evidence." In P. E. Tetlock, J. L. Husbands, R. Jervis, P. C. Stern and C. Tilly (eds.), *Behavior, Society, and Nuclear War*. New York: Oxford University Press. 209-333.

Long, Andrew G. 2008. "Bilateral Trade in the Shadow of Armed Conflict." *International Studies Quarterly* 52(1): 81-101.

MacMillan, John (2003) "Beyond the Separate Democratic Peace." *Journal of Peace Research* 40(2): 233-243.

Mansfield, Edward D. and Pollins, Brian M. (eds.). 2003. *Economic Interdependence and International*

Conflict : New Perspectives on an Enduring Debate. Ann Arbor : University of Michigan Press

Maoz, Zeev and Russett, Bruce. 1993. "Normative and Structural Causes of Democratic Peace, 1946-1986." *American Political Science Review* 87(3): 624-638.

Marshall, Monty G., Jaggers, Keith and Gurr, Ted Robert. 2015. Polity IV Project: Political Regime Characteristics and Transitions, 1800-2015. http://www.systemicpeace.org/.

McDonald, Patrick J. 2004. "Peace through Trade or Free Trade?" *The Journal of Conflict Resolution* 48(4): 547-572.

McDonald, Patrick J. 2007. "The Purse Strings of Peace." *American Journal of Political Science* 51(3): 569-582.

McDonald, Patrick J. 2009. *The Invisible Hand of Peace: Capitalism, the War Machine, and International Relations Theory* Cambridge: Cambridge University Press.

McDonald, Patrick J. 2010. "Capitalism, Commitment, and Peace." *International interactions* 36(2): 146-168.

Morgan, T. Clifton and Campbell, Sally Howard. 1991. "Domestic Structure, Decisional Constraints, and War: So Why Kant Democracies Fight?" *Journal of Conflict Resolution* 35(2): 187-211.

Morrow, James D. 1999. "How Could Trade Affect Conflict?" *Journal of Peace Research* 36(4): 481-489.

Mousseau, Michael. 2000. "Market Prosperity, Democratic Consolidation, and Democratic Peace." *Journal of Conflict Resolution* 44(4): 472-507.

Mousseau, Michael. 2009. "The Social Market Roots of Democratic Peace." *International Security* 33(4): 52-86.

Mousseau, Michael. 2010. "Coming to Terms with the Capitalist Peace." *International interactions* 36(2): 185-192.

Mousseau, Michael. 2013. "The Democratic Peace Unraveled: It"s the Economy." *International Studies Quarterly* 57(1): 186-197.

Mousseau, Michael, Hegre, Håvard and Oneal, John R. 2003. "How the Wealth of Nations Conditions the Liberal Peace." *European Journal Of International Relations* 9(2): 277-314.

Oneal, John R., Oneal, Frances H., Maoz, Zeev and Russett, Bruce. 1996. "The Liberal Peace: Interdependence, Democracy, and International Conflict, 1950-85." *Journal of Peace Research* 33(1): 11-28.

Oneal, John R. and Russett, Bruce. 1997. "The Classical Liberals Were Right: Democracy,

Interdependence, and Conflict, 1950-1985." *International Studies Quarterly* 41(2): 267-293.

Oren, Ido. 1995. "The Subjectivity of the 'Democratic' Peace: Changing U.S. Perceptions of Imperial Germany." *International Security* 20(2): 147-184.

Pickering, Jeffrey. 2002. "Give Me Shelter: Reexamining Military Intervention and the Monadic Democratic Peace." *International interactions* 28(4): 293-324.

Polachek, Solomon W., Robst, John and Chang, Yuan-Ching. 1999. "Liberalism and Interdependence: Extending the Trade-Conflict Model." *Journal of Economic Literature* 36(4): 405-422.

Polachek, Solomon William. 1980. "Conflict and Trade." *The Journal of Conflict Resolution* 24(1): 55-78.

Polachek, Solomon and Xiang, Jun. 2010. "How Opportunity Costs Decrease the Probability of War in an Incomplete Information Game." *International Organization* 64(01): 133-144.

Pollins, Brian M. 1989. "Does Trade Still Follow the Flag?" *American Political Science Review* 83(2): 465-480.

Quackenbush, Stephen L. and Rudy, Michael. 2009. "Evaluating the Monadic Democratic Peace." *Conflict Management and Peace Science* 26(3): 268-285.

Ray, James Lee. 1993. "Wars Between Democracies: Rare, or Nonexistent?" *International interactions* 18(3): 251-276.

Ray, James Lee. 2013. "War on Democratic Peace", *International Studies Quarterly* 57(1): 198-200.

Reiter, Dan and Stam, Allan C. 1998. "Democracy, War Initiation, and Victory." *The American Political Science Review* 92(2): 377-389.

Rosecrance, Richard. 1986. *The Rise of the Trading State: Commerce and Conquest in the Modern World*: New York : Basic Books.

Rosecrance, Richard. 1996. "The Rise of the Virtual State." *Foreign Affairs* 75(4): 45-61.

Rousseau, David L., Gelpi, Christopher, Reiter, Dan and Huth, Paul K. 1996. "Assessing the Dyadic Nature of the Democratic Peace, 1918-88." *American Political Science Review* 90(3): 512-533.

Rummel, Rudolph J. 1979. *Understanding Conflict and War, Volume 4: War, Power, Peace*, Beverly Hills, CA: Sage Publications.

Rummel, Rudolph J. 1983. "Libertarianism and International Violence." *The Journal of Conflict Resolution* 27(1): 27-71.

Russett, Bruce. 2010. "Capitalism or Democracy? Not So Fast." *International interactions* 36(2): 198-205.

Russett, Bruce and Oneal, John. 2001. *Triangulating Peace: Democracy, Interdependence, and International Organizations*. New York: Norton.

Schneider, Gerald. 2014. "Peace through globalization and capitalism? Prospects of two liberal propositions." *Journal of Peace Research* 51(2): 173-183.

Vanhanen, Tatu. 2000. "A New Dataset for Measuring Democracy, 1810-1998." *Journal of Peace Research*, 37(2): 251-265.

Weede, Erich. 1984 "Democracy and War Involvement." *The Journal of Conflict Resolution* 28(4): 649-664.

Weede, Erich. 1995. "Economic Policy and International Security: Rent-Seeking, Free Trade and Democratic Peace." *European Journal Of International Relations* 1(4): 519-537.

Weede, Erich. 1996. *Economic Development, Social Order, and World Politics: With Special Emphasis on War, Freedom, the Rise and Decline of the West, and the Future of East Asia*. Boulder, CO: Rienner.

Weede, Erich. 2003. "Globalization: Creative Destruction and the Prospect of a Capitalist Peace." In G. Schneider, K. Barbieri and N. P. Gleditsch (eds.), *Globalization and Armed Conflict*Lanham. MD: Rowman & Littlefield. 311-323.

Weede, Erich. 2005. *Balance of power, globalization and the capitalist peace*. Berlin: Liberal.

第（二）章　國際衝突與利益和平論[*]

吳崇涵[**]

壹、前言

　　1990年代以降，以美國為首的西方民主國家積極倡議民主和平論。主要目的是希望透過提倡西方式民主概念，維持體系穩定與世界和平，減少國際衝突的產生。特別是柯林頓政府時期對民主和平論最為支持。然而，論者對於此一理論的解釋能力與適用範疇也開始提出許多懷疑與討論。當討論東亞國際政治時，不難發現亞洲雖缺乏廣泛與制度性的民主機制，但國與國之間並沒有充斥著大規模衝突與戰爭。是故，國際衝突學者開始從理論與實證上修正，試圖對此中程理論（Middle-Range Theory）增加更多的解釋能力。

　　在探討兩岸關係上，臺灣與中國大陸分屬兩個不同體制的政治實體。民主和平論難以確切的闡述兩岸和平與衝突的枝微末節。此時利益和平論似乎可以彌補與修正民主和平論的一些不足之處，提供學界在理論與實證上另一種不同的解釋架構。本章所要探討的，是如何在現有的架構上，補充國家之間因為利益之相似，也可以達到維持和平的效果。此外，藉由對於國家利益這一個概念的鋪陳，希望對政策實務上也能提供實質上的幫助。

*　本文感謝北京師範大學——香港浸會大學聯合國際學院2015-16年度研究獎助計畫（計畫編號：R201513）。

**　北京師範大學·香港浸會大學聯合國際學院政府與國際關係系助理教授。

貳、利益和平論的基本論述

　　利益和平論是奠基於近幾年來對於民主和平論（Democratic Peace Theory）的改良與演變而來（Layne 1994; Farber and Gowa 1995; 1997; Gartzke 1998; 2007; Mousseau 2010; McDonald 2009; 2010; Russett 2010; Weede 2010）。民主和平論已經是國際關係研究中一個很重要的命題。在Russett和Oneal（2001）的專書《三角和平論》很明確地指出民主、經濟互賴與國際組織可以明顯地降低國際衝突發生的可能性，並進而創造國家間的和平。第一，民主國家因為彼此瞭解對方的國內政治，同時也愛好以非武力的方式解決爭端，所以民主國家不容易發生衝突。就算發生衝突，亦不會演變成大規模的戰爭；第二，經貿互賴可加強國與國之間的溝通與聯繫，因為經過彼此經貿往來，兩國亦會考量相互利益的得失，是故衝突發生機率可能性降低；最後，國際組織因為提供兩國一個交流平臺。藉由資訊的對等與透明，此平臺也可以降低兩國因為資訊錯誤或誤判而造成不可彌補的過錯。以上三個論證結合起所謂三角和平論的基本構成要素。

　　康德和平三角提供研究國際衝突學者一個「反饋迴路理論」（Feedback-loop Theory）。然而，批評者對於此三角過度簡化和平演進的過程，有不一樣的解讀。這些批判主要還是來自於新現實主義對新理想主義的批判（Layne 1994; Gowa 1999）。舉例來說，新現實主義者認為國際政治還是主要在討論國家權力與利益，衝突的原因不外乎是國家對於利益分配與重視的不同，因而引起爭端。基本上，衝突更容易發生在那些觀點不同的國家。對於觀念相同，利益相仿的國家較不容易爆發大規模的爭端（Layne 1994; Gartzke 1998; 2000; Farber and Gowa 1995; 1997; Lemke and Reed 1996）。

　　提倡利益和平論的學者認為民主和平論有需要更進一步的修正。民主國家間不發生戰爭，並不只是民主政權的關係，而是本身利益並沒有互相衝突。若要改進民主和平論，則吾人必須將利益這個因素加入考慮。主要是因為西方國家對於文化、社會、種族、和政治因素的看法，讓彼此可以在許多

利益上妥協，而這些相似性更容易讓兩個民主國家維持一定的和平穩定關係
（Bueno de Mesquita 1983; 1992; Gartzke 1998）。利益和平論主要在探討國
家間若安全利益與經濟利益相似時，因彼此爲了保存自身利益，並進一步謀
求雙方利益的一致性，而會放棄傳統大規模武力相向的情況。此外，因爲利
益的一致性，衝突雙方會儘量保持清晰的戰略思維與政策制訂靈活性，避免
戰爭一觸即發。

　　在考量到國家利益與衝突的因果關係，Layne（1994）在著作當中提供
了許多顯著的例子，說明民主國家之間沒有大規模的戰爭主要是考量利益的
關係，而非政權的因素。Layne從規範與文化的解釋上闡述，民主國家彼此
互相尊重，並藉由相互學習模式，認知彼此都是愛好和平。這種相互學習和
認知，理解到民主國家之間擁有共同的安全利益，能進一步把民主國家團結
起來，減少紛爭，降低衝突的可能性。此外，此種學習過程可以使民主國家
建立一個社群（community）。在此利益相似的社群底下，民主國家更能維
持穩定的國際關係。

　　Farber與Gowa（1995; 1997）利用現實主義的角度，進一步闡述利益和
平論。他們以冷戰爲例，說明當時擁有共同利益的國家集合成一個群體，並
且簽訂同盟條約。民主國家因爲有共同的軍事與安全利益，故而組成一個
對抗華沙公約組織的北大西洋公約組織。Farber與Gowa的論述提供不同於
民主和平論的觀點，並帶動了後來Gartzke（1998; 2000）與Russett（1999;
2001）相互之間的理論辯論。[1]

　　在Gartzke與Russett的辯論當中，兩者主要是對民主與利益孰輕孰重進
行討論。在Gartzke早先的論述當中，民主國家不發生大規模戰爭是因爲彼
此利益相似，當利益有衝突時，兵戎相見是在所難免。但是Russett認爲，
民主這個變數在統計上「直接」影響衝突變數的正相關因素，而不是利益。

1　Farber和Gowa運用同盟的關係來說明冷戰時民主國家之間不發動戰爭。但是Russett和Starr發覺
　這裡可能有內生性的問題（endogenous）。他們認爲民主國家容易結爲同盟，所以不能用同盟
　這個選項來單獨代表利益這個變數（Russett and Starr 2000）。

Russett舉出統計上的驗證，說明了利益的關係「間接」地影響了國家間的衝突，並非直接的關係。是故吾人在以實證的研究角度上必須明瞭，政府體制這個變數是顯著且更值的討論的。總的來說，民主、經貿互賴與國際組織在研究國家間衝突時，比起國家利益，更顯重要。

Gartzke與Russett一系列相關的討論帶出許多有趣的研究課題。最主要的問題是國家利益對國際衝突是否有絕對直接的關係，亦或這層關係其實是由「民主」這個變數間接誘導出來的。其實不管統計上的數據如何展現，我們都可以論證國家利益這個因素在討論戰爭發生原因時，具有因果關係（causal relationships）且非常的重要。單單認為民主這個變數高於國家利益之上，則是過度簡約了這層因果關係。因此，本章節主要目標是希望透過對國家利益的充分討論，並輔以建構一個完善的研究設計來彰顯國家利益這個因素在國際關係研究上，必須重新加以檢視與討論。畢竟，任何國家必定會為自身利益訂做一套外交與國防政策，而國際關係學者在研究戰爭的起因時，不可忽視利益這因素。

本文一開始將對民主和平論與利益和平論做一個全面性的比較。[2]希望藉由這個比較，能讓學者對利益和平論有一個更全盤的瞭解。在本文中，作者也將建構一個基本的研究設計，期望將民主和平論做一個改良，加入對國家利益的論述，試圖帶出一個在國際關係與衝突研究上的嶄新風貌。

2　本文中所謂的利益主要注重在國家層次上的利益，並非個人或政府單位的利益。另外，利益的相似主要探討國家間安全或經濟上面的利益。對於領土的爭端上，若兩個國家對於領土的所有權有所衝突，我們將之稱為不可分割的利益（incompatible interest），國家一定會就領土上的利益進行更激烈的行為。最後，這裡探討的利益並不著重於現實主義與自由主義在利益上的探討與辯論。現實主義偏重對相對利得的探討，而自由主義對於絕對利得比較看重。本章所探討的利益是以國家安全角度出發，將利益看作一個整體的概念，本章亦會詳述。

參、對於民主和平論的檢討：從結構、標準與策略模式探討

　　民主和平論的中心理論是民主國家之間不發生大規模戰爭。為證明此一論點的正確性，學者列舉了大量的歷史事證，並提出了兩個相當關鍵的論述：第一，民主國家之間不打大規模的戰爭，但因國家間仍會產生許多利益衝突，所以小衝突在所難免；第二，民主國家間不發生大規模戰爭，但是這不代表民主國家和非民主國家不打仗。相反地，民主國家與非民主國家的衝突都很激烈（包宗和、倪世雄，2010；Russett and Starr 2000）。

　　民主和平論學者主要將民主與衝突兩變數的因果關係歸因於三大模式：分別是結構與機制模式（structural and institutional models）、文化與規範模式（cultural and normative models），與所謂的策略模式（strategic models）。第一個結構與機制模式主要闡述民主政權有相關的監督平衡作用，以及民主國家若要發動大規模戰爭必須得到絕大多數公眾的支持，所以一般來說民主國家間很難發生戰爭。另外，民主國家的領導人通常對於戰爭產生的傷亡比較敏感，若一個民主國家在戰爭中遭受大量的傷亡，這也會危及領導人下一次執政的機會。是故，民主國家間不容易發生大規模戰爭。相反地，因為非民主國家沒有類似體制作為制衡，所以對於發動戰爭的牽制作用較小，反而容易發生戰爭。

　　第二類的文化與規範模式說明由於受到國內限制，決策者盡力遵守解決衝突的原則（妥協與非暴力），並希望另一個民主國家也能這樣做。這種「和平共存」（live and let live）的觀念約束了彼此雙方在衝突發生時的行為。這種彼此瞭解，利用規範與社會化的方式來制約兩國間的行為，可以視為民主和平論中一個相當重要的論述基礎。

　　有別於第一類的結構與機制模式和第二類的文化與規範模式，第三類有關民主和平論的解釋模型稱為策略模式。Bueno de Mesquita和Lalman在他們的書中以計算期望效用（expected utility）的方式，指出民主國家彼此

知道發動戰爭的成本過高，熟悉對方的各種政治制度與考量，並且兩造都有反對黨（Bueno de Mesquita and Lalman 1992）。是故，當兩個民主國產生爭執時，會儘量減少大規模衝突的機會。這種現象也可稱之為「民主透明性」。民主透明性可以降低兩個民主國家的紛爭，但對於非民主國家來講，反而使他們可以占盡便宜。所以民主國家與非民主國家之間的衝突劇烈，多半是因為民主國會採用一種先發制人的戰術來打擊非民主國。

　　Bueno de Mesquita和Silverson發展另一套所謂推選人團理論（Selectorate Theory），主要是闡述決策者為了維持政權，必須滿足他們的贏家聯盟（winning coalition）（Bueno de Mesquita *et al.* 2003）。民主國家的推選人一般指的是具有選舉權的人民，而贏家聯盟則是同黨的支持黨員。當民主國家與非民主國家發生衝突時，民主領導人必須滿足他的選民愛好，因此必須推出更多的公共財（public goods）來滿足其選民。因為對民主領導人來說，一旦戰爭失敗，勢必會輸掉政權。民主領袖為了下一次選舉，必須考量戰爭對選舉所帶來的影響，是故民主國家會非常小心謹慎的挑選發動戰爭的對象。而非民主國家則因為推選人團和贏家聯盟較小，威權統治者所需要花在公共財上籠絡他的贏家聯盟也相對較小，所以在戰爭的考量上就不較民主國家小心謹慎。總的來說，民主國家會選擇比較弱的對手。反之，非民主領導人在戰爭的考量上就不需要這麼多。

　　一般說來，第三種的策略模式提供民主和平論更深一層的解釋，並補充了前兩種模式在論證上的不足。主要告訴我們在討論民主和平論時，必須將國內因素考慮進去。因為國內政治因素也會影響國家發生戰爭的可能性。另外，在研究戰爭課題時，主事者也會計算他們的期望效用，策略模式完整的融合了理性決策在對民主和平論上的論述。

肆、國家利益的理論與實證議題

國家利益在國際衝突研究上已經不是新的議題。然而研究國際衝突的學者少有將此變數與政權和衝突做一個比較。在現實主義者眼中，國家會爲了利益而發生衝突。現實主義在討論國家利益的課題上，主要出現於權力平衡與權力轉移兩個理論。在權力平衡者的眼中，有的國家主張維持現狀（status-quo）。當有國家想要試圖改變現狀時，衝突發生在所難免（Morgenthau 1985）。[3]另外，權力轉移理論強調權力的優勢（preponderance）會讓國家實力較弱的一方知難而退。所以當國家實力有極大差距時，衝突較不容易發生。相反地，當國家實力相近時，兩國較容易發生衝突。此外，國家對於現狀的滿意度也是影響衝突發生的可能因素之一。當一個國家對現狀不滿時，擁有越接近的國力將提升衝突發生的可能性（Organski and Kugler 1980）。

一、國家利益的理論議題

在國際關係文獻當中，探討國家利益的論述所在多有。但是對於國家利益具體概念化與量化的貢獻卻仍然不足。事實上，國家利益這個名詞相當抽象，也不易觀察。本文目的是要喚起現在國際關係學者對於國家利益這一名詞在實證上的研究，並進而將之運用在對於民主和平論的修正上。期待藉由將民主與利益放入衝突研究當中，對國際和平提供貢獻。

在進一步探討國家利益同時，本文主要採用以國家（state）爲分析層次。在傳統國際關係研究中，以國家當做分析層次爲大多數學者所採用。雖然有許多學者對於討論國家的利益有諸多疑問，特別是認爲只有個人才會有所謂的利益與價值觀（Gilpin 1983: 18）。但是，主流的國際關係學者仍採

---

3 另一個討論國家利益與衝突的現實主義者爲季辛吉。他以拿破崙戰爭和歐洲大陸的秩序爲例，他認爲當時歐洲大陸在拿破崙戰爭後可以保持穩定和平，是因爲各國利益相似使然（Kissinger 1964: 319）。

納這種簡約的方式來避免論證上不必要的麻煩。比方說Walt（1987）在對於威脅平衡（balance of threat）的論述上曾說明：「國家會對利益上的衝突做出反應」。他認爲國家會對自身的利益做出必要的行爲，他的理論融合了國家對於環境與自身利益的考量。

　　進入研究設計之前，有幾個重要的問題必須釐清。比方說，利益是什麼？國家利益從何而來？我們怎麼去發現並定義這些國家利益？基本上，利益可以解釋爲國家對某種政策的一種「渴望」或是「動機」，驅使國家去達成某些目的。舉例來說，Gilpin認爲國家利益是國家內部的一個動機，驅策這個國家去行使外交手段來達成其政治目的，包括影響他國外交政策或策動經貿行爲（Gilpin 1983）。國家利益是一個國家賴以爲生的工具。爲了保存與獲取此利益，國家會不擇手段。

　　此外，如何分辨國家利益也是一個相對重要的課題。當研究國家行爲時，可以適當的分析國家利益之所在。然而，利用行爲分析國家利益時必須相當小心，因爲外在的行爲可能會限縮了我們對國家利益的瞭解。主要是因爲環境的影響和限制，有時會讓國家選擇非主要利益，轉而向較安全或方便的次要選項。一般說來，國家會選擇具有正期望效用（positive expected utility）的政策。舉例來說，美國在越戰中最後選擇撤退，並不代表尼克森不想打贏這場仗，而是撤軍可以帶來他在下次選舉中較有利的地位。所以尼克森眞正的偏好並非只在撤軍；相反地，勝選才是最主要的考量。[4]

　　國家利益這個名詞具有難以直接觀察的特性。故在實證研究上，我們將之視爲一個潛在變數（latent variable）。社會科學領域中有許多類似的潛在變數。比方說對於民主的研究（Bollen 1990; 1993; Coppedge *et al.* 2008; Treier and Jackman 2008），外交政策態度（Hurwitz and Peffley 1987），和國家認同上面（Huddy and Khatib 2007）。國家利益有著同樣難以觀察與

4　Bueno de Mesquita（2003）相信外交決策的結果並不能完整地顯示出一個國家眞正的利益所在。因爲有時候我們所看到的結果可能是國家次佳的選擇，並不能反映出一個國家的眞正利益。

測量的特性。未來可能需要更多類似的研究，將國家利益這個名詞做一個徹底通盤的檢驗。本文主要目的是帶出一條基本脈絡，並將利益與衝突做一個概念化的論述。

依照傳統學派的見解，國際政治就是權力政治，也是一種國家利益調整的過程。國家不論大小，一定要追求利益，以求自保或向外發展。學者林碧炤（1997: 207-209）引用Morgenthau的論述，認爲「一項政治決策爲的是：保持權力、增加權力或展示權力」。Morgenthau認爲國家利益的展現就是在對權力的競逐上，是故國家利益又可區分爲主要、重要、次要利益。但論者批評傳統學派在討論國家利益的時候，太過注重權力層次，以致於對1950年代美國對外政策產生不良影響。所以，學者Nuechterlein提供實證上對美國國家利益的補充論述，又將利益區分爲生存利益、緊要利益、主要利益和周邊利益。大體上來說，Nuechterlein認爲國家利益也可區分爲變和不變兩種因素。不變的是美國的基本利益，而變的部分則是依照國際和國內情勢變化所反應（林碧炤，1997）。

另外，國家利益亦可區分爲安全與經濟利益。在討論國家利益時，此兩種利益是互相影響,不可分割的。Gilpin在他的專書《*War and Change in World Politics*》裡提到，國際政治不只被國家安全利益所影響，還有全球的經濟關係也會影響國家間的互動（Gilpin 1983）。Gowa也回應了Gilpin的論點，認爲外交政策也爲安全與經濟利益所影響。稍後，Keohane更撰文分析指出，美國在海外的軍事布署，主要也是爲了他的經濟利益而來。我們可以由美國早先在歐洲與日本的工作可以略知一二（Keohane 2005）。[5]

總的來說，很難將國家利益由一個簡單的變數概括。理論上，每個國家利益的面向都有其理論基礎與優缺點。而就實證面來說，現在還沒有任何文獻指出國家利益可以由單一個變數來進行實證研究。如何將所有可能代表國家利益的選項列出，然後從其中找出可以代表國家利益的解釋面向就顯得相

5　美國在亞洲的軍事部屬除了安全上的考量之外，也有保護他們在泛太平洋的經濟與民主利益。這從二戰後幫助南韓，臺灣和日本經濟復甦可以略見一二。

當重要。

二、國家利益的實證議題

　　近年國際關係研究盛行實證主義，主要是透過大量的數據資料來從事統計上的評估分析。然而在國家利益的研究上，仍然處於理論上的論述居多。而對利益比較完整的實證研究以Farber and Gowa（1995; 1997）早期對同盟的討論為主。Farber and Gowa主要參考兩個國家之間的防守同盟，來定義國家的安全利益相似度。他們認為，在二戰後民主國家之間不打仗是因為這些國家具有相同的安全利益，因而簽訂了防守同盟。但是論者認為，單單就兩個國家之間的同盟關係無法真正顯示出雙方對安全利益的共識。因為有時候兩個國家並沒有直接的同盟關係，但通過同時與第三方結盟，亦可證實雙方有相當類似的安全利益所在。

　　第二種關於國家利益的量化數據由Gartzke所提出。Gartzke（1998）主要是透過聯合國大會投票行為的相似度，來代表國家的利益（affinity）。他認為國家在聯合國的投票行為讓我們可以瞭解國家在國際事件中的態度，而投票行為恰恰可提供許多有用的訊息。比方說，國家會利用在聯合國表決的機會展示他們對某些安全或經濟議題的關注，這就可以代表國家利益。即使國家在表決時投棄權票，也代表某部分的意義。但論者認為，用聯合國投票行為代表國家利益仍有許多侷限。最主要的就是在聯合國大會投票並不需要花太多錢，一般國家在投票時不需要太大成本。因此，用投票的結果代表國家真正利益仍有待商榷。這點Gartzke本人在他的論述中也承認。[6]

　　第三個關於國家利益的數據是Signorino和Ritter提出的S演算法（S algorithm）（Signorino and Ritter 1999）。這個演算法在目前國際關係研究中，是較為普遍的變數。S演算法利用統計原理中的歐氏距離（Euclidean

---

6　Oneal和Russett認為Gartzke所使用利益「相似」（Affinity）的功能，其實是可以被政權（regime）所取代。他們認為藉由政權，經貿互賴或是國際組織就可以取代「相似」（Affinity）對衝突帶來的影響。這裡有一點要特別注意的是，我們是否可以單用Gartzke的近似值就來代表兩個國家利益的相似度？這點Gartzke和Russett都持保留的看法。是故，我們必須要另外使用其他的變數來代表國家利益相似度。

Distance）來測量國家間利益的相似度，比之前利用同盟（Taub）來測試國家利益相似度還來的準確。但是使用S演算法仍然是利用單一變數來測量利益。對於代表國家利益的整體性仍顯不足。

　　以上三個數據是目前國際關係學界在處理相關議題上所用的變數。其中存在一個很大的爭議點即是，過去的研究都是使用單一變數來代表國家整體的利益。如同Farber and Gowa用同盟，或是Gartzke用聯合國投票，甚至Signorino將以上的數據加以改變而得出來一個演算法。其代表國家利益或許略顯不足，國家利益應該是以多面向呈現的。原因在於，人類的權力與慾望有許多種，有對食物等物質上的慾望，也有在精神上對自我滿足與社會認同的慾望。這些都可以視為人類在利益上的追求（Maslow 1959; Friedman 1997）。國家也是一樣。因此我們在討論國家利益時，應該討論其主要面向，並藉由對許多變數的探討，去發現這些利益面向之間的關係。舉例來說，在國家安全利益的種類上，Wendt（1991: 131）主張國家安全利益應該區分為「物質」與「本體」的利益。因此我們大略上可以依據Wendt的理論，將國家安全利益區分為物質與本體利益兩大概念。再依據此兩大概念蒐集相關的資料，運用統計學上的方法分析這兩個概念，建構一個屬於國家利益的結構模型。

伍、國家利益與政權影響國際衝突的因果論述

　　近來國際關係文獻紛紛討論到底是利益還是政權促成國際間的和平。這類型的論證在近幾年的國際關係研究相當受歡迎。但是，到底是政權或國家利益影響和平，我們必須將兩個變數與國際衝突一起討論。在過去的研究設計當中，Oneal和Russett指出：「國家的利益與國際衝突有很大的相關性，但是這個相關性是奠基於政權下的產物」（Oneal and Russett 1999; Russett and Oneal 2001）。對於他們來說，是因為政權與其他經濟因素影響了國家

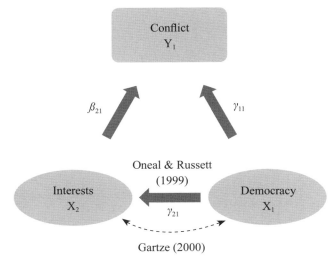

圖2-1　Oneal與Russett的國家利益與政權模型

資料來源：作者自製。

利益，再進而影響了國際衝突發生的可能性。這個路徑分析由以下的圖表可以看出（圖2-1）。

　　圖2-1的關係也可以用以下簡單聯立方程式來說明。從方程式1.3可以看出，不但民主（X_1）可以影響衝突（Y_1）的發生機率，另外民主藉由國家利益（X_2）「間接」地創造了和平。民主對於衝突的影響是直接且顯著的（γ_{11}）。但是民主也間接的影響了利益，並影響衝突的發生（β_{21}）。根據Oneal和Russett的觀點，國家利益因此變成了一個「中介變數」（intervening variable），因為其影響衝突的因素部分被民主這個主要變數給吸收（方程式：1.3）（Oneal and Russett 1997; 1999; Russett and Oneal 2001）。

$$Y_1 = \gamma_{11}X_1 + \zeta_1 \tag{1.1}$$

$$X_2 = \gamma_{21}X_1 + \zeta_2 \tag{1.2}$$

$$Y_1 = \gamma_{11}X_1 + \beta_{21}X_2 + \zeta_3 \tag{1.3}$$

　　但是Gartzke並不認同此一看法。主要的癥結點在於，國家利益對於衝突的影響是否部分的被政權所稀釋。根據Gartzke對Oneal與Russett的反駁，若他們的假設是正確的，那將國家利益的預測值（predicted value）與衝突再做一次迴歸分析，此預測值將呈現顯著性。但是在Gartzke的驗證當中，不但此預測值對於衝突的解釋不顯著，另外將國家利益這個變數單獨與衝突做迴歸分析，結果呈現明顯的顯著性。因此，我們可以斷定國家利益對衝突的影響是獨立且顯著的。

　　因此，在討論利益與政權對衝突的因果關係上，需要建構另一個更為謹慎的模型。有別於Oneal與Russett將國家利益視為一個「內生」的變數，我們更應該將國家利益放在一個具有「外生」性的位置來看。以下提出一個將利益、政權與衝突概括在內的新模型（圖2-2）。

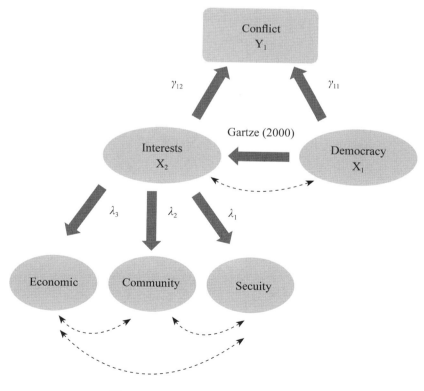

圖2-2　國家利益、民主與衝突模型

資料來源：作者自製。

　　圖2-2將衝突視為應變數，而利益與民主視為單獨的兩個自變數。在這個模型裡，利益與民主對於衝突的發生具有直接且顯著性的影響，為兩個獨立的變數。這個關係也可用下面的方程式展現。

$$Y_1 = \gamma_{00} + \gamma_{11}X_1 + \gamma_{12}X_2 + \zeta_1 \qquad (1.4)$$

　　在方程式1.4中，衝突Y_1是應變數，而國家利益（X_2）與民主（X_1）是兩個單獨的自變數。[7]參數（γ_{11}）和（γ_{12}）是此兩個變數對應變數的影響力。值得注意的是，在這個模型當中，利益與民主都是獨立的變數，且對衝突有直接影響力。在Oneal和Russett的研究中，利益對衝突的影響力被民主吸收掉，主要原因是他們仍然使用單一變數來代表國家利益。若在未來可以運用所謂的「結構方程模型」（Structural Equation Models）來建構國家利益，或許可以解決此「潛在變數模型」（latent variable framework）所帶來的不變與困擾。

　　在結構方程模型當中，我們可以使用「驗證性因素分析」（Confirmatory Factor Analysis, CFA），來進一步的檢驗不同數目的因素與不同方法的因素結構組成下的因素模型（邱皓政，2011：7）。簡單說來，就是我們將代表國家的多種利益因素與其潛在變數做一個路徑分析（圖2-2：$\lambda_1 \sim \lambda_3$），藉由「驗證性因素分析」進一步的測量各個利益的指標與其背後潛在因素的關係，並探討潛在因素之間的共變關係。舉例來說，我們可以蒐集有關同盟、國家綜合國力、與核子武器的擁有，來探討這些變數是否在其背後有一個共同的潛在變數。若能經過假設檢定並確認他們的路徑關係，我們就可以發現這個潛在變數可以代表國家所謂的「安全利益」所在。同理可證，我們可以藉由蒐集有關經濟（economic）和社群（community）的利益指標，來決定國家的經濟與社群利益潛在因素。

　　總的來說，政權與國家利益的因果關係仍有待更多討論。Oneal和Rus-

7　民主也可以被視為一個潛在變數模型。請參見Kenneth Bollen（1989）。

sett的假設是民主國家間的利益衝突會被政權所稀釋。但是這樣的解釋過於簡化。同樣政權的國家有時仍然會因不同意見而發生爭執，這樣的例子屢見不鮮。比方說日本與南韓因「獨島」（Takeshima）的問題已經在二次大戰後發生過十五次的軍事衝突，日本早已視獨島爲他們的國安問題。南韓更因爲獨島問題與日本吵的不可開交，甚至杯葛日本在聯合國爭取常任理事國的機會。[8] 是故，若我們將政權對於衝突的影響置於國家利益之上，並淡化處理這三者的因果關係，則很難看出到底利益對和平可以產生多大影響。在下一段中，筆者將提出幾個對於國家利益影響衝突的基本假設，期望對衝突研究帶來不一樣的視野。

陸、二元衝突理論（Dyadic Theory of Conflict）的假設

　　建構新的假設必須以修正之前理論爲前提。民主和平論對政權與衝突之間的關係提供一套完整的解釋架構。然而，在關於國家利益的問題上，民主和平論者還欠缺更嚴謹的理論論述與實證分析。本文提倡，藉由對於國家利益更進一步的描述與認識，我們可以發現國家利益應該是獨立於政權這個變數，並且對於衝突的發生有直接且顯著的影響。簡單說來，在建立假設與實證分析時，必須同時放入利益與政權這兩個變數，來看他們對衝突的影響。[9]

8　日本與南韓在日本二戰上犯的罪行仍然存在相當多的歧見。除了獨島的爭議外，有關日本領導人參拜靖國神社與東亞慰安婦的問題都沒有得到完善的解決。這些都是日韓兩國未來必須共同面對處理的問題。

9　在測驗利益與政權對衝突的因果關係前，我們也必須瞭解Most和Starr提出的「機會」與「意願」架構（Opportunity and Willingness）（Most and Starr 1989）。所謂的機會指的是兩國之間發生互動的機會有多少。而意願則是國家在從事外交決策時的意願。這兩個概念在解釋戰爭的發生上，提供很重要的理論架構基礎。

一、利益相同與衝突的發生／激化

　　本段主要是將國家利益帶進國際衝突研究中加以討論，並試圖尋找利益與國際衝突的因果關係。國際利益與衝突的關聯主要在於以下幾點：第一，若兩國對於某個議題意見相似，在利益的衝突上能達成共識，則兩國將尋求解決之道，發生誤會的機會將大大降低。即使有所誤會，兩國也因為有共同的利益所在，而會降低衝突的激化（escalation）。這就是利益相似降低衝突的主要原因之一。Sweeney（2003）利用美國與加拿大在1947至1992發生的五次漁業軍事衝突為例，認為這些衝突主要是針對漁業利益，而後來美加兩國依據衝突上的利益進行談判，也化解了紛爭。[10]

　　第二，相同的國家利益能降低衝突發生與激化主要原因在於，當兩國對某議題意見相左時，一致的利益可以防止衝突一觸即發，並能適時的採煞車。Sweeny（2003）以日本與韓國為例子，說明日韓兩國自二戰之後在教科書與慰安婦的議題上有很大的爭議，但因為兩國同時為美國的盟友，彼此擁有共同的安全利益。這也是為何日韓兩國能維持穩定關係的原因之一。[11]

　　最重要的一點，相同的國家利益能讓雙方創造一種社會概念。這類的概念可以讓擁有相似利益的雙方視對方為「同夥」（ingroup）（Herman and Kegley 1995）。這種「同夥」的概念亦可以降低衝突發生的可能性。因為擁有相同利益的同夥更容易視對方為朋友，而不同利益的將被視為「他夥」（outgroup）。這種同夥與他夥的社會理論被廣泛的運用在外交政策的分析上。擁有相似利益的同夥，在許多國際關係議題上較容易合作，並彼此互相

10　民主國家之間可能會為了利益上的問題發生小規模衝突，但不會發動大規模的戰爭。現實主義者的觀點認為民主國家不發生戰爭主要還是國家利益的考量。Layne（1994）以英法的法紹達危機為例子，闡述當時法國並不想真正為了法紹達與英國發生戰爭，特別是國內的資產階級更是反戰。英國的輿情也偏好不和法國發生軍事衝突。最後讓兩國免於戰火的就是雙方政府考量戰爭與國家利益後所達成的結果。

11　這裡我假設兩個國家A和B同時與一強權結盟，代表A和B對雙方都有共同類似的安全利益。以美日韓三國為例，代表日韓兩國對於美國在亞洲的霸權都有相同的共識，願意透過與美國霸權結盟的形式，維持自身一定的安全利益。我們可以說兩國就有相似的安全利益所在。

信任。相反地，具有不同利益的他夥較不易相信對方，這種對於彼此的不信任是引發國際衝突的導火線。基於以上的論述，我們可以推論出一個基本的假設：

假設一：

在一個二元關係中，國家利益越相似將減少彼此衝突發生與激化的可能性。

二、二元相異政權的國家利益與衝突假設

在前面的討論中，我們主要建構了對國家利益與衝突的假設。在早期Oneal與Russett的討論中將利益與政權對衝突的發生分開來討論，但這樣的分類無法有效的顯示利益與政權對衝突的真正關係。本段主要是將政權的差異與利益相似做一個結合。認為若一個相異政權的二元結構，兩個國家因為彼此利益合致，一樣也可以減低國家發生衝突的可能性。因為就算彼此政權有所差異，但民主國家與非民主國家因為利益而降低衝突的可能性，將遠高於政權所帶來的影響。

我們可以用美中臺三邊為一個範例。以民主和平論來說，臺灣和中國屬於兩個不同典型的政治體制。臺灣經過多年的民主洗禮，民主素養與機制漸漸在臺灣深化。若以民主和平論的假設，因為彼此的政治體制有極大的差距，臺灣與中國發生衝突的可能性相當高。但是，若我們從利益和平論來出發，臺灣與中國大陸在經貿上的往來可以提供和平一個穩固的基石（Wu 2014）。此外，中國與美國對於臺灣海峽的安全利益也相對的一致。兩大強權對於臺海的維持現狀（status-quo）保持高度的共識，因此，即使中國與美國的體制不一樣，但他們對臺灣海峽維持現狀的共識，還是可以讓他們保持穩定發展。我們可以得出以下假設：

假設二：

在一個相異政權的二元關係中，國家利益越相似將減少衝突發生與激化的可能性。

柒、結語

本文提出兩個基本假設。第一，當兩個國家在利益上高度相似時，衝突發生與激化的可能性就相對降低。此外，當兩個不同政治體制的國家，其國家利益極度相似時，也不易發生衝突。這兩個理論假設主要是對民主和平論做一個更全盤與深入的因果關係檢討。對於民主與非民主國家如何維持和平，本文亦提供理論上的研究基礎。

誠如民主和平論者所言，政權提供吾人研究國際衝突一個很好的基礎。但是政權對衝突的影響仍有限，我們還要參考經貿互賴，或是國際組織的因素，才能對國家為何發動戰爭有一個全盤地瞭解。在未來從事相關實證或統計分析時，必須將國家利益放入模型中進行檢測，這樣才能真正看出國家之間發生衝突，或因此降低衝突的原因。單純認為政權的影響力高於國家利益，或是忽略對於國家利益的討論，都會使衝突模型失去完整性。這點是從事國際衝突與和平研究學者必須注意的地方。

參考文獻

一、中文部分

邱皓政，2011，《結構方程式：LISREL/SIMPLIS原理與應用》，臺北：雙葉。

包宗和、倪世雄，2010，《當代國際關係理論》，臺北：五南圖書。

林碧炤，1997，《國際政治與外交政策》，臺北：五南圖書。

二、西文部分

Bollen, Kenneth A. 1989. *Structural Equations with Latent Variables*. New York: Wiley.

Bollen, Kenneth A. 1990. "Political Democracy: Conceptual and Measurement Traps." *Studies in Comparative International Development* 25(1): 7-24.

Bollen, Kenneth A. 1993. "Liberal Democracy: Validity and Method Factors in Cross- National Measures." *American Journal of Political Science* 37(3): 1207-1230.

Bueno de Mesquita, Bruce B. 1983. *The War Trap*. New Heaven: Yale University Press.

Bueno de Mesquita, Bruce B. 2003. *Principles of International Politics*. CQ Press.

Bueno de Mesquita, Bruce B. and Randolph M. Siverson. 1997. "Nasty or Nice?" *Journal of Conflict Resolution* 41(1): 175-199.

Bueno de Mesquita, Bruce B. and David D. Lalman. 1992. *War and Reason: Domestic and International Imperatives*. New Heaven: Yale University Press.

Coppedge, Michael, Angel Alvarez and Claudia Maldonado. 2008. "Two Persistent Dimensions of Democracy: Contestation and Inclusiveness." *Journal of Politics* 70(3): 335-350.

Deutsch, Karl W. 1957. *Political Community and the North Atlantic Area: International Organization in the Light of Historical Experience*. 1st ed. Princeton: Princeton University Press.

Farber, Henry and Joanne Gowa. 1995. "Polities and Peace." *International Security* 20(2): 123-146.

Farber, Henry and Joanne Gowa. 1997. "Building Bridges Abroad." *Journal of Conflict Resolution* 41(3): 455-456.

Friedman, Gil. 1997. *Agency, Structure and International Politics: From Ontology To Empirical Enquiry*. Vol. 2, Rutledge.

Gartzke, Erik. 1998. "Kant We All Just Get Along? Opportunity, Willingness, and the Origins of the

Democratic Peace." *American Journal of Political Science* 42(1): 1-27.

Gartzke, Erik. 2000. "Preferences and the Democratic Peace." *International Studies Quarterly* 44(2): 191-212.

Gartzke, Erik. 2007. "The Capitalist Peace." *American Journal of Political Science* 51(1): 166-191.

Gilpin, Robert. 1983. *War and Change in World Politics*. Boston: Cambridge University Press.

Gowa, Joanne S. 1989. "Bipolarity, Multipolarity, and Free Trade." *American Political Science Review* 83(4): 1245-1256.

Gowa, Joanne S. 1999. *Ballots and Bullets*. Princeton: Princeton University Press.

Hermann, Margaret G. and Charles W. Kegley. 1995. "Rethinking Democracy and International Peace: Perspectives from Political Psychology." *International Studies Quarterly* 39(4): 511-533.

Huddy, Leonie and Nadia Khatib. 2007. "American Patriotism, National Identity, and Political Involvement." *American Journal of Political Science* 51(1): 63-77.

Hurwitz, Jon and Mark Peey. 1987. "How are Foreign Policy Attitudes Structured? A Hierarchical Model." *American Political Science Review* 81(4): 1099-1120.

Keohane, Robert O. 2005. *After Hegemony: Cooperation and Discord in the World Political Economy*. Princeton: Princeton University Press.

Kissinger, Henry. 1964. *The Troubled Partnership: A Re-Appraisal of the Atlantic Alliance*. Council on Foreign Relations.

Layne, Christopher. 1994. "Kant or Cant: The Myth of The Democratic Peace." *International Security* 19(2): 5-49.

Lemke, Douglas and William Reed. 1996. "regime Types and Status Quo Evaluations: Power Transition Theory and the Democratic Peace." *International Interactions* 22(2): 143-164.

Maslow, Abraham H. 1959. *New Knowledge In Human Values*. Oxford: Harper.

McDonald, Patrick J. 2009. *The Invisible Hand of Peace: Capitalism, the War Machine, and International Relations Theory*. Boston: Cambridge University Press.

McDonald, Patrick J. 2010. "Capitalism, Commitment, and Peace." *International Interactions* 36(2): 146-168.

Morgenthau, Hans J. 1985. *Politics Among Nations: The Struggle for Power and Peace*. New York: Alfred A. Knopf.

Most, Benjamin A. and Harvey Starr. 1989. *Inquiry, Logic, and International Politics*. University of South Carolina Press.

Mousseau, Michael. 2010. "Coming to Terms with The Capitalist Peace." *International Interactions* 36(2): 185-192.

Oneal, John R. and Bruce M. Russet. 1997. "The Classical Liberals were Right: Democracy, Interdependence, and Conflict, 1950-1985." *International Studies Quarterly* 41(2): 267-294.

Oneal, John R. and Bruce M. Russet. 1999. "Is the Liberal Peace Just an Artifact Of Cold War Interests? Assessing Recent Critiques." *International Interactions* 25(3): 213-241.

Organski, Abramo. F. and Jacek Kugler. 1981. *The War Ledger*. University of Chicago Press.

Russett, Bruce M. 1993. *Grasping the Democratic Peace: Principles for a Post-Col War World*. Princeton: Princeton University Press.

Russett, Bruce M. and Harvey Starr. 2000. "From Democratic Peace to Kantian Peace: Democracy and Conflict in the International System." In Manus I Midlarsky (ed.), *Handbook of War Studies II*. Michigan: University of Michigan Press. 93-128.

Russett, Bruce M. and John R. Oneal. 2001. *Triangulating Peace: Democracy, Interdependence, and International Organizations*. New York: Norton.

Signorino, Curtis S. and Jeremy M. Ritter. 1999. "Tau-b or Not Tau-b: Measuring the Similarity of Foreign Policy Positions." *International Studies Quarterly* 43(1): 115-144.

Sweeney, Kevin J. 2003. "The Severity of Interstate Disputes: Are Dyadic Capability Preponderances Really More Pacific?" *Journal of Conflict Resolution* 47(6): 728-750.

Treier, Shawn and Simon Jackman. 2008. "Democracy as A Latent Variable." American Journal of Political Science 52(1): 201-217.

Walt, Stephen M. 1987. The Origins of Alliances. New York: Cornell University Press.

Wendt, Alexander. 1999. *Social Theory of International Politics*. Boston: Cambridge University Press.

Weede, Erich. 2010. "The Capitalist Peace And The Rise Of China: Establishing Global Harmony By Economic Interdependence." *International Interaction* 36(2): 206-213.

Wu, Charles Chong-Han. 2014. *Seeking Common Ground While Keeping Differences: Using the Case of Cross-Strait Relations as a Case.* Baltimore, MD: University of Maryland School of Law, Maryland Series in Contemporary Asian Studies.

陳宗巖[*]

壹、前言

　　每個人、每個家庭、每間公司都有以其為單位的對外收支情形，可以靠提供貨品或勞務獲得報酬，可以向他方借貸取得購買商品或投資的資金，或將財富儲存下來，這些與金融相關的行為，決定了每個人、家庭或公司的財務狀況，其財務狀況也將影響其對外的行為。

　　以國家為分析單位的角度來看，其本身也擁有對外的收支情況，可以靠生產具國際競爭力的商品，以大量出口，自各國賺取收益，取得收益後，將資金藉由各種海外的投資，借給需要資金從事跨國經濟交易的國家，在這個過程當中，有些國家因為貿易逆差（例如美國）成為債務國；有些則因賺取大量貿易順差（例如中國）而成為債權國，若逆差與順差的差距擴大，則在國際收支上將造成失衡的狀況，有些國家得以快速累積財富，而有些國家正在流失，不僅造成國家在財務結構上的困擾，也影響其國際權力的基礎。因此，各國為了改善失衡的狀況，將想盡辦法，透過談判或政策手段逆轉形式，但在過程當中，不免發生糾紛與誤解，若進一步惡化可能導致國際安全環境受到影響。

　　除了國際收支失衡可能導致衝突之外，在平衡國際收支的過程當中，將產生無數複雜的跨國資金與資產流動，使其成為一國「經濟國策」（economic statecraft）的工具，例如在中國在處理對美國的貿易順差時，必須透過購買美國債券，將資金借出，因此北京握有大量以美元計價的票券。若中國

---

[*]　國立中山大學政治學研究所助理教授。

想要影響美國政策，可以威脅大量拋售美債，以攻擊美元作爲達到影響目的
手段，除了衝擊國際金融市場的穩定之外，恐進一步惡化美中關係，影響區
域與全球的安全。

　　由此可知，在全球化時代中，若國家經濟具有國際競爭力，則能夠在短
時間內透過對外經濟迅速地累積財富，改變國際財富分配的結構，間接影響
國際權力的分布；而在各式各樣跨國經濟交易因應而生之下，平衡各國國際
收支的方式也越來越多，也因此出現許多能夠執行「經濟國策」的工具。從
這些角度來看，全球化雖然爲全球經濟發展帶來助益，但也可能潛在地影響
國際安全。本文即在探討從一國國際收支的結構，來檢視其對國際安全（也
就是衝突與和平）的潛在影響。以下第貳節將以國際貨幣基金（Internation-
al Monetary Fund）的規定，來簡單說明何謂國際收支，以及其主要的項目
有哪些，又有哪些與國際安全較具有關聯性；第參節將檢視各國國際收支結
構的改變，如何影響國際權力結構的改變，以及對國際安全產生的意涵；第
肆節將檢視國際收支中，國際貿易以及直接對外投資對於國際安全所帶來的
影響；第伍節將檢視國際收支中，金融帳戶的變動如何產生金融權力，以及
對國際安全所帶來的影響，本節也將深入檢視中美國際收支失衡的現象與可
能的發展與影響；第陸節將提出與本章主題相關的三個未來值得持續關注的
議題。

貳、何謂國際收支

　　根據國際貨幣基金的定義（Fund 2009: 9-10），一個國家的國際收支
（balance of payments）記錄了某段期間之中（通常是一季或一年），該國
居民與其他國家之間的所有交易統計表，這些涉及跨國交易的主體通常是
個人、公司與政府。一國國際收支的統計表主要包含四個部分：經常帳戶
（current account）、資本帳戶（capital account）、金融帳戶（financial ac-
count）以及誤差與遺漏淨額（net errors and omissions），前三個帳戶的統

計數字以記錄差額為主，例如經常帳戶主要包含的意義為一國對外貿易的差額（順差或逆差），因此可以看出一國在這些帳戶中，其金錢的流動是淨流入還是淨流出。

　　經常帳戶主要由貨品與服務貿易（goods and services）、主要收入（primary income）與次要收入（secondary income）三個部分組成，前者就是一國對其他國家在貨品與服務貿易中的差額，後兩者記錄的是本國人所獲得來自國外的收益與本國人支付到國外的收益的差額。一般來說貨品與服務貿易的總量占經常帳戶絕大部分，例如中國在2012年的貨品與服務貿易總量占了經常帳的90.2%。因此經常帳戶的差額，可以看出一個國家在對外貿易中，從世界各國獲得或損失的財富總額。

　　資本帳戶記載的是本國居民與外國之間，在「非生產性的非金融性資產」（nonproduced nonfinancial assets）的流入與流出，這些處的重點在於提供用於資本目的的資源，並沒有獲得任何具有經濟價值的回報，例如：本國向外國使館出售土地或者本國對外國債權的勾銷。這個部分通常占所有的國際收支相當小的部分，例如中國2012年的國際收支中，資本帳戶的總額僅占了0.06%，因此這個部分看不出本國相對於世界的財富表現。

　　金融帳戶中記載了本國居民與外國之間金融資產流入與流出的淨額，其中包括直接投資（direct investment）、證券投資（portfolio investment）、其他投資（other investment）以及儲備資產（reserve assets），其中直接投資為本國居民對外國資產通過投資，對該資產取得管理上的控制，例如取得外國公司超過10%股權的投資。證券投資記載的是沒有被列入直接投資與儲備資產，但與債權與證券跨國交易相關的跨國金流轉移，例如小於10%資產擁有權的金融投資，其他投資為沒有列入前述兩項投資所剩下的項目。最後，儲備資產為貨幣政策單位（例如各國央行）為了滿足國際收支的平衡，所產生由外幣或黃金等構成的資產（Chen 2014: 276-278）。

　　一國經常帳戶與資本帳戶差額的總和為該國對世界各國的淨貸款（順差）或淨借款（逆差），若一國擁有貿易順差，則表示透過國際貿易，該國從賣給世界各國貨品或服務獲得財富，這些財富必須透過購買外國金融資產的方式，將財富移轉給逆差國並取得金融資產（例如債券），以維持國際收支的平衡，這些通常是透過金融帳戶中的項目來進行平衡，例如中國對美國的貿易順差，讓中國因出口貿易獲得財富，但這些財富必須透過購買美國債券或其他投資方式，將財富借給美國居民，使他們能夠有足夠的資金，支付從中國進口的物品，因此經常帳戶與資本帳戶的差額總和，能夠抵銷金融資產的差額，因此理論上，三者的總和是零。但是，由於統計難免有技術或人為上的誤差與遺漏，所以需要有「誤差與遺漏淨額」這個項目來調整。

財富的累積在國際政治中具有重要的意義，以現實主義（Realism）來說，雖然對於權力結構的解讀以及影響有不同的解讀，但現實主義將國家財富視為權力分析相當重要的一個面向（Singer *et al.* 1972; Waltz 1979: 129-160; Morgenthau and Thompson 1985: 127-169; Kennedy 1987; Mearsheimer 2001: 55-82; Baldwin 2002: 177-179），且特別注重國際結構中各國「相對獲益」（relative gains）的演變（Baldwin 1993）。就財富累積的觀點來看，國際收支正好記載了一個國家在某段期間中，其相對於其他國家所累積到的財富，因此顯示了該國在財富面向的相對權力改變，例如某個國家因為國際貿易的順差，累積的龐大的財富，並將這些財富透過購買他國的金融資產借出，因此也掌握許多他國的資產，就國際政治面來看，相對於世界其他國家而言，順差國累積具有擴充相對權力的重要財富資源。就這一點來看，瞭解一國的國際收支與其組成，能夠瞭解一國在國際結構中相對權力的變化情況。

參、國際收支與國際權力結構變化

在國際關係一般可分為兩大研究主軸，國際安全與國際政治經濟，就前者來看，主要的研究議題為衝突與和平的原因以及後續的影響；後者主要的研究主題在於經濟全球化的成因以及影響，而這兩個主題都與國際安全息息相關，其背後也和一國的國際收支有著密切的關係。

　　由上方對「國際收支」的討論可看出，一國的國際收支顯示出該國在國際社會中的財務狀況，也就是他從國際社會中賺取了、花費了、借貸了多少財富，而這些財富的積累或損失，將對該國在外交政策造成影響，也對該國的國際安全情勢帶來影響，其影響可以分為兩個：結構性的（structural）與工具性的（instrumental）。首先就結構面來看，比較世界各國的國際收支數據，我們可以知道哪些國家相對來說，處在正在累積財富的位置，以及哪一些國家相對來說，處於財富流逝的情勢。由於所有國家的財富流動限於地球以內，因此世界財富的流動，一定會造成一個「零和賽局」（zero-sum game）的國際收支結構，亦即當一國正在累積財富時，一定有其他國家正在損失財富，累積財富的國家將擁有更多的經濟資源，發展防衛型的或進攻型的武器，或者將擁有更雄厚的本錢，來影響其他國家的行為，這些財富資源的分布，也構成了國際權力結構的改變，影響著國際安全情勢。

　　從進攻型現實主義（Offensive Realism）來看，國家為求生存，會盡力確保軍事上的優勢，未達此目的，國家必須取得更高的有效權力（effective power），這權力來自於軍事力量，以及其軍力相對於其他敵對國家的軍事實力，而建構一國軍事力量的基礎在於經濟財富。Mearsheimer認為十九至二十世紀初之間，法國從原本主宰歐陸的情況節節敗退，將潛在的歐陸霸權地位讓給德國，其原因就在於國家經濟財富的平衡從法國漸漸倒向德國，當時主要影響國家相對財富變遷的因素，在於工業化的程度，德國的快速工業化，快速累積足夠的財富，並製造生產了強盛的軍事武器（Mearsheimer 2001: 55-75）。因此，國際權力結構變化的重要函數，為一國的相對財富。在工業化時代，財富的累積主要來自生產力的投入與技術的先進程度；在全球化時代，資訊與技術傳播成本低廉、障礙降低的趨勢之下，一國的對外經濟情勢，成為全球相對財富分配重要的指標。

　　在軍事創新方面，Horowitz認為一個國家能否取得創新的戰爭技術，必須擁有足夠金融資源去購買該項科技，以及足夠的組織能力來適應該項新科技在組織上的需求，從國際安全上軍事權力的分布來看，昂貴且強盛的軍事力量（例如核子武器），有利於擁有鉅額財富的國家取得軍事上的優勢

（Horowitz 2010）。因此，若一個國家在國際上的相對財富是自主的，且不依賴國際債權市場的資助，則該國能擁有更充沛的金融資源來取得並發展新的軍事創新技術，以提升其國際上的權力地位。反之，若一國的相對財富不甚健全，其十分依賴國際債權市場，即便透過國際融資，能夠取得金融資源，但該資源是有限的，且若是該國財富管理不佳，導致欠債而影響其國際聲譽，則該國未來將越來越難以借到足夠的資金（Tomz 2007），甚至影響其金融的穩定，而爆發金融危機，更不利於該國的金融體系。因此，要檢視當代國際安全的權力結構體系，除了應觀察該國工業化的程度之外，該國是否有足夠的金融財富已支應軍事科技的購買與研發，亦影響了國際軍事權力的分布。

另外，從「權力轉移論」（Power Transition Theory）的觀點來看，當強權（great power）不滿於由主宰國（dominant power）所設定與主導的國際體系現況，且該強權有能力挑戰主宰國時，試圖移轉權力結構的霸權衝突就可能發生，造成主宰國易主的現象（Organski 1958）。在探討階層式的（hierarchical）國家權力分布時，一國的經濟規模是權力分布的重要面向，主宰國必須有足夠的經濟資源，維繫國際秩序；想要挑戰主宰國的強權，必須擁有接近主宰國的權力基礎。主宰國在維繫國際秩序時，必須負擔龐大的經濟成本，若是主宰國無法從外國換得足夠的收益時，進一步擴張領土將提高跨國統治的成本造成龐大的經濟負擔，進而導致該主宰國在國際政治上的隕落（Gilpin 1983: 168-175），也可能引發其他強權的挑戰，並帶來國際安全的動盪。從這個觀點來看，在全球化的時代中，國際收支影響了一國在國際社會中相對財富的分配，進一步影響了各國取得權力資源的能力，而影響了國際權力結構的樣貌，而最後，結構影響了國際安全的情勢。

除了現實主義之外，一國對外的「經濟互賴」（economic interdependence）結構，也影響著該國的國際安全。此處的經濟互賴可以借用Keohance與Nye的「互賴」觀點來觀察，他們認為互賴應該有兩種面向：「敏感性」（sensitivity）與「脆弱性」（vulnerability），前者關心的是當A國發生政策變動時，會對B國帶來多大的成本，這代表了B國對於A國政策變動的敏感程度；後者注重的是一旦變動發生時，B國是否有低成本的因應措施，若沒有的話，則代表B國對於政策變動處於相當脆弱的地位（Keohane and Nye 1977: 11-14）。若一國處在「敏感性」與「脆弱性」都很高的經濟互賴情勢時，施加影響的國家，將在經濟互賴關係的結構當中，取得相當大的權力優勢，因而能有效脅迫被威脅的國家。舉例來說，在1956爆發蘇伊士運河危機（Suez Crisis），埃及希望將運河國有化的行為招致英國、法國以及以色列聯軍的攻擊，這導致了美國大量拋售英鎊，讓英鎊貶值15%，且美國否決了英國對「國際貨幣基金」（International Monetary Fund）的紓困案申請。這方面的金融壓力，促成英國最後願意停止攻擊（Williams 2009: 259-61）。由於英國當時依賴與美元匯率的穩定，且短時間內沒辦法取得紓困，最後導致在與美國的經濟互賴中趨於劣勢，最終受到以「互賴」為基礎的權力影響。

此處的「經濟互賴」結構與國際收支息息相關，若要檢視一國與世界各國的互賴程度，則可以檢視每年的國際收支，以觀察該國經濟，是否非常依賴對外經濟關係的維持，以及其在國際收支中各項目的表現，例如若一個國家為龐大的貿易逆差國，表示該國必須發行債券，以取得足夠的資金來支付大量的進口，這也表示世界各國握有大量以該國貨幣計價的債券，若該國的貨幣體系相當脆弱的話，一旦世界各國以拋售該國債券的行為來進行威脅時，該國為了避免貨幣大量貶值所造成的經濟損失，很難忽略來自世界的權力威脅。同樣的分析也適用於兩國之間國際收支的結構，若A國相當依賴來自B國的經濟關係，但B國並不依賴A國，則B對A國將擁有強勢的權力，進而影響該國的行為，對國際安全情勢帶來影響。

肆、國際貿易、對外投資和國際衝突

上方談論了國際收支如何改變國際權力結構，進而影響國際安全的情勢，下面將探討的是國際收支的各個面向，如何能夠成為對外政策的工具，以影響他國在國際安全方面的思索與作為，這種工具性的權力意涵，可以透過「經濟國策」來達成。經濟國策希望透過經濟策略來作為影響他國行為，是一種具有國際政治意涵的手段，而這個政治手段的品質，取決於該國所能夠影響他國的能力。

Baldwin認為經濟國策可以包含「正面制裁」（positive sanctions）與「負面制裁」（negative sanctions），前者強調以給予他國實質的利益為誘因，以改變他國的行為；後者重視以威脅或懲罰來影響他國的行為（Baldwin 1985）。從記錄一國對外關係的國際收支來看，有三個面向最具有經濟國策的政治意涵：經常帳戶中的國際貿易、金融帳戶中的對外投資、以及金融帳戶中的儲備資產，這三個面向可分別以對外貿易、對外投資、國有化外國資產、貨幣攻擊等政策工具，來對其他國家施展經濟國策（Chen 2014: 275-278），本節將探討以貿易與對外投資相關的工具。

首先從貿易政策來看，若一國是世界中相當重要的進口國，構成世界上重要的買主，且這個國家的市場夠大，能夠影響貿易商品的價格，出口國亦相當依賴這個龐大的市場，此時若進口國實施貿易抵制（boycott）或突然以關稅或非關稅障礙來限制進口的數量，則對於商品的價格將產生影響，並使得出口國的經濟受到波動，在這種情形之下就可能產生衝突。此外，若一個國家是重要的出口國，且該出口物資具有戰略價值（例如石油），一旦該國對外實施禁運（embargo），停止該物資的出口，則對貿易依賴國來說，將具有相當大的影響力（Grieco and Ikenberry 2003: 165-166）。以上為負面制裁的論述，若從正面制裁的論述來看，若一國給予世界上重要出口國在關稅上的優惠或提高對出口國的進口配額，能夠給該出口國帶來經濟利益，而造成以經濟誘因為基礎的影響力，甚至化解潛在的國際衝突。

除了貿易政策之外，國際貿易與衝突之間的關係仍存在爭議，一般認為，若國家之間的貿易量夠大，則爆發衝突的可能性降低，因為貿易能夠增加兩國的交流、降低敵意並降低誤解發生的機會，此外貿易比衝突更容易帶來國家的財富，而衝突可能帶來不樂見的經濟成本（Haas 1958; 1964; Polachek 1980; Rosecrance 1986）。然而，也有另一些研究發現，貿易與衝突有可能存在正向關係，這派論述認為國際貿易的發展，會讓強權更傾向於使用軍事力量，來競爭海外的貿易利益，特別是對於海外資源與市場的爭奪，或者是對於弱國貿易市場的侵占（Cohen 1973; Waltz 1979），例如帝國主義與殖民主義時代所引發的衝突，多半與海外資源的爭奪有關。此外，也有學者發現貿易與衝突並非為線性關係，而是呈現出曲線的關係，當兩國的貿易互賴關係低或中等時，能夠降低衝突發生的機率，但是若兩國的貿易互賴關係相當高、甚至極高時，則衝突發生的機率將會增加。且若兩國的貿易關係處在密集且非對稱（asymmetric）的狀態時，衝突發生的機會更高（Barbieri 1996），這呼應了上述對互賴結構的探討。簡言之，一國對世界或對他國的貿易情況，能夠影響該國所處在的國際安全情勢。

　　對外投資與國際安全的關係可以是雙向的，也就是對外投資影響了國際安全，或國際安全也能夠影響對外投資。先討論前者，由於世界各國的資源是有限的，各國為了提升本身的權力，或者取得所需的資源以支撐國內的經濟發展，需要向國外取得資源，特別是天然資源的奪取。許多關於殖民主義（Colonialism）的國際政治經濟學研究認為，對外投資與國際衝突或合作有關，衝突常發生在殖民母國為了爭奪殖民地的資源而爆發（Staley 1935; Lenin 1939; Cain 1985），或者國際衝突也常發生在投資母國與殖民地之間（Lipson 1985）。

　　在殖民主義盛行的時代，發展較為先進的殖民母國為了國家的生存與安全，因而在海外爭奪在殖民地的投資，以獲取利益，增強其國家實力（Cohen 1973），這種觀點類似現實主義的說法。此外，殖民母國亦不時與殖民地發生的衝突，起因常是因為殖民母國為了保護在投資地的資產，會出動兵力以監控與保護資產，以解決爭議，免除其資產遭到投資地政府的騷擾與控制，特別是天然資源的投資難以移動，若沒有投資母國到場的保護，很容易被收歸國有。Frieden認為若投資的標的若較能夠輕易獲得收益，且該資產僅能位於特定地點（例如銅礦），則殖民母國出兵海外保護其資產的意願就越高（Frieden 1994）。

　　除了上述具有強烈權力不對等關係的國際投資現象之外，對外投資也常是施作權力的工具，特別是國際收支中記錄的直接投資（direct investment）。如前所述，直接投資是指對外資產10%控制權的投資，讓投資國與其公司能夠對海外資產擁有一定程度的影響力，若投資公司為國營企業的話，且投資的標的物具有國家安全意涵的話，更容易產生影響到國際安全（Chen 2014: 277-278）。例如中國的中國海洋石油總公司（China National Offshore Oil Corporation，簡稱中海油）在2005年中期，試圖併購美國的加州聯合石油公司（Union Oil Company of California），中海油在出價的過程比另一個競爭者雪佛龍（Chevron）高出14億美元，但是該項投資被認為對美國的能源安全將帶來負面影響，進而影響國家安全，因此最後在國會的施壓下，以及美國海外投資委員會（Committee on Foreign Investment in the United States）不利於中海油的調查報告之下，白宮否決了這個投資案（Nanto *et al*. 2005; Downs and Evans 2006）。這個案例顯示出，投資國的海外布局可能為投資國帶來直接的國家安全風險；換個角度來看，若被投資國過度依賴來自海外投資國的資金，一旦投資國以停止對該國投資以作為經濟制裁的手段時，則可能帶來經濟安全問題，例如美國為了制裁緬甸對人權的侵害，柯林頓（Bill Clinton）政府在1997年實施禁止對緬甸投資的政策，希望迫使緬甸改善人權（Grieco and Ikenberry 2003: 168）。

　　上述為對外投資導致國際安全情勢的改變，另外國際安全的情勢也可能導致對外投資的決定，許多研究指出一國的政治風險影響了該國吸引外資的能力，這裡的風險包含個國際衝突、內戰或國內政治穩定度等（Henisz 2000; Bussmann 2010; Jensen *et al*. 2012: 38-39）。其中在國際安全的層面，若一個國家時常捲入跨國戰爭，其國內的資產將受到戰火波及，海外員工的性命將受到威脅，因此這些外國投資者不太願意將投資置於戰場中。在全球化時代，各國為了爭取來自海外的投資，會試圖降低其政治風險，其中避免國家涉入國際衝突，將有效降低其政治風險，而吸引更多海外投資，世界上最難吸引海外投資的國家常是捲入戰火中的國家，例如阿富汗或巴基斯坦。因此，一國所處在的國際安全環境，對於其吸引外資的能力相當重要。

伍、金融權力與國際衝突

　　從國際收支最直覺的涵意來看，可以顯示一國在處理對外經濟關係時，所產生資金的借貸以及投資，例如若一國過度地自國外購買（進口）且本國對外銷售（出口）業績不佳，則需要向其他國家的政府、公司或銀行借錢，才足夠支付過度購買所需的資金。又或者一國對外銷售（出口）業績良好且並未過度購買（進口）外國商品，則必須思考如何儲存或投資自世界各國賺到的收益，這些過程與處理跨國金融行為的政策，均能影響一國的國際收支平衡，並進而影響到一國金融權力的強弱。當一國的國際收支中，經常帳與金融帳總和呈現淨流入的結構，則該國能夠有效累積財富，提升其金融權力，不僅能夠增強該國「經濟國策」的強度，更能夠降低對其他國家金融資源的依賴；反之，則該國的國際金融權力將逐漸削弱。

　　首先我們可以從國與國之間的債務問題來看，根據Finnemore的研究，在二十世紀初以前，當時的國際法律師尚未主導並建立起解決各國債務爭端的有效機制，因此強權時常以砲艦的軍事力量強行索討弱國所積欠的債務，在當時，武力是改變債務國政策最有效也最廣為強權使用的討債工具（Finnemore 2004）。例如1838年時，墨西哥灣邊歷史最悠久且最大的港口韋拉克魯斯（Veracruz），曾因此發生衝突，當時墨西哥政府因向當時居住在境內的法國人欠下大筆債務而無意償還，這項舉動使法國政府派遣26艘軍艦占領並封鎖了韋拉克魯斯港。除了法國人外，英國人也被欠債，因為擔心法國出兵會搾乾墨西哥，使英國收不到債務，所以倫敦當局也派出13艘船艦到韋拉克魯斯港，不惜為國際債務問題與法國一戰。

　　然而，當國際法對於國與國之間的債務糾紛提出有效的解決機制，再加上這一批國際法律師在二十世紀初期開始在這個領域發揮影響力，各國逐漸摒棄砲艦外交的傳統，國際社會也逐漸建構出一套以國際法解決債務糾紛的模式。當砲艦外交越來越受國際社會鄙視、國際間的互賴程度提高、金融交流日益龐雜、國際金融的合作機制日趨完善之時，金融權力的本質與面向發生了改變。若我們接受國際政治中「權力」是一國影響他國改變政策能力的說法，則金融權力即為透過本國的金融政策，試圖影響其他國家的行為，以中國大量握有美國債權的案例來看，若北京透過大量拋售美國債權作為威脅而成功影響華府的政策時，則展現出中國強盛的金融權力。在現實中，將金融作為脅迫他國的權力工具並不罕見，常見是利用與影響他國貨幣價值的經濟制裁對他國施加壓力，迫使其改變政策（Kirshner 1997），例如上述所提到的1956年所發生的蘇伊士運河危機就是個利用金融權力達成經濟制裁的成功案例。

　　然而，金融權力的效果仍存在相當多爭議。例如西方社會幾十年來對古巴、北韓、伊拉克等獨裁政權進行的經濟制裁，仍舊無法迫使這些國家的領導人，因為擔心國家總體經濟利益遭受傷害，而改變獨裁或迫害人民的統治行為。金融權力運用的其中一個成敗關鍵在於政權形式。當本國是一個民主政權，則本國領導人會因擔心外國金融強權動用金融力量傷害本國的經濟，導致本國人民將經濟傷害的罪加之於民選的執政者，在擔憂國內政治的衝擊之下，較容易受到他國影響。民主政權對於金融強權的抵抗力比不受人民制約的獨裁政權來的低。

　　除了從影響他國政策的面向切入之外，Benjamin Cohen則提出另一種金融權力本質，也就是當兩國金融失衡時，欠下債務的國家如何降低、延遲或轉嫁在失衡後所需付調整國際收支平衡成本的能力，也就是一國如何能夠在金融失衡情形下，仍然維持政策的自主權。以Cohen的觀點來看，沒有對內的政策自主能力，就難以存在對外的影響能力。金融權力實際上包含了對內的政策自主能力，與對他國行為的影響能力（Cohen 2006: 31-51）。

　　以實際案例來看，以下將探討現今美中金融失衡下，對國際衝突的影響。目前中國大量握有美國債券，中國成為美國重要的債權國，在這裡Cohen重視的即是美國如何在扭轉失衡局勢的過程中與之後，維持金融政策的自主權，並延遲給付在金融調整過程中所需付出的成本，或將成本轉嫁到他國，藉此以維持美國對中國的抵抗力。

　　根據多數分析，中國握有龐大的美國債務將使得美中在國際事務中的權力平衡將迅速倒向中國，北京在主導國際事務中的能力將相對地提升。若中國大量拋售美國債務，則在國際金融市場中的美國債券供給將大量增加，造成價格下跌，這將打擊國際社會對於美國金融的信心，造成美元在市場中的價值下跌。一旦華府將維持美元的穩定視爲第一要務，則中國對華府的外交政策影響力將大增，進而提升中國主導甚至制訂國際事務的能力。從上述分析的金融權力角度來看，華府爲了維持美元的穩定，降低國內的衝擊，將被迫回應中國操弄金融失衡的手法，付出龐大的成本，用以挽救美元在市場上的貶值，且在中國持續的金融威脅之下，華府對北京政策的影響力也將大減。美中關係的權力平衡將快速地倒向中國。

　　然而，Drezner在評估中國握有美國債權是否影響了美國行爲的文章中發現到，中國對美國的影響力似乎被高估。他的研究中包含了兩個個案研究，他發現中國並未像外界想像般能夠以大量持有美國債權作爲影響華府決策的武器。在其中一個案例，他發現近來當美國與其他西方國家，試圖透過國際金融組織約束發展中國家的主權基金（Sovereign Wealth Fund）對西方金融商品的大量投資時，雖然大量持有西方債券的國家非常抗拒，且試圖影響西方政府甚至國際金融組織改變其政策，但最後還是接受了債務國所提出的規範，包括中國在內的債權國反而因債務國的堅持而改變自己的行爲（Drezner 2009）。

　　另一個案例中顯示，當2008年美國次貸風暴開始席捲全球，中國要求美國財政部介入拯救「美國聯邦國民抵押貸款協會」（Fannie Mae）及「美國聯邦住宅貸款抵押公司」（Freddie Mac）這兩間政府所贊助的房貸巨頭，並提供償還債務的保證時，北京最後並無法獲得美國的承諾，且華府口頭答應介入這兩間公司的決策並非完全來自北京的經濟影響力；且在貿易糾紛中，中國也並未獲得利益，反而在2008年中，美國對中國反傾銷制裁比前一年高出了六倍。Krugman也認爲中國想找別人來拯救錯誤投資的籲求是沒辦法得到回應的（Krugman 2009）。

　　根據Drezner的分析，中國試圖用經濟實力影響華府的行爲是失敗的，根據他的觀察，若要使中國的金融權力發揮效用，需要具備三個條件：第一個條件是，若除了中國，美國找不到其他願意認購美國債務的國家，則可以因華府對北京的依賴程度的增加而提升中國的強權地位，這也是Cohen所強調的金融自主權。若美國在中國拋售美國債券後找不到其他國家的認購，而無法將穩定美元價格的成本轉嫁到其他國家，此時單打獨鬥的美國會為了維護國內金融與政治的穩定，被迫先維持美元的穩定，但是這等同於接受中國的金融威脅，以接受北京對華府的要求，換取中國不拋售美國債務的承諾，在美中問題上讓步。

第二個條件是，當制裁美國遭受到的報復機率越低，或雙方發生衝突的可能性越低，則中國的經濟權力會跟著上升。從賽局理論中的角度上來看，未來的陰影（Shadow of Future）將會影響雙方合作的意向，此處所指的合作為雙方共同維持美元匯率的穩定。當這場賽局是重複（repeated game）的話，則行為者在第一場賽局的行為將會受到第二場預期對方的行為產生改變。以囚徒困境為例，原本在單次賽局中不願意合作的嫌犯，在複數次的賽局中將會因為預期到不合作之後所伴隨的懲罰，而傾向合作，在這裡的懲罰指的就是賽局理論中的折扣因素（Discount Factor），若折扣率造成下次的利益越小，則預期的未來損失越大，也因此增加合作的可能性（Oye 1985）。若中國預期到將遭受美國的懲罰越大，則越不可能大量拋售美國債券，也就是中國將更願意在金融失衡問題上與美國合作，解決美國的失衡問題。反之，中國將會大量拋售美國債券。

第三個條件是，若債務國採取固定匯率時，則當債權國大量拋售債務，將導致債務國為了要維持匯率穩定，大量地消耗外匯存底；若債務國為浮動匯率制，則債權國較無法發揮影響力。中國的金融機制為盯住美元的固定匯率，而美國為浮動的貨幣機制，也就是說當美元在國際市場中貶值時，華府大規模動用金融政策以維持美元國際價格的可能性很低，因此美國的金融準備將不會被大量消耗，但將大幅影響國內的物價，導致華府因民眾不滿而向北京妥協。反觀中國的固定匯率則會因為要盯住迅速貶值的美元而大量使用擴張性的金融政策以穩定人民幣與美元的匯率，此舉恐導致通貨膨脹，降低人民幣的購買力，引起民眾不滿而造成中國國內政治的動盪。因此美中的匯率制度更進一步地制約了中國的金融權力。

　　此外，在美國對中國產生大量貿易逆差之下，中國在維持固定匯率時，必須買進美國金融資產，維持美元在國際市場中相對於中國的價值，若中國大量拋售美元，或僅停止購買，則人民幣相對於美元勢必要漲，因此當中國的人民幣依舊盯住美元且美國採浮動匯率制度時，美國不會爲了穩定美元的匯率而動用大幅度的金融政策（也就是降低美元在國際市場的流通），在一個利益團體強悍的美國，降低美元的流通恐導致通貨緊縮，造成失業率上升，動搖華府執政團隊的威信。因此若中國破壞穩定的美元匯率，則中國本身受的創傷恐大於美國，因此中國的金融權力將被稀釋。

　　即便中國願意放棄固定匯率制度，但因貨幣攻擊所帶來人民幣的升值，恐極度不利國內經濟發展。根據Cline的研究，他發現若中國的實質匯率升值1%的話，則以中國2010年的經濟規模爲基準來看，中國的GDP恐將減少0.3%至0.45%，這個數字將相當於170至250億美元之間（Cline 2010），這筆錢的損失將來自於中國經常帳的損失，也就是世界各國在人民幣升值、變貴了之後，就越來越不喜歡進口來自中國的商品。當世界對進口中國貨的興趣降低之後，國際企業投資中國的意願也會降低，因爲到中國設立工廠、購買設備、僱用勞工的成本將變高，當世界各國都想爲國際企業降低生產的成本時，中國在外資眼中的競爭力將相對降低，而東南亞、南亞、非洲可能將成爲中國強大的競爭對手。當然，中國依舊擁有完整的供應鍊、龐大內需市場等優勢，但是若人民幣升值，對於世界工廠發展將構成不小的威脅。另一方面，Cline認爲美元的貶值，將增加美國經常帳約22至63億美元之間。1990年代初期，美軍爲了科威特進攻伊拉克，據美國國防部估計，約花了610億美元，若人民幣升值10%的話，就有足夠的資金再次發動海外戰爭。

　　因此，若中國想發揮對美國的金融權力，除了必須與國際社會合作，與其他掌握美國債務的國家以金融結盟的方式，共同制約美國權力之外，還需確保美國不會報復，並且改革本身的金融制度。然而，握有美國債券的前幾個國家包括中國、日本、英國、OPEC國家、巴西、俄羅斯、香港、臺灣等國，根據現實主義學者John Mearsheimer的分析，其中日本、英國、臺灣、香港屬於較不受威脅的海洋國家，因此不需要與大陸型的強權結盟以抵抗崛起的陸權國家（Mearsheimer 2001），且這些國家皆需要美國的內需市場，以維持國內的出口經濟，若與中國結盟，聯合拋售美元，導致美元大貶，這些國家相對於美國的出口產業競爭力將下跌，中國的固定匯率制度，將更使得其他採取浮動匯率制度的國家敵視同時貶值的人民幣與北京政權，進一步與中國交惡，此舉更破壞與中國金融同盟的基礎。再者，中國必須先準備承受人民幣升值所帶來的經濟成本。

　　此外，美國勢必不會坐視中國拋售美元的行為。當美國民眾因美元走貶，感受到國際購買力下降的壓力時，美國人民會運用民主機制，迫使華府對中國做出懲罰，這種懲罰並不一定是軍事行動，而是在國際貿易上限制中國貨物的進口，壓縮世界工廠商品的市場，這將提升中國的失業率，造成中國人民對政府的不滿，影響共產黨統治的基礎。對現階段北京政權面對日益激烈且增加的民間抗爭情形而言，沒有什麼比維持共產政權穩定更重要的事。最後，希望中國採取浮動匯率制度，用以抵銷盯住美元所需付出的金融儲備代價似乎不太可行。現階段中國依舊需要依靠盯住美元的穩定匯率，促進中國出口產業的國際競爭力。然而，當中國民間力量逐漸崛起，民主機制開始萌芽時，將會迫使政府逐漸放棄為了穩定匯率，消耗金融儲備的行為，而更重視金融市場的中國社會內部衝擊。就這一點而言，中國的匯率制度將會因為中國內部的民主化而漸漸地自由，金融權力也將慢慢地提升。

陸、未來研究議題

　　國際收支可以看出一個國家對外經濟的情形，特別是與世界的經濟與金融關係為何，在全球化的時代中，國家財富的累積、財政的健全與經濟實力與國際收支的結構關係密切，不僅影響了一國在國際權力結構的階層位置，進一步顯示其施行經濟國策的能力；此外也可看出一國在抵抗來自其他國家經濟國策的能力，以及是否能夠獨立於別國的威脅與影響。此外，假定各國累積財富的速度與其國際權力位階的變動相關，而會影響到國際衝突發生的機率與結果，則各國的國際收支情況則可能影響未來國際安全的動向。以此觀之，在不久的未來，或許有三個議題值得觀察，它們可能將影響國際金融權力結構的變遷，這些議題包括中國崛起與其「一帶一路」的布局、國際貨幣戰爭以及歐洲國家的債務問題。

　　首先，中國依靠持續的貿易順差以及對外資的吸引，取得了龐大的財富，因此有足夠經濟與金融資源，提升國家的實力，中國提出的一帶一路戰略，以及成立「亞洲基礎設施投資銀行」（Asian Infrastructure Investment Bank，簡稱亞投行）即為具體的作為，此外，中國也積極參與G20以及巴塞爾銀行監管委員會、努力提升人民幣的國際化、推動「走出去」對外經濟戰略，挑戰之意明顯。這樣挑戰可能來自中國對現有國際金融合作機制不滿，特別是在世界銀行與亞洲開發銀行的投票權不足（在2012年，中國大陸在世銀與亞銀的投票權均為5.5%），且股權改革計畫一直受到阻礙，因此希望透過對亞投行的主導，提升中國大陸在國際金融組織的地位，發揮其國際金融權力。此外，亞投行帶動的海外基礎建設投資，也能夠幫助中國大陸出口過剩的、且可以移動的生產要素（例如勞工與資金）以及產品，抒解國內經濟調控的壓力、失業及原料滯銷的問題。

　　若亞投行能夠成為另一個主要的國際金融機構，則中國減速的經濟能夠得到舒緩，將國內的生產要素出口到國外，或許可以改善經常帳順差累積慢慢減速的趨勢，讓中國繼續維持以出口為動力的經濟成長，進而繼續快速累積財富與國際實力。此外，亞投行也會帶來人民幣進一步國際化的結果，進而給中國開放人民幣資本帳的壓力，讓外匯交易更為自由，一旦發生，人民幣可能會升值，到時候中國出口的競爭優勢是否依舊存在、北京對美元債券的操作為何、金融帳戶的流動會如何改變，都將成為中國金融權力變動的關鍵因素。根據外匯分析師的數據，中國在近期拋售了約1,070億以美元計價的債券，並購買了600噸的黃金（Knight 2015），中國為何如此做的原因不明，但若持續下去，可能對國際金融市場與美中關係帶來負面影響。

　　第二個議題爲國際貨幣戰爭（currency war），這是各國爲了提高本國商品的國際競爭力，貶值本國貨幣的政策手段，例如歐美國家認爲中國持續地操縱人民幣匯率，才能維持兩位數以出口爲動力的經濟成長，他們認爲人民幣應該要提高20%的價值，才能讓國際收支取得平衡，而美國本身及透過好幾輪的貨幣寬鬆政策，盡可能讓美元貶值，改善其國際收支的問題。非歐元區的瑞士，因爲歐元在其部分會員發生金融或財務危機下而疲弱，讓瑞士法郎持續升值，導致出口產業受到威脅而不滿，瑞士國家銀行（Swiss National Bank）遂自2011年開始透過貨幣政策，讓瑞士法郎貶值（Moschella 2014），從2011年8月至2013年6月，瑞士法郎對歐元約貶值了14%。日本首相安倍晉三（Shinz Abe）在2012年上任後，提出以貨幣貶值爲基礎的經濟振興政策，2013年日本銀行（Bank of Japan，爲日本的中央銀行）採取量化寬鬆的貨幣政策，一口氣讓日圓對美元貶值25%，外界擔心此舉將引發其他東亞國家競相貶值的競賽（McKinnon and Liu 2013），日本在2013年的出口較2012年成長了9.5%，前一年的出口成長爲-2.7%，可見日圓貶值的確對出口有正面的助益。在外匯市場越來越自由，且越來越多國家採用浮動匯率且開放資本帳的全球化時代，貨幣價值變動變得敏感，未來各國是否會因爲國際收支的失衡，引發造成大規模的貨幣戰爭，以及這些現象是否會進一步引發國際間傳統與非傳統安全的威脅，值得繼續關注。

　　最後，歐元區少數國家陷入金融危機，特別是希臘的財務危機，使得其國內經濟情勢惡化，雖然從經常帳戶來看，希臘自從2011年之後貨品貿易的逆差降低了34%左右，但是國內民眾在國內財政政策上，不願以經濟撙節（austerity）來度過艱困時期，使得希臘必須在國際收支中，繼續靠紓困與舉債來支應，這讓歐元貨幣受到衝擊，不僅弱化了歐盟整體的金融權力，進一步破壞歐元區的團結。歐盟不像美國聯邦政府，具有財政移轉的政策工具來紓困各洲的財政，各國擁有獨立的國際收支，因此需要靠歐洲國家的商議，來決定是否要動用大家的資金，拯救遭遇財政危機的會員。因此在紓困案的商議與談判過程中，可能將挑戰歐盟國家的關係，例如德國政府與民衆，對於希臘的行爲相當反感，也引發其他國家的不滿，若國際投資人失去對歐元的信心，可能導致其他國家退出歐元。歐盟與歐元發展的濫觴，在於讓數百年以來持續爆發衝突的歐洲大陸透過整合，以提高衝突成本和促進相互理解來減少衝突的因子。從這個角度來看，歐盟與歐元的存在，促進了國際安全的穩定，因此任何對其不利的發展，都是潛在影響國際安全的不安因素，除了對經濟面的關注，歐洲整合的發展更具有區域與國際安全的意涵。

參考文獻

Baldwin, David A. 1985. *Economic Statecraft*. Princeton, N.J.: Princeton University Press.

Baldwin, David A. ed. 1993. *Neorealism and Neoliberalism: The Contemporary Debate*. New York, N.Y.: Columbia University Press.

Baldwin, David A. 2002. "Power and International Relations." In Thomas Risse and Beth A. Simmons (eds.), *Handbook of International Relations*. Thousand Oaks, CA: SAGE Publications. 177-191.

Barbieri, Katherine. 1996. "Economic Interdependence: A Path to Peace or a Source of Interstate Conflict?." *Journal of Peace Research* 33: 29-49.

Bussmann, Margit. 2010. "Foreign Direct Investment and Militarized International Conflict." *Journal of Peace Research* 47: 143-153.

Cain, Peter. 1985. "J. A. Hobson, Financial Capitalism, and Imperialism in Late Victorian and Edwardian England." *Journal of Tmperial and Commonwealth History* 13: 1-27.

Chen, Ian Tsung-yen. 2014. "Balance of Payments and Power: Assessing Chinas Global and Regional Interdependence Relationship." *International Relations of the Asia-Pacific* 14: 271-302.

Cline, William R. 2010. "Renminbi Undervaluation, China's Surplus, and the Us Trade Deficit." *Policy Brief*. (August).

Cohen, Benjamin J. 2006. "The Macrofoundations of Monetary Power." In David M. Andrews. Ithaca (ed.), *International Monetary Power*. N.Y.: Cornell University Press.

Cohen, Benjamin J. 1982. "Balance-of-Payments Financing: Evolution of a Regime." *International Organization* 36: 457-478.

Cohen, Benjamin J. 1973. *The Political Economy of International Relations Series*. The Question of Imperialism: The Political Economy of Dominance and Dependence. New York, N.Y.: Basic Books.

Downs, Erica, and Peter Evans. 2006. "Untangling China's Quest for Oil through State-Backed Financial Deals." *Policy Brief*.

Drezner, Daniel W. 2009. "Bad Debts: Assessing China's Financial Influence in Great Power Politics." *International Security* 34: 7-45.

Finnemore, Martha. 2004. *The Purpose of Intervention: Changing Beliefs About the Use of Force*. Ithaca, N.Y.: Cornell University Press.

Frieden, Jeffry A. 1994. "International Investment and Colonial Control: A New Interpretation." *International Organization* 48: 559-593.

Fund, International Monetary. 2009. *Balance of Payments and International Investment Position Manual, Sixth Edition (Bpm6)*. Washington, D.C.: International Monetary Fund.

Gilpin, Robert. 1983. *War and Change in World Politics*. Cambridge, MA.: Cambridge University Press.

Grieco, Joseph M., and G. John Ikenberry. 2003. *State Power and World Markets : The International Political Economy*. 1st ed. New York: W.W. Norton & Co.

Haas, Ernst B. 1964. *Beyond the Nation-State*. Stanford, California: Stanford University Press.

Haas, Ernst B. 1958. *The Uniting of Europe*. Stanford, California: Stanford University Press.

Henisz, Witold J. 2000. "The Institutional Environment for Multinational Investment." *Journal of Law, Economics, and Organization* 16: 334-364.

Horowitz, Michael C. 2010. *The Diffusion of Military Power: Causes and Consequences for International Politics*. Princeton, N.J.: Princeton University Press.

Jensen, Nathan M., Glen Biglaiser, Quan Li, and Edmund Malesky. 2012. *Politics and Foreign Direct Investment*. Michigan Studies in International Political Economy. Ann Arbor: University of Michigan Press.

Kennedy, Paul M. 1987. *The Rise and Fall of the Great Powers : Economic Change and Military Conflict from 1500 to 2000*. 1st ed. New York, NY: Random House.

Keohane, Robert O., and Joseph S. Nye. 1977. *Power and Interdependence: World Politics in Transition*. Boston, MA.: Little, Brown.

Kirshner, Jonathan. 1997. *Currency and Coercion: The Political Economy of International Monetary Power*. Princeton, N.J.: Princeton University Press.

Knight, Steven. 2015. "China Dumping Large Amounts of Us Treasury Bonds." *Market Outlook*. http://www.fxstreet.com/analysis/market-outlook/2015/07/22/.

Krugman, Paul. 2009. "China's Dollar Trap." *New York Times*, Apr. 3. A29.

Lenin, Vladimir I. 1939. *Imperialism, the Highest Stage of Capitalism : A Popular Outline*. New York: International Publishers.

Lipson, Charles. 1985. *Standing Guard: Protecting Foreign Capital in the Nineteenth and Twentieth Centuries*, Studies in International Political Economy. Berkeley, California: University of California Press.

McKinnon, Ronald, and Zhao Liu. 2013. "Modern Currency Wars: The United States Versus Japan." In *Secondary Modern Currency Wars: The United States Versus Japan* (ed.). Secondary, Reprint, Reprint.

Mearsheimer, John J. 2001. *The Tragedy of Great Power Politics*. New York, N.Y.: WW Norton & Company.

Morgenthau, Hans J, and Kenneth W. Thompson. 1985. *Politics among Nations: The Struggle for Power and Peace*, New York, N.Y.: Alfred A. Knopf.

Moschella, Manuela. 2014. "Currency Wars in the Advanced World: Resisting Appreciation at a Time of Change in Central Banking Monetary Consensus." *Review of International Political Economy* 22: 134-61.

Nanto, Dick K., James K. Jackson, Wayne M. Morrison, and Lawrence Kumins. 2005. "China and the Cnooc Bid for Unocal: Issues for Congress." *CRS Report for Congress*.

Organski, A. F. K. 1958. *World Politics*. New York, N.Y.: Alfred A. Knopf.

Oye, Kenneth A. 1985. "Explaining Cooperation under Anarchy: Hypotheses and Strategies." *World politics* 38: 1-24.

Polachek, Solomon W. 1980. "Conflict and Trade." *Journal of Conflict Resolution* 24: 55-78.

Rosecrance, Richard. 1986. *The Rise of the Trading State: Commerce and Conquest in the Modern World*. New York, N.Y.: Basic Books.

Singer, J. David, Stuart Bremer, and. John Stuckey. 1972. "Capability Distribution, Uncertainty, and Major Power War, 1820-1965." In Bruce Russett (ed.), *Peace, War, and Numbers*. Beverly Hills, California: Sage. 19-48

Staley, Eugene. 1935. *War and the Private Investor; a Study in the Relations of International Politics and International Private Investment*. Garden City, N.Y.: Doubleday, Doran & Co., inc.

Tomz, Michael. 2007. *Reputation and International Cooperation: Sovereign Debt across Three Centuries*. Princeton, N.J.: Princeton University Press.

Waltz, Kenneth N. 1979. *Theory of International Politics*. Boston, MA.: Addison-Wesley Pub. Co.

Williams, Charles. 2009. *Harold Macmillan*. London, United Kingdom: Weidenfeld & Nicolson.

邱奕宏[*]

壹、前言

　　近年來國際政經情勢的動盪不安，除導致區域緊張情勢升高外，間歇或長年的武裝衝突及軍事對抗亦致使相關國家內部局勢混亂，並連帶在經濟上造成諸多負面影響。例如，2012年日本的釣魚臺國有化政策引發中國激烈的反日風潮，而重創在中國營運的日資企業；2014年中國與越南在南海的爭端點燃越南民眾的反華暴動，連帶對在越南的臺商造成生命安全與財產的巨大損失。這些事例皆顯示國家政治情勢的動盪對商業營運帶來的負面影響。

　　軍事衝突對經濟造成的巨大破壞，尤以內戰為鉅。根據聯合國發展計畫（UNDP）、聯合國救難工作總署（UNRWA）與敘利亞政策研究中心（SCPR）在2015年的報告指出，自2011年敘利亞內戰爆發開始，連年的戰火不僅對該國人民帶來巨大的災難，亦對敘利亞經濟造成毀滅性的影響。

　　這篇名為「敘利亞：疏離與暴力－敘利亞危機的衝擊2014年報告」（Syria: Alienation and Violence: impact of Syria Crisis Report 2014）指出，在歷經四年的內戰後，敘利亞經濟因資本外逃（capital flight）、戰火摧殘、民眾劫掠等因素共導致2,026億美元的損失、GDP減少達1,197億美元、失業率攀升至58%，五人中就有一人是生活在國家貧窮線下，且有三分之二的人口淪於極端貧窮中，30%的人口甚至無法滿足其基本的糧食需求。[1]由此可

---

[*]　國立交通大學通識教育中心專任助理教授。

[1]　"Dramatic findings of new Syria report include plummeting life expectancy and looming economic collapse." UNRWA, March 10, 2015. http://www.unrwa.org/newsroom/press-releases/dramatic-findings-new-syria-report-include-plummeting-life-expectancy-and.

見，內戰對敘利亞經濟帶來的致命性打擊。

　　隨著過去二十餘年經濟全球化的迅速發展，跨國企業（Transnational Corporations, TNCs）透過對外直接投資（Foreign Direct Investment, FDI）在世界各地從事海外生產與營運的風氣益發盛行。然而，跨國企業到陌生的國家從事投資，不免會面臨諸多的風險而導致營運的損失。

　　為避免因在投資地主國（host country）的非經濟因素，造成對企業的負面影響與損失，許多企業在從事海外投資前大多會進行縝密程度不同的商業風險評估。這些評估除了對其自身產業的市場前景、總體投資商業環境及該國的總體經濟條件進行考量外，亦會檢視非經濟因素的相關風險（Dunning 1981; 1992; Vernon 1974）。這些影響跨國企業投資決定的非經濟因素，雖然學者以不同名稱來描述此概念，但大致可用「政治風險」（political risk）一詞予以涵括，係指因發生於地主國的政治事件而可能導致跨國企業之營運損失的風險（Kobrin 1979）。[2]

　　另一方面，儘管冷戰結束已逾二十年，但全球並未因此而遠離戰火的陰影。許多零星的區域戰爭與衝突、連年的內戰與糾結難解的族裔衝突等，仍然持續不斷地出現在新聞媒體的國際版面。例如，2011年茉莉花革命（Jasmine Revolution）及阿拉伯之春（Arab Spring）引發了後續動盪不安的中東局勢。此一民主風潮不僅導致該地區許多國家出現政權更迭，亦使得長年掌控利比亞政府的政治狂人格達費（Muammar Gaddafi）因此而垮臺。[3]該風潮亦致使敘利亞深陷長期內戰，至今烽火未歇。環顧全球，儘管在經濟全球化發展迅速的今日，我們仍不難發現世界各地仍充斥諸多危殆不安的政治風險，這使得以全球為營運舞臺的跨國企業在選擇投資地點時，必須謹慎地將這些非經濟因素時納入其進行海外投資的評估考量。

　　從國際關係理論而言，自民主和平論（democratic peace theory）在本

2　政治風險涵義與相關名詞等概念將在本章的「貳」討論。
3　阿拉伯之春導致至少包含突尼西亞、埃及、利比亞、葉門的政權倒臺，敘利亞陷入內戰，許多周邊國家發生大規模示威。

世紀初於西方國際關係學界成為顯學後，作為該理論中一項重要的理論支柱——國家間經濟互賴（economic interdependence），遂成為預測國家間發生軍事衝突之機率高低的重要解釋變項（Russett and Oneal 2001）。隨著該理論逐漸深化，學者將原本國家間經濟互賴的概念從最初的國家間貿易互賴（trade interdependence）的討論（Barbieri 2002; Barbieri and Levy 1999; Gartzke and Li 2003），逐漸擴張到投資面的國家間外資互賴（FDI interdependence）等經濟的聯繫對國家間衝突行為的可能拘束性影響（Polachek *et al.* 2007; Rosecrance and Thompson 2003）。

然而，從總體層次探討外資互賴與國家間衝突的關聯時，國際關係學者大多無視於實際從事跨國投資行為的主體——跨國企業——會將國家間發生軍事衝突的風險納入其投資決定的考量，進而改變其投資策略與其投資地點的選擇（Cohen 2007）。換言之，不僅是國家決定採取軍事行為時，會考量該決定對外資流入與對經濟的影響；跨國企業亦會將潛在投資地主國發生軍事衝突的可能性納入考量，而審慎地評估其投資地點。

因此，民主和平論的外資互賴有助於減少國家間發生軍事衝突的說法如欲成立，我們即應審慎地檢視軍事衝突在跨國企業考量商業政治風險中所扮演的角色與地位，並應探究跨國企業是否會因為地主國具有較高軍事衝突的風險，進而作出改變其投資地點的決定。

總此，本章安排如下：首先，本章將說明目前學界對商業政治風險分析在跨國企業從事海外投資時所扮演的角色與地位；其次，本章將闡明當前學界針對軍事衝突在商業政治風險中所代表的涵義，及其對跨國企業海外投資決策的影響；第三，本章將評析目前的政治風險分析、預測的成效與其面臨的困境；最後為總結本文的發現與點出未來的研究方向。

貳、商業政治風險分析

一、政治風險興起的背景

　　近年來國際上對於商業政治風險日益重視的原因，一方面是因為自從1990年代以降全球外來直接投資（簡稱外資，FDI）金額的大幅增長外，更重要的結構性因素，則是由於發展中國家在全球外資流入（FDI inflows）金額中所占的比重大幅的提高。相較已開發的工業化國家，這些發展中國家普遍被認為具有較高的不確定性與政治風險。

　　如圖4-1所示，全球外資流動的版圖在1990年代出現大幅的擴張與關鍵性的轉折。此一巨大的轉變除了是因為冷戰結束，將原本隸屬共產國家陣營的大門打開並納入由西方主導的資本主義市場經濟外，背後更重要的意涵則是蘇聯瓦解所象徵的全球經濟思潮轉變。自此之後再無任何一種經濟制度可與西方資本主義制度抗衡。因此，許多原本徘徊於美蘇兩強間的開發中國家開始義無反顧地採行西方國家的市場經濟制度，並張開雙臂地採取歡迎外來直接投資的政策（Yergin and Stanislaw 2002）。

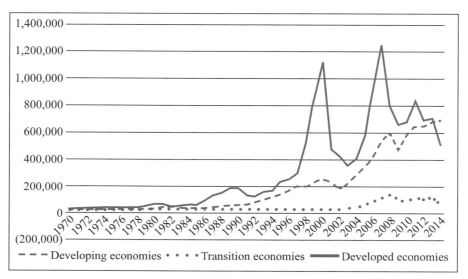

圖4-1　年度外來直接投資流入，1970～2014年（單位：百萬美元）

資料來源：UNCTAD統計資料庫（UNCTADSTAT），作者繪圖。

　　此後全球外資流入發展中國家的金額遂在1990年後出現顯著增長。此趨勢持續發展的結果，至2012年外資流入發展中國家的金額首度超越外資流入已開發國家的金額，徹底翻轉從二次戰後已開發國家長年來作爲全球最大外資地主國的結構性特點。此現象顯示發展中國家在近十餘年來快速的經濟發展後，已使該區域成爲吸引全球跨國企業投資的首要地點（UNCTAD 2014）。

　　儘管在豐沛外資持續流入發展中國家的大趨勢下，近年來某些發展中國家卻出現資源民族主義（Resource Nationalism）高漲的現象，而開始對跨國企業要求重新訂約與談判。此現象在資源汲取業（extractive industry）類型的跨國企業較爲顯著。由於這些跨國企業較不容易遷移其生產地點的特性，使得他們需經常面對地主國政策更迭的政治風險。另一方面，由於過去十餘年間恐怖主義的盛行與蔓延，亦使得跨國企業必須面對恐怖主義對其海外營運所帶來的挑戰。

　　此外，來自開發中國家的跨國企業在近年來呈現大幅成長。這些首次投入海外營運的跨國企業面對不熟悉的外國環境，如同已開發國家的跨國企業般，亦必須相同地面臨投資海外的諸多政治風險（Agency 2010），這也導致政治風險評估需求的增加。因此，來自國際經濟環境的變化與外資趨勢的結構性轉變兩大因素，大幅地提高當前國際商業社群對於政治風險的需求。

　　在有關當前全球商業政治風險評估的研究方面，世界銀行自2009年起每年出版「世界投資與政治風險」（World Investment and Political Risk）報告。該報告透過對專業經理人進行問卷調查的方式，持續地分析與追蹤全球政治風險的發展趨勢。根據2014年出版的「2013年世界投資與政治風險」（2013 World Investment and Political Risk）報告，受訪投資者首次將總體經濟不穩定（macroeconomic instability）視爲是影響這些專業經理人對發展中國家投資的主要限制因素（Agency 2014）。

　　然而，如同表4-1所示，在2013年之前的幾份報告皆一致指出，外國投資者大多將政治風險視爲是渠等在開發中國家從事投資的首要限制，而不是總體經濟的不穩定。即使是在2013年，政治風險仍居於影響跨國企業投資意願的第二項重要因素。由此顯見政治風險的重要性，及其在當今仍持續扮演影響跨國企業在思考海外投資地點的關鍵因素之一。

此外，投資者對政治風險日益重視的另一個跡象，可從「政治風險保險」（Political Risk Insurance, PRI）產業在近年的蓬勃發展看出。從專門銷售政治風險保險的伯恩聯盟（Berne Union）[4]成員，於2012年銷售的政治風險保險金額達到史無前例的1,000億美元、增加約33%，是2005年銷售金額的三倍，由此可見政治風險保險產業在近年來的盛行與政治風險備受跨國企業重視的程度。

表4-1　世界銀行調查限制投資的主要因素

項目（%）	2010	2011	2012	2013
市場規模限制	9	7	7	5
缺乏投資機會	7	-	-	-
基礎建設不佳	9	11	8	7
缺乏有素質員工	10	17	18	18
這些國家缺乏投資的金融管道	5	11	13	13
政治風險	21	18	22	19
總體經濟不穩	16	15	20	21
缺乏該國商業環境的資訊	2	-	-	-
脆弱政府機構／官僚／貪污	19	13	8	10
其他	2	2	1	1
在全球金融危機後增加的政府規定	-	5	3	4
問卷回覆人數	94	316	438	459

資料來源：World Investment and Political Risk 2013, p. 7。

4　伯恩聯盟是以瑞士伯恩為根據地的國際商業組織，由販售政治風險保險的二十多個國家的銀行所組成。

　　根據世界銀行報告指出，跨國企業在發展中國家投資時，購買政治風險保險的比例從1997年約僅有5%，到2013年顯著上升到14.2%。此趨勢顯示，近年來跨國企業爲因應全球投資環境上政治風險的激增，逐開始透過購買政治風險保險以降低對企業可能造成的負面影響。

　　政治風險保險產業的逐年成長，意味著政治風險的重要性被跨國企業認可的趨勢逐年上升。然而，就許多的跨國投資者而言，他們評估與管理政治風險的方式，很多是仰賴其自身的風險管理能力與非正式的降低風險機制。據估計，眞正會因投資於發展中國家而購買如政治風險保險的契約型政治風險保險的企業，仍然維持相對小的比例。這意味著許多的投資者仍將政治風險視爲是企業內部可處理範圍內的風險。

　　根據2012年「世界投資與政治風險」報告，絕大多數的受訪投資者表示會積極地管理政治風險。他們管理政治風險的方式包括經由企業的內部分析或聘用顧問公司來評估危險的等級；或是運用非契約（non-contract）的風險減輕策略，包含透過與地方政府、社區、非政府組織及與當地企業合資以避險；或透過如政治風險保險工具的契約型風險緩和（risk-mediation）工具。

　　此外，在諸多降低政治風險的選項中，大多數的投資者傾向於使用非契約策略。例如，跨國企業會透過與地方政府的緊密聯繫來降低政治風險。例如跨國企業會努力與地方政府維持公開對話與良好關係，或透過與地方企業合資的方式來降低政治風險。這些作法都被跨國企業視爲是減少負面政府干預之風險最有效的方式（Agency 2012）。

　　然而，當投資者試圖在具較高風險的地區投資時，有較高比例的投資者會購買政治風險保險，這顯示政治風險保險已然在企業管理其風險時扮演重要角色。特別是當那些風險已超越該企業內部風險管理能力所能掌控的範圍，政治風險保險的重要性即更爲顯著。

　　事實上，跨國企業進行海外投資涉及政治風險並非始於今日。早在1960、1970年代，來自美歐日等先進國家的跨國企業在海外大舉進行投資、拓展市場版圖時，即不時地發生因地主國的政治因素而蒙受鉅額損失，甚至導致企業員工傷亡的事例。例如美國的石油公司在1968年於越南的投資即因越戰衝突的升高而遭受重大損失；1970年代亦發生多起美國跨國企業的經營主管在阿根廷遭受綁架及在墨西哥遭到暗殺的案例（Fry 1983）。

1970年代日本跨國企業在東南亞地區的營運亦曾多次遭遇當地的反日資示威及暴動等事件。這些反日資暴動不僅對日資企業造成商品的損毀與生產設施的破壞，甚至導致日本政府之後重新修正其對東南亞的外交政策（小林英夫，1985）。又如1997年亞洲金融風暴前投資於印尼的外資企業，包含臺資企業，皆曾遭遇1997-8年印尼政情動盪的重大衝擊。當時印尼民眾在雅加達恣意暴亂的結果，不僅破壞諸多生產設施，造成工廠營運停擺，亦對外國員工生命安全造成嚴重威脅，甚至導致許多國家從印尼進行撤僑（陳鴻瑜，1998）。

近期因地主國政治風險導致跨國企業蒙受損失的事件，例如前述2012年因日本國有化釣魚臺群島而引發中國的大規模反日遊行及暴動，對日本企業在中國的營運造成巨大的商業損失。[5] 又如在2014年5月於越南發生的反華暴動事件，除造成多家臺資廠商因受越南群眾攻擊焚掠，致使生產停滯、廠房損毀，更導致數名受僱於臺資企業的中國籍員工傷亡。[6] 由這些事例可知，投資地主國政治風險之良窳的確會對跨國企業的海外生產營運造成重大的影響。

二、政治風險的內涵

如前所述，政治風險多半指涉是由於政治因素引發而對跨國企業的營運帶來負面影響的結果[7]。雖然大多數的國際商業文獻指出，政治風險因素會

5　參閱"China-Japan Dispute Takes Rising Toll on Top Asian Economies" Bloomberg, Jan. 9, 2013: http://www.bloomberg.com/news/articles/2013-01-08/china-japan-dispute-takes-rising-toll-of-asia-s-top-economies.

6　參閱「越反中暴動百臺商工廠遭侵入」，中央社，2014年5月14日：http://www.cna.com.tw/news/aipl/201405140003-1.aspx.

7　儘管絕大多數的學者都將政治風險視為是對商業營運產生負面影響的因素，但Butler與Joaquin認為政治風險應包含政治事件的正面與負面影響。Kurt C. Butler and Domingo Castelo Joaquin,

影響跨國企業的投資地點選擇，但是目前學界對於政治風險的定義與該因素是如何影響企業進行對外投資仍處於爭論中，而尚未達成一致的看法（Kobrin 1981）。

　　例如在指涉影響跨國企業對外投資地點的「非經濟因素」上，目前學界即出現百家爭鳴的現象，並使用不同的詞彙來指涉內涵相似而會對跨國企業的海外營運帶來負面衝擊的政治因素。這些名詞諸如「政治風險」、「政治動盪」（political instability）、「政治衝突」（political conflict）、「政治暴力」（political violence）、「政治事件」（political event）及「政治危險」（political hazard）等，皆是意指因國家的政治因素所導致對跨國企業營運的負面影響。

　　在這些內涵近似的詞彙中，政治風險一詞最被學者廣泛運用，並被賦予多種定義。學界對政治風險研究最盛行時期大概是在1950年代到1970年代。當時正是二次戰後美國跨國企業大舉向海外拓展市場及跨國營運的黃金年代，也是許多第三世界的發展中國家陸續脫離西方殖民地地位，開始追求其經濟獨立自主的時期。當時許多在第三世界營運的西方跨國企業逐面臨許多開發中國家欲透過國有化徵收或修改契約等方式，以為本國爭取更大經濟利益的窘境。肇因於此時代背景，政治風險逐成為當時國際商業學界的熱門研究議題。

　　在當時對政治風險概念的探討最具影響力的論文是1979年由Stephen J. Kobrin所撰述的「政治風險：回顧與再思考」（Political Risk: A Review and Reconsideration）（Kobrin 1979）。該論文有系統性地審視文獻中對各種政治風險定義與概念的探討，並將政治風險定義為：「因政治事件與過程所產生（對外資企業的）潛在重要之管理應變」（managerial contingencies）。

　　Kobrin將政治風險分為兩項類別，第一類的政治風險是從政府干預商業運作的角度來定義；第二類則是「諸如政治行動、施加於廠商的限制、或是

"A Note on Political Risk and the Required Return on Foreign Direct Investment," *Journal of International Business Studies*, Vol. 29, No. 3 (1998), pp. 599-608.

兩者的結合」的明確事件（specific events）。這類的政治風險包含社會動盪與直接暴力而對外商造成影響的環境因素，及諸如強制徵收國有、歧視性課稅及公部門競爭等類似對外商營運造成限制的措施。

近期學界對政治風險概念的討論，以美國賓州大學華頓商學院的Witold J. Henisz教授為首。他將「政治危險」（political hazard）定義為：「由政治或政治行為者所產生的威脅，而對廠商的資產價值、成本或收益所帶來的負面影響」（Henisz 2000）。

除前述不同學者對政治風險給予不同內涵外，2011年的世界銀行報告將政治風險定義為：「外來直接投資者所面臨，肇因於地主國或母國的政治力量或事件，或起因於國際環境的變化，所導致對於多國籍企業造成營運中斷的可能性。針對地主國而言，政治風險大致上被定義為是對政府與政治機構，以及對如分離運動之少數族群行動的不確定性」（Agency 2011: 19）。

此外，該報告亦在針對跨國企業經理人所作的政治風險調查中，將政治風險的內涵具體指出為下列幾點：

1. 政府違反契約（a breach of contract by governments）；
2. 地主國作出不利（於外資企業）的法規變更（adverse regulatory changes by host countries）；
3. 外匯調動與兌換的限制（restrictions on currency transfer and convertibility）；
4. 國家徵收（expropriation）；
5. 政治暴力（戰爭或如革命、叛亂、政變、破壞活動及恐怖主義的民間騷亂）（political violence: war or civil disturbance such as revolution, insurrection, coup detate, sabotage, and terrorism）；
6. 不履行主權金融義務（non-honoring of sovereign financial obligations）（Agency 2011: 19）。

　　然而，2012年版的「2011年世界投資與政治風險」的報告中，世銀對問卷中的政治風險內涵進行些許變更，改爲以下各項：

1. 調動與兌換限制（transfer and convertibility restrictions）；
2. 國家徵收（expropriation）；
3. 違反契約（breach of contract）；
4. 不履行主權金融義務（non-honoring of sovereign financial obligation）；
5. 恐怖主義（terrorism）；
6. 戰爭（war）；
7. 國內騷亂（civil disturbance）；
8. 其他負面的法規改變（other adverse regulatory changes）。

　　從這些項目的更動可觀察到世銀對原本被歸納於政治暴力此一大項中的恐怖主義、戰爭及國內騷亂予以個別列出，顯示出此類因素構成政治風險之重要性增加的趨勢。然而，事實上，目前全球保險產業所規範的政治風險定義通常只包括下列項目（Agency 2011: 19）：

1. （地主國）限制外匯兌換與調動；
2. 國家徵收；
3. 政治暴力；
4. 政府違反契約；
5. 不履行主權金融義務。

　　從此可見，前述世界銀行報告對政治風險的定義相較於目前實務上政治風險保險產業所界定的政治風險涵義更爲寬鬆。值得注意的是，地主國法律與規定的變更並不在政治風險保險產業的承保範圍內。此外，雖然保險產業對於政治風險所涵蓋的前述項目具有普遍的共識，但是個別保險公司仍各可自擬訂不同的定義內涵，以作爲其承攬相關保險業務的準則。

　　根據學界對於政治風險內涵的探討，筆者將該涵義歸納並劃分爲「政府干預」（governmental intervention）與「政治事件」（political incident）兩

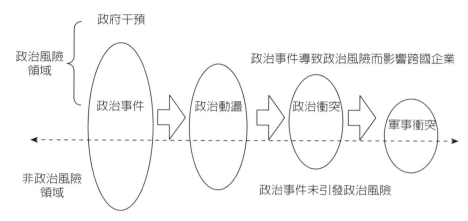

圖4-2　政治風險的分類

資料來源：筆者製圖。

大類，如圖4-2所示。在對跨國企業造成政治風險的政治事件中，政治動盪是其中的一部分，而政治衝突則是導致政治動盪的一項因素。軍事衝突更僅是政治衝突的一種型態。因此，必須強調的是，並非所有的政治事件、政治動盪、政治衝突及軍事衝突皆會一致地構成對跨國企業造成負面影響的政治風險（邱奕宏，2013）。

　　有關政治風險的概念化與國際商業界在實際使用政治風險評估方面，過去的研究累積並未產生飛躍性的進展。根據販售政治風險保險的加拿大政府機構「加拿大出口發展」（Export Development Canada, EDC）的一份報告指出，目前政治風險的研究呈現「斷裂」（disconnected）與「脆裂」（fragmented）的特徵。細言之，儘管在國際關係領域上，對政治動盪的研究企圖致力於提供總體理論與系統性的解釋，但這些研究的焦點大多是關注於國際安全的衝突管理，而欠缺跨國企業所真正關注的政治風險。由於目前的研究既未出現一個普遍接受的政治風險定義，亦未產生一套廣為接受的政治風險評估方法論，這兩項因素使得目前學界對政治風險的研究仍處於百家爭鳴的狀態（Baas 2010）。

　　至於政治風險評估實際上被使用的情況，Kobrin很早即指出，「許多商業人士及其金融投資者大多以膚淺（superficial）、隨意（haphazard）及主觀（subjective）的方式來進行政治風險評估」（Kobrin 1979）。前述的EDC報告的證據也支持該論點，並指出最近的企業調查顯示，有高達84%的公司「未正式將社會與政治風險考量融入其投資決定中」（Baas 2010）。

　　儘管目前的政治風險評估存在許多困難與挑戰，但是由於實際的需要，目前國際上仍有少數民間機構提供政治風險評估的服務，給予跨國企業作為其進行投資決策時的參考。例如「政治風險服務集團」（Political Risk Service Group, PRS Group）及「商業環境風險情報」（Business Environment Risk Intelligence, BERI）皆以量化的指標提供各國的政治風險評估，讓跨國企業在進行海外投資地點的選擇決策時有所參考。

　　舉例而言，如PRS Group提供的「國際間國家風險指引」（International Country Risk Guide, ICRG）涵括了三項風險類別的22項變數。此三項風險類別分別為政治、金融與經濟。其中，政治風險類別為100點、金融與經濟風險類別各為50點。構成政治風險的項目如表4-2所列的各項。

表4-2　政治風險的項目與點數

編號	項目	點數
1	政府穩定（government stability）	12
2	社經狀況（socioeconomic conditions）	12
3	投資概況（investment profile）	12
4	內部衝突（internal conflict）	12
5	國際衝突（international conflict）	12
6	腐敗（corruption）	6
7	軍方的政治角色（military in politics）	6
8	宗教緊張（religious tensions）	6
9	法律與秩序（law and order）	6
10	族裔緊張（ethnic tensions）	6
11	民主可責性（democratic accountability）	6
12	官僚素質（bureaucracy quality）	4
	總計	100

資料來源："International Country Risk Guide Methodology." The PRS Group, 2011。

　　由表4-2可知，PRS對政治風險範圍的界定十分詳細，並在數個項目上作更細緻的分類。例如政府穩定可更細分為政府團結（government unity）、立法權強度（legislative strength）及民眾支持（popular support）；在社經條件上則細分為失業率（unemployment）、消費者信心（consumer confidence）及貧窮（poverty）；在內部衝突上分為內戰／政變威脅（civil war/coup threat）、恐怖主義／政治暴力（terrorism/political violence）及國內混亂（civil disorder）；在國際衝突上則分為戰爭（war）、邊境衝突（cross-border conflict）及外國壓迫（foreign pressure）。

　　基本上，PRS是利用相關政治資訊及金融與經濟數據將之轉化為數字的量化評估指標。然而，PRS並未提供其資料轉化為量化指標的方法，因而我們無法得知其數據評估的來源與依據。與PRS類似，BERI亦是提供政治風險的指標，但其資料來源主要是仰賴如銀行經理、企業經理人與政府官員等外部專家的評估。總之，前述介紹的政治風險評估指標是指此兩家民間政治風險顧問公司以個別國家為單位，所提供的總體性政治風險量化評估報告，而不涉及以提供個別產業或甚至是以個別企業所客製化的風險評估報告。

三、政治風險影響外資的實證研究

　　由於目前學界對於政治風險的內涵尚無一致的定義，因此關於政治風險是否影響外資的實證研究上也尚未出現明確的定論。導致此現象的原因主要是由於各個學者在關於如何評估政治風險上，各自採取不同的操作性定義，以評估不同時期及不同的國家範圍所導致的歧異結果。

　　儘管如此，從1970年代以來，政治風險與外資的相關實證研究已累積豐碩的成果。普遍而言，大多數實證研究指出，政治風險或政治不穩定會對外資的流入帶來負面的影響（Basi 1963; Bollen and Jones 1982; Brewer 1983; Kobrin 1978; Schneider and Frey 1985）。許多學者利用與政治風險涵意類似的概念，例如政治事件（Nigh 1986）、政治衝突（Nigh and Scholhammer 1987）及政治危險（Henisz 2000; Henisz and Williamson 1999）等不同的操作性定義來實證檢視政治風險對外資流入的影響。這些學者的研究大多一致指出政治風險與外資兩者間存在負面相關。

　　然而，仍有一些學者的研究指出政治風險與外資流入兩者間並沒有明顯的關聯（Bennett and Green 1972; Crenshaw 1991; Green 1972; Green and Cunningham 1975）。除前述學者的實證研究成果外，先前一些根據調查的研究也指出，儘管跨國企業通常在進行海外投資決定時會將政治風險的因素納入其決策的考量，然而這些企業實際進行政治風險評估的方式，如前所述，卻通常流於「過度簡化、主觀、膚淺及一般化，而不是針對投資的個別需要」（Aharoni 1966; Kobrin *et al.* 1980; La Palombara and Blank 1977; Nigh 1986）。

　　再者，根據世界銀行2010年的研究報告顯示，大部分的投資者並不認為政治風險是會讓渠等取消其投資計畫或撤出既有投資的主要原因（Agency 2011）。換言之，由於政治風險定義的困難、評估方式的不易及投資者對政治風險在其投資決策中的不同認知，致使目前有關政治風險是否影響企業投資行為及外資流動的實證研究，仍存在許多值得深入探討的空間。

參、軍事衝突在商業政治風險之涵義與其影響

　　從商業自由主義（commercial liberalism）理論的角度而言，軍事衝突將無可避免地對商業活動帶來負面的衝擊。因此，需要和平環境的商業活動應該與軍事衝突無法並存（Doyle 1986; 1997; Gartzke *et al.* 2001; Zacher and Matthew 1995）。基於前述理由，跨國企業在進行海外營運時需考量的政治風險中，通常應含括軍事衝突的類別。本節將分別介紹軍事衝突在政治風險中的涵義、其對跨國企業海外營運的實際影響、及當前學界關於軍事衝突對外資影響的實證研究。

一、軍事衝突在政治風險中的角色

從前述對政治風險概念的分析可知，軍事衝突是構成及引發政治風險的一項因素，也是評估政治風險高低的一項要素。但需注意的是，並不是每次軍事衝突事件都會對跨國企業造成具有負面衝擊的政治風險，並進而影響企業決策者的投資決定。換言之，就跨國企業而言，僅有在地主國發生的某些軍事衝突事件會構成對跨國企業的政治風險，並影響他們的投資意願，而反映在這些企業作出改變其投資地點、或是從原本已投資的計畫中撤資。

雖然並非所有的軍事衝突都會引發政治風險，但是構成政治風險的軍事衝突對跨國企業的影響卻是顯而易見的。本文對「軍事衝突」（military conflict）採廣義的界定：即指發生於國家間或國家內之兩個敵對團體間的武裝對抗行為（militarized action），而其表現形式與嚴重程度則可有各種更細緻的分類。[8]

就軍事衝突在政治風險中的角色而言，如圖4-3所示，軍事衝突是屬於在廣泛的政治事件中，對跨國企業的海外營運有著負面影響之政治衝突中的一部分。換言之，軍事衝突是政治衝突的一部分，但並非所有的軍事衝突（或政治衝突）都是會對跨國企業造成負面影響的政治風險。唯有對跨國企業的海外營運造成破壞或干擾，進而導致前者營運成本增加的軍事衝突，才是符合構成政治風險的條件。

如圖4-3所示，該圖左下之細部解析圖中的α代表具有政治風險的政治衝突，β則是代表在α中會引發政治風險之軍事衝突的部分。由此可知，軍事衝突是構成廣泛之政治風險的一小部分，而且不是每次軍事衝突皆會構成對企業有負面影響的政治風險。

8　此定義通見於國際關係領域中研究國際衝突之著名資料庫，如Correlates of War（COW）及奧斯陸和平研究所（the Peace Research Institute of Oslo, PRIO）對衝突的概念性界定，但其操作性定義則可以傷亡人數作不同界定。根據COW資料庫，軍事衝突的表現形式可概略分為：國家間戰爭、國家內戰爭、非國家戰爭等類型。

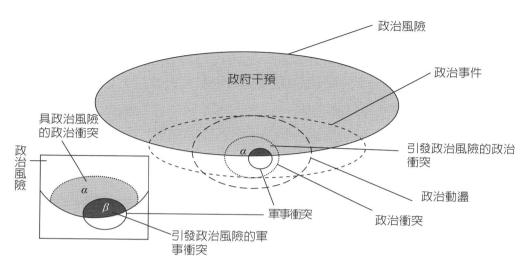

圖4-3　軍事衝突與政治風險的關聯

資料來源：筆者製圖。

　　此外，值得注意的是，就軍事衝突的內涵及其在政治風險中的評估方式，學界尚未達成一致的定義與分類。例如就世界銀行對政治風險的定義而言，軍事衝突大多被涵蓋在政治暴力或是戰爭的類別中。但PRS則是特別針對軍事衝突的類別細分為如內戰、政變威脅、恐怖主義、政治暴力及國內混亂的國內衝突，及包含戰爭、邊境衝突及外國壓迫的國際衝突的兩個類別。如果是從國際關係領域的國際衝突研究出發，則可從兩大軍事衝突資料庫中—「戰爭關聯資料庫」（Correlate of War, COW）及「奧斯陸和平研究所」（Peace Research Institute of Oslo, PRIO）對於軍事衝突的不同界定而有可以有更細緻的定義與分類。[9]

　　由此可知，儘管軍事衝突僅是構成政治風險的其中一個要素，但是其複雜多變的內涵使得軍事衝突在政治風險中占有重要的地位。再者，由於軍事衝突所呈現出的多種樣貌與其引發的各種擴散影響，亦使得學界在對此概念

9　例如，根據COW資料庫，軍事衝突的表現形式可概略分為：國家間戰爭、國家內戰爭、非國家戰爭等類型。

進行界定與評估該因素所造成的各種衝擊時，將無可避免地面臨更大的困難與挑戰。

二、軍事衝突對跨國企業海外營運的影響

軍事衝突是否對會跨國企業的營運造成影響，不僅取決於其軍事衝突本身的型態、規模及相關衝突行為者（如國家、交戰團體、恐怖組織等）的特質，相當一部分亦取決於不同產業的跨國企業或甚至是個別企業對軍事衝突之差異敏感程度的特性。

但倘若就軍事衝突對跨國企業營運所造成之直接（direct）或間接（indirect）的影響來區分，軍事衝突對跨國企業的直接影響，例如Kobrin所列舉之軍事衝突若直接導致「對廠房的轟炸、對行政主管的暗殺、及混亂與動盪的情勢，而影響廠商的輸入及產出、或甚至是大規模地徵收國有」（Kobrin 1982: 39），導致這些後果的軍事衝突事件自然會對跨國企業造成直接的政治風險。

然而，軍事衝突影響跨國企業海外營運的更重要方式，則是來自於戰爭產生的間接影響。此種間接影響多是因為戰爭的後果所引發而加諸於跨國企業，導致其必須承擔額外的各種成本。例如，戰爭爆發經常導致相關國際航運費用的巨幅上揚，貨物保險費用亦將隨之提高。再者，戰事可能導致供需失調及原物料產品欠缺，進而引發國際大宗商品的價格飛漲，致使跨國企業的生產成本提高。此外，軍事衝突的毀滅性影響亦可能破壞地主國的能源供給，使得地主國無法繼續供應外國廠商維持營運所需的穩定電力，進而造成生產線中斷或停止營運等狀況。

另一方面，軍事衝突也可能導致遭受戰火波及地區的民眾，被迫進行非自願性的人口遷移。例如，原本受雇於外國企業的勞工，可能因為逃避戰亂而捨棄工作，而導致外資企業被迫中斷其商業營運及工廠運作。再者，就地主國內部市場的需求而言，軍事衝突可能造成某些以地主國國內需求為導向的外資企業，因該國的軍事衝突而導致其國內需求急遽下降，致使該企業在當地的營運陷入困境。例如，以內需為主的消費性電子產業，即可能因該國

戰事的爆發而導致民眾優先採購民生必需品，並刪減對其他產品的購買而受創（Agency 2011）。

如以國外市場為生產導向的跨國企業而言，這些企業將因其相關生產工廠位處在交戰國中，面臨外國買主為減少其自身訂單貨物受到戰火波及的風險，而將訂單轉移到其他國家的窘境。換言之，軍事衝突恐將導致以出口為導向的外資企業面臨訂單銳減，致使其在投資地主國中面臨產能過剩、經營困難的處境。

再者，由於戰爭的影響，跨國企業亦必須付出額外的成本，以因應來自地主國為處理軍事衝突局勢所採取各種影響經濟的管制性措施。舉例而言，為有效進行軍事作戰準備，地主國政府可能發布緊急命令、採取宵禁、或透過頒布戒嚴及行政命令等方式，對港口、道路及交通運輸等進行管制，或對輸出入貨品採取嚴格控管、配額、限制或禁止等措施。這些戰時的政府行政舉措都勢必對跨國企業的正常營運造成負面衝擊。

就金融面而言，為避免因為軍事衝突而引發跨國企業與民眾的恐慌心理，導致大規模的資本外逃，進而造成國內股市與匯市的動盪不安，或甚至引爆民眾對銀行的擠兌等現象。地主國政府可能透過暫停外匯交易、中止股市交易或限制股市跌幅、及禁止跨國企業匯出收益等金融控管措施，進以遏止及避免國內民眾對本國經濟信心的潰散。諸如此類的金融管制措施，亦勢必將對跨國企業的跨境資金流動與操作造成諸多困難及額外的成本（Srinivasulu 1981）。

就政治面而言，軍事衝突的結果也可能導致地主國政權的更迭或經濟政策的改變。這些變化都將使得跨國企業必須重新調適地主國政府的政策。倘若軍事衝突的後果導致地主國政權轉移，一旦激進經濟民族主義者上臺而對跨國企業採取有敵意的經濟政策、或甚至是國有化徵收，則跨國企業將面臨被迫撤出、或被迫接受地主國開出之不利條件的處境（Fry 1983）。

綜合上述，軍事衝突對跨國企業的影響並非是僅止於其直接對跨國企業資產的破壞或人員生命的威脅，也包含肇因於軍事衝突對地主國造成之商業環境的重大改變，或導致現行經濟政策的變化，而間接對跨國企業所產生的負面衝擊。

　　除前述軍事衝突對跨國企業可能產生的直接與間接影響外，事實上，從跨國企業的角度，不同產業與型態的跨國企業亦會對軍事衝突有相異程度的承受能力與敏感度（Henisz and Williamson 1999; Kobrin 1982; Nigh 1986）。根據世界銀行在2011年的報告指出，以南方國家為主要投資地點的跨國企業較能夠容忍政治風險，這是由於他們較熟悉如何在具有高度政治風險的地主國環境中營運（Agency 2011）。

　　該報告也指出，在不同產業部門間，對於政治風險的認知亦有相當程度的差異。不論就短期或中期的投資而言，在初級產業的跨國企業認為政治風險是渠等主要投資障礙的比例大於其他產業部門。這也無異顯示此類產業因其產業特性而必需在特定政治風險較高的投資地點進行營運的特性。換言之，由於初級部門的汲取產業經常必須在較困難與風險較高的環境中運作，且因為該產業通常有著較巨大的投資成本、較長時間才能回收成本的投資視角、及受到礦產儲藏的地理限制等因素，使得這些企業在投資地點的選擇上，較其他的企業部門有著更多的侷限。這些因素致使此類產業即使面對較高的政治風險環境，仍必須積極面對這些風險，而不是輕易地考慮及選擇撤離該地（邱奕宏，2013）。

　　另一方面，就實質的政治暴力或軍事戰火衝擊的風險，例如民眾暴動、恐怖主義或戰爭破壞，這些事件實際發生的機率在各產業部門中的比例都相對很低。例如天然資源汲取業（如採礦業）的運作，通常是在地理環境上的相對孤立隔離之處，相較於其他產業的跨國公司而言，此類企業更容易保護其資產避免遭受戰火波及。此外，由於此類初級產業的產品銷售多是以對外輸出為導向，因而較不容易受到因政治暴力或軍事衝突所導致國內需求銳減的影響。換言之，此類產業並不似一般人所認知，會輕易受到軍事衝突的衝擊而影響其營運。

　　總言之，跨國企業對政治風險與軍事衝突的認知與因應能力，將因不同產業或甚至是個別企業之能力與規模而有所差異。筆者曾以美國跨國企業在全球五十多個國家的投資動向與地主國軍事衝突的關聯性，就不同產業部門進行探討。研究結果發現，僅有在製造業部門的美國外資較容易受到軍事衝突的負面影響而減少其投資金額，但是在初級產業及服務業的美國外資金額，皆未因地主國的軍事衝突影響而產生具統計顯著性的外資下滑（邱奕宏，2013）。由此可知，軍事衝突是否構成對跨國企業的政治風險而影響其投資決定，仍需取決於個別產業的營運特性與投資行為模式，而無法一概而論。

肆、政治風險分析與預測有效嗎？

　　本章從闡明政治風險的意涵為起點，進而分析軍事衝突在政治風險中的地位與對跨國企業的可能影響，其最終目的是要探討與檢視目前學界對政治風險（包含軍事衝突）分析與預測的成果。換言之，此一研究的功能性目的是期待政治風險評估與預測能為跨國企業在進行海外投資時，有效地協助其規避政治風險，進而讓跨國企業減少因遭遇到政治風險而造成商業損失的機會。

　　在探討政治風險分析與預測是否有效之前，筆者整理目前學界在探討政治風險此議題時所面臨的數項未解的問題，以說明為何當前學界對政治風險之分析與預測仍面臨諸多挑戰的原因。

　　第一，政治風險評估首要面臨的困境是如何界定的問題。如前所述，目前學界對政治風險的涵義仍有許多模糊與爭辯之處。不同學者各自運用相異的操作型定義來界定政治風險及進行相關的研究，這使得目前政治風險相關的實證研究經常淪於各說各話，而無法在共同立足點上積累成果。

　　以先前論及的兩大民間政治風險評估公司所作的政治風險評估指標為例，事實上這些評估指標並未真正地評估「政治風險」的內涵（Yackee 2014）。例如在PRS的政治風險中之社經條件，是由失業率、消費者信心及貧窮所構成。然而，這些要素不是反映會對跨國企業的海外營運造成負面影響的可能機率，而是客觀的總體社會經濟指標。這些指標本質上並不是構成發生可能性（probability）的政治「風險意涵」之指標。

其次，政治風險評估經常遇到測量基本單位誤置（misplace）的困境。目前學界與實務界提供的政治風險評估與預測，皆是以國家（state）為基本的分析單位，不是以產業（industry）、企業（firm）或個別的投資計畫層次（project-level）為單位來進行政治風險評估。此特性使得此類以國家為基本分析單位的評估結果，限縮了對個別企業的適用性。這是因為政治風險在不同的產業部門、個別企業、或甚至在不同的投資計畫上，都可能出現重大的差異。

前述問題暴露出當前以國家作為政治風險評估的基本分析單位，相當程度阻礙了跨國企業所實際需要的政治風險評估與預測。此論點並非是全盤否定以國家為分析單位的政治風險評估的價值與重要性。事實上，倘若從總體的投資環境角度觀察，以國家層次的政治風險分析，可提供給產業或個別企業對於潛在投資地主國一個總體性的國家投資環境之跨國比較分析的判斷依據。

但是，倘若從需求面之主體──跨國企業──的角度來看，以國家為分析單位的政治風險評估恐怕無法達成跨國企業的需求。如前所述，這是因為不同的產業部門、或甚至個別企業，對政治風險都可能有著不同的敏感程度。如何滿足跨國企業實際所需的政治風險評估，恐必須依承受政治風險的主體──跨國企業──的不同特性來進行更深入的分析與研究。

第三，政治風險評估面臨的另一項困境是，應如何界定哪些要素才是會真正會影響跨國企業的投資決定。儘管目前學界對政治風險的內涵與其影響投資的關聯已累積相當豐碩的成果，但是對於何種政治風險要素才是真正會影響跨國企業的投資決定，則仍然在爭辯之中而尚未獲得一致的共識。

以構成政治風險要素之一的軍事衝突為例，雖然軍事衝突對跨國企業可能產生直接或間接的影響，但是目前學界對於跨國企業是否具備能力來識別兩者所構成的風險及其差異，或甚至是跨國企業是否會因此原因而作出不同的投資決策，學界對此皆尚未獲致具體的答案。

再者，對於何種軍事衝突（如內戰、恐怖主義攻擊、國家間戰爭等）較容易引發對跨國企業的政治風險，進而導致外資的減少，學界在現階段的研究亦尚未能對此提出完整的解答（Enders *et al.* 2006; Li and Schaub 2004）。因此，Henisz與Zelner指出：「既有研究尚未回應Kobrin提出的挑戰，即：哪種事件重要？以及環境過程如何影響投資者的認知……」（Henisz and Zelner 2003: 361）。

第四，政治風險評估面臨如何檢證（validation）的困境。無論目前所發展出相關縝密設計的政治風險評估模型，或是複雜周延的政治風險評估方法，這些模型與方法皆面臨如何實際地確認（validate）其功效的困境。換言之，我們很難檢證這些模型或方法所宣稱的準確度。

兩點原因導致此一困境。首先是關於政治風險定義的界定之困難。細言之，地主國政府採取徵收、國有化政策、或僅是採取外匯管制等措施，是否皆應被納入評估政治風險預測的範圍中，抑或僅是預測到其中一項，即可算是成功的政治風險預測。此涉及到政治風險預估的界定範圍。倘若無法清楚地界定政治風險的領域，則將無從對政治風險的指標進行後續的檢證工作。

第二項原因是由於構成政治風險事件的個案數太少，導致許多政治風險預測模型皆無法透過實際檢證來得知其準確的程度（Yackee 2014）。雖然以機率作為本質的政治風險是客觀的實質存在，但是其實際發生的次數——儘管很大部分是取決於對政治風險界定的大小——仍然是相對的稀少，導致任何對政治風險預測之模型或方法的檢證，都變得格外的困難。

最後，政治風險評估面臨持續變動的國際環境與各國的內部變化，因而十分困難來涵蓋所有的政治風險要素。由於國際環境與各國內部的政治情勢持續地改變，即使有某個評估模型在某段時間內能正確無誤地預測到政治風險，但這並不能保證該模型能夠再次適用且成功地預測到未來的政治風險。換言之，由於構成政治風險的來源不斷地演變，遂使得任何政治風險模型在建立後，即可能馬上面臨過時的危險，而必須持續地添加新的要素與進行必要的修改。鑑於政治風險評估模型必須面對國際環境持續動態變化的挑戰，此因素導致此類模型的建構與準確預估變得更為不易。

從上述五點分析可知，任何宣稱具備高準確度的政治風險分析與預估，皆可能僅有部分的眞實。這些預估所宣稱的「準確度」的標準，也需被公開檢視，方能爲人信服。如從前述的標準來評判目前的政治風險評估與預測，是否已能有效地協助跨國企業來成功地規避政治風險，此答案顯然是有待學界與實務界更多的努力。

另一方面，導致當前政治風險預測面臨挑戰的主因，不全然只是因爲目前的政治風險評估模型或方法不夠完備或縝密。部分原因可能來自於許多從事海外投資的跨國企業，對政治風險在投資決策中所扮演的角色欠缺足夠的理解與重視。因此，即便在知曉特定投資地主國可能存在政治風險的情況下，跨國企業仍可能因自身的輕忽、過於自信、或考量其他因素而忽略此一風險，而最終導致自身的損失。

伍、結語

從個別企業的角度而言，軍事衝突是作爲政治風險的構成要素之一，影響著跨國企業的投資決定。就國家的角度而言，軍事衝突可能導致跨國企業因爲地主國政治風險的升高，進而轉移或減少對該國的投資金額。從國際關係理論而言，軍事衝突對和平商業環境的破壞性影響，所引發外資銳減而對本國經濟造成的負面衝擊，是導致國家在考量是否採取軍事行動來處理國家間糾紛的重要原因之一，也是商業自由主義與強調經濟互賴促進國家間和平之觀點的主要論據。

然而，從本章的分析可知，前述觀點如欲成立，則必須建立在跨國企業皆能夠有效地認知軍事衝突在政治風險中的重要性，且普遍地在實際上皆會因政治風險的考量而改變其投資地點的選擇。但從本章對政治風險涵義與政治風險評估之實質運用的分析即可發現，上述的假設前提似乎是建立在薄弱的實證基礎之上。換言之，儘管跨國企業或許到體認政治風險的存在，但是他們處理此類風險的方式卻經常是過於草率且主觀的，致使得跨國企業因蒙受政治風險而遭遇損失的情事仍屢見不鮮。

　　儘管如此，學界與實務界仍持續研究軍事衝突與政治風險對跨國企業的影響，至今亦累積了許多成果。透過建置各式的政治風險評估指標，學界與實務界對個別國家進行諸多縝密程度不一的政治風險評估與預測。然而，如同本章先前指出當前政治風險研究最主要的困境是來自於政治風險概念的複雜與界定的困難，致使後續的評估與檢測充滿挑戰。

　　即使面對此一挑戰下，筆者認為軍事衝突在政治風險中扮演之影響跨國企業投資決策的角色，在當今國際環境下不僅日益重要、且是充滿潛力的領域，而有必要深入研究。筆者提出下列幾點作為未來學界持續探究的方向。

　　首先，學界應從實際承受政治風險的主體——跨國企業——的角度來界定與評估政治風險。以國家為分析單位的政治風險評估，雖有助於跨國企業在進行海外投資地點選擇時，作為總體政經環境之跨國比較的參考基準，但卻很難能成為真正影響廠商投資決定的關鍵因素。因此，如欲研究「政治風險」對外資流動或對跨國企業之投資決定的影響，就應從「跨國企業」具備的個別產業特性出發，來檢視其所認知的政治風險在其投資決定中所扮演的角色，進以瞭解何種要素方能構成對其之投資決定具有明顯負面影響的「政治風險」。在此基礎之上，未來方能繼續建構對個別產業、或甚至是個別企業具有實質意義的政治風險評估與預測。

　　其次，就軍事衝突影響跨國企業的投資決定而言，目前學界在實證上對於何種型態與特徵的武裝衝突對外資流動具有明確的影響，仍然欠缺足夠的研究。這也使得我們在現實中經常可看到相反的事例發生，即某些企業因地主國戰亂而蒙受損失，但是某些企業即使身處地主國的戰火中卻仍可持續營運或甚至加碼投資。換言之，倘若軍事衝突未如自由主義者所言，會阻卻所有的外資企業的投資，則主張軍事衝突與商業活動不可並存的商業自由主義（Commercial Liberalism），其立論將面臨本質性的挑戰。

　　為探究軍事衝突對跨國企業之投資決定的實質影響，除跨國企業作為被軍事衝突影響之主體，應深入探究其對不同軍事衝突類型的個別敏感度外，軍事衝突的不同型態與特性（如規模大小、時間長短、傷亡人數多寡等）對跨國企業之投資決策的影響，亦應更進一步地分析與探討，以辯明不同的軍事衝突型態與外資流動的互動關聯。

　　最後，當前學界對於政治風險預測的研究仍存在許多改善的空間。如前所述，政治風險預測面臨政治風險之界定困難、驗證不易及客觀風險環境持續變化等挑戰。再者，此類政治風險預測的另一項弱點，即是前述第一點之未以企業的角度出發來評估政治風險。

　　基於前述理由，未來學界如何能夠建立一套實際有效的政治風險評估與預測模型，很大部分將取決於下列兩點：第一，是能否以產業別或企業別為原點，依此明確地建構組成政治風險之要素，再以透明且具一致性的評判標準來分析與預估此類產業或企業在個別國家進行投資所面臨的政治風險。其次，為檢視政治風險預測的效能，除透過量化的統計檢證分析外，應致力於進行對跨國企業的投資地點決策之「黑盒子」的拆解，也即是對此類決策過程進行質化的個案研究。唯有在累積足夠數量的個案研究後，我們方能有足夠的證據來檢視政治風險在跨國企業投資決策中所扮演的角色，及政治風險預測模型對此類投資決策的真正影響與其實際的預估準確度。

參考文獻

一、中文部分

邱奕宏，2013，〈軍事衝突、政治風險與外來直接投資〉，《問題與研究》，第52卷第1期，頁35-66。

陳鴻瑜，1998，〈印尼在政經困境中選舉總統〉，《東南亞季刊》，第3卷第2期，頁167-173。

二、外文部分

小林英夫，1985，《戰後日本資本主義と東アジア経済圏》，東京：御茶の水書坊。

Agency, M. I. G. 2010. *2009 World Investment and Political Risk*. Retrieved from Washington, DC:

Agency, M. I. G. 2011. *2010 World Investment and Political Risk*. Retrieved from Washington, DC:

Agency, M. I. G. 2012. *2011 World Investment and Political Risk*. Retrieved from Washington, DC:

Agency, M. I. G. 2014. *2013 World Investment and Political Risk*. Retrieved from Washington, DC:

Aharoni, Y. 1966. *The Foreign Investment Decision Process*. Boston: Harvard College.

Baas, D. 2010. Approaches and Challenges to Political Risk Assessment: The View from Export Development Canada. *Risk Managemen* 12(2), 135-162.

Barbieri, K. 2002. *The Liberal Illusion: Does Trade Promote Peace?* Ann Arbor: The University of Michigan Press.

Barbieri, K., and Levy, J. S. 1999. "Sleeping with the Enemy: The Impact of War on Trade." *Journal of Peace Research* 36(4), 463-479.

Basi, R. S. 1963. *Determinants of United States Private Direct Investment in Foreign Countries*. Kent, Ohio: Kent State University.

Bennett, P. D., and Green, R. T. 1972. "Political Instability as a Determinant of Direct Foreign Investment in Marketing." *Journal of Marketing Research, 9*(2), 182-186.

Bollen, K., and Jones, S. 1982. "Political Instability and Foreign Direct Investment: The Motor Vehicle Industry, 1948-1965." *Social Forces,* 60, 1070-1088.

Brewer, T. L. 1983. "The Instability of Governments and the Instability of Controls on Funds Transfers by Multinational Enterprises: Implications for Political Risk Analysis." *Journal of International Business Studies,* 14(3), 147-157.

Cohen, S. D. 2007. *Multinational Corporations and Foreign Direct Investment: Avoiding Simplicity, Embracing Complexity*. Oxford: Oxford University.

Crenshaw, E. 1991. "Foreign Investment as a Dependent Variable: Determinants of Foreign Investment and Capital Penetration in Developing Nations, 1967-1978." *Social Forces,* 69(4), 1169-1182.

Doyle, M. W. 1986. "Liberalism and World Politics." *American Political Science Review,* 80(4), 1151-1169.

Doyle, M. W. 1997. *Ways of War and Peace: Realism, Liberalism, and Socialism*. New York: W. W. Norton.

Dunning, J. H. 1981. *International Production and the Multinational Enterprise*. London: George Allen and Unwin Lid.

Dunning, J. H. 1992. *Multinational Enterprises and the Global Economy*. Wokingham, England: Addison-Wesley Publishing Company.

Enders, W., Sachsida, A., and Sandler, T. 2006. "The Impact of Transnational Terrorism on U.S. Foreign Direct Investment." *Political Research Quarterly,* 59(4), 517-531.

Fry, E. H. 1983. *The Politics of International Investment*. New York: McGraw-Hill, Inc.

Gartzke, E., and Li, Q. 2003. "How Globalization Can Reduce International Conflict." In G. Schneider, K. Barbieri, and N. P. Gleditsch (eds.), *Globalization and Armed Conflict*. Lanham: Rowman and Littlefield Publishers, Inc. pp. 123-140

Gartzke, E., Li, Q., and Boehmer, C. 2001. "Investing in the Peace: Economic Interdependence and International Conflict." *International Organization,* 55(2), 391-438.

Green, R. T. 1972. *Political Instability as a Determinant of U.S. Foreign Investment: An Empirical Approach* Austin: University of Texas Press.

Green, R. T., and Cunningham, W. H. 1975. "The Determinants of U.S. Foreign Investment: An Empirical Examination." *Management International Review,* 5, 113-121.

Henisz, W. J. 2000. "The Institutional Environment for Multinational Investment." *Journal of Law, Economics, and Organization,* 16(2), 334-364.

Henisz, W. J., and Williamson, O. E. 1999. "Comparative Economic Organization--Within and Between Countries." *Business and Politics,* 1, 261-277.

Henisz, W. J., and Zelner, B. A. 2003. "Political Risk Management: A Strategic Perspective." In T. H. Moran (ed.), *International Political Risk Management: The Brave New World*. Washington, DC: World Bank Group.

Kobrin, S. J. 1978. "When Does Political Instability Result in Increased Investment Risk?" *Columbia Journal of World Business,* XII, 113-122.

Kobrin, S. J. 1979. "Political Risk: A Review and Reconsideration." *Journal of International Business Studies,* 10(1), 67-80.

Kobrin, S. J. 1981. "Political assessment by international firms: models or methodlogies?" *Journal of Policy Modeling,* 3, 251-270.

Kobrin, S. J. 1982. *Managing Political Risk Assessment.* Berkeley, CA: University of California Press.

Kobrin, S. J., Basek, J., Blank, S., and La Palombara, J. 1980. "The Assessment and Evaluation of Noneconomic Environment by American Firms: A Preliminary Report." *Journal of International Business Studies,* 11, 32-47.

La Palombara, J., and Blank, S. 1977. *Multinational Corporations in Comparative Perspective.* New York: The Conference Board.

Li, Q., and Schaub, D. 2004. "Economic Globalization and Transnational Terrorism: A Pooled Time-Series Analysis." *Journal of Conflict Resolution,* 48(2), 230-258.

Nigh, D. 1986. "Political Events and the Foreign Direct Investment Decision: An Empirical Examination." *Managerial and Decision Economics,* 7(2), 99-106.

Nigh, D., and Schollhammer, H. 1987. "Foreign Direct Investment, Political Conflict and Co-Operation: The Asymmetric Response Hypothesis." *Managerial and Decision Economics,* 8(4), 307-312.

Polachek, S., Seiglie, C., and Xiang, J. 2007. "The Impact of Foreign Direct Investment on International Conflict." *Defence and Peace Economics,* 18(5), 415-429.

Rosecrance, R., and Thompson, P. 2003. "Trade, Foreign Investment, and Security." *Annual Review of Political Science,* 6, 377-398.

Russett, B., and Oneal, J. R. 2001. *Triangulating Peace: Democracy, Interdependence, and International Organizations.* New York: W. W. Norton and Company, Inc.

Schneider, F., and Frey, B. S. 1985. "Economic and Political Determinants of Foreign Direct Investment." *World Development,* 13, 161-175.

Srinivasulu, S. L. 1981. "Strategic Response to Foreign Exchange Risk." *Columbia Journal of World Business* (Spring), 13-23.

UNCTAD. 2014. *World Investment Report 2014: Investing in the SDGs: An Action Plan* New York and Geneva: United Nations.

Vernon, R. 1974. "The Location of Economic Activity." In J. H. Dunning (ed.), *Economic Analysis and the Multinational Enterprises* (pp. 89-114). London: Allen and Unwin.

Yackee, J. W. 2014. "Political Risk and International Investment Law." *Duke Journal of Comparative and International Law,* 24, 477-500.

Yergin, D., and Stanislaw, J. 2002. *The Commanding Heights: The Battle for the World Economy*. New York: Touchstone.

Zacher, M., and Matthew, R. A. 1995. "Liberal International Theory: Common Threads, Divergent Strands." In J. Charles Kegley (ed.), *Controversies of International Relations Theory: Realism and the Neoliberal Challenge* (pp. 107-151). New York: St. Martin's Press.

廖小娟[*]

> 哪一個國家喜歡受另一個強國的壓迫？哪一個人願見其財產不公平地被掠奪？可是世界上有一個國家從未壓迫過它的鄰邦嗎？世界上什麼地方你能找到一個民族，從未掠奪過另一民族的財產？在什麼地方你能找到？
>
> （死海古卷）[1]

壹、前言

　　第二次世界大戰致使超過五千萬人死傷，[2]戰爭的殘酷震懾了各國與人民，國家間戰爭成為各國極力避免的行為選項。然而，國家間戰爭雖看似成為罕見事件，但是戰爭的可能性卻未因此而減少。究竟戰爭的成因為何？國際關係學者相信只有瞭解戰爭的原因與要素，才能預測、甚至避免戰爭的發生。在國際關係理論中蔚為主流的現實主義論者提出「權力」就是造成國家間戰爭不止最重要的因素，國家必須爭奪權力來確保國家生存與利益最大化。因此，在特定的國力結構下，國家間就有可能為了權力重分配而發生戰爭。

　　然而，何種國力結構會帶來最高的戰爭可能性？現實主義學者中主要有兩派重要學說。第一派為權力平衡論（the Balance-of-Power Theory; Morgen-

---

[*]　淡江大學中國大陸研究所助理教授。

1　引自張自學譯，Morgenthau著，1976，國際政治學，頁48。

2　死傷人數眾說紛紜，一般認為約在五千至六千萬人左右，參閱Matthew White. 2011. "Source List and Detailed Death Tolls for the Primary Megadeaths of the Twentieth Century." http://necrometrics.com/20c5m.htm#Second, accessed on Dec. 1, 2015.

thau 1948; Waltz 1954），權力平衡論認為國家間權力的均勢才能帶來體系
的穩定，因此當一國有相對性的國力優勢，就會試圖征服其他國家，以避免
未來有可能會被征服。相對地，另一派學說為權力轉移論（the Power Tran-
sition Theory; Organski 1958; Organski and Kugler 1980），認為當一國的國
力逐漸上升至與支配性強權的國力相似時，是為兩國最容易發生戰爭的時
候。這兩派學說雖然都認同國力結構的改變會帶來系統的不穩定，但是對於
權力比與戰爭的關係卻有不同的看法。為何同樣以現實主義出發，卻產出兩
種相對性並都有實證研究與邏輯支持的假說呢？何者的預測力又更佳？甚至
能早期預警戰爭發生的可能？

　　此外，國力結構或許帶來一國發動戰爭的機會，但是國家的意圖則決定
了戰爭的發動與否。E. H. Carr（1939）和Morgenthau（1948）分別以「修
正國家」（revision state）和「帝國主義者」（imperialist）來描述一國有改
變現狀的意圖，Kugler（Kugler and Organski 1989）進一步精確地定義一國
的意圖為對國際現狀的滿足與否，當一國對現狀不滿足時，就更有可能會發
動改變現狀的戰爭。然而，要如何能夠衡量國家的意圖？在何種意圖的表示
下代表著戰爭可能性？

　　為了探究以上問題，並對戰爭的要件有更好的瞭解，以下將針對權力比
和意圖兩變項進行分析。首先在權力比的部分將會回顧權力平衡論和權力轉
移論的相關文獻，並且討論兩種學說整合的可能性。而在意圖的部分則會討
論意圖的定義與如何操作化變項，並比較各家衡量意圖的指標。接著則進行
合併權力比和意圖兩現實主義所提戰爭要件的綜合討論，研擬衝突預警機制
的產生；最後總結學理上的研究對於減少戰爭發生的助益和可能。

貳、權力比與戰爭

　　權力平衡論和權力轉移論都是從系統層次探討戰爭發生的原因，其分析
單位為國家，並且視國家為單一的理性行為者，在此前提下，國家會追求其

利益極大化，軍事衝突或戰爭都只是達成目標的政策選項之一。

一、權力平衡論

　　在經驗和邏輯的基礎上，Morgenthau（1948）觀察國際間政治關係的變化而得出國際政治就是不斷爭奪權力的過程，以利益為基礎，試圖獲得政治權力，用以說服、威嚇、命令或發揮魅力來實現國家的目標。因此不能依靠無政府狀態下的制度或法則，只能靠國家自我約制或相互牽制而維持體系穩定，只有權力才能限制權力，依賴權力平衡來達成和平。國家權力不等於武力，武力只是達成獲取國家權力的其中一項工具。而權力的要素組成如一金字塔，金字塔的底層為權力的基礎，就是一國的地理，包括大小和形狀等先天特質，再往上則有天然資源、工業能力、軍事準備的程度、人口、外交素質、政府素質、國民性格，最上面則是國民士氣。除了地理要素為絕對存在，對國力的影響穩定外，其他要素都是相對於其他國家而言，在不同時間點估計，可能會有不同的影響力，使國力的組成變動較大，若偏重依賴對某一要素的估計，則很可能會導致判斷錯誤，造成恐懼已經不再能產生傷害的國家，或未加防範應該恐懼的新興權力國家。另外，一國要提高其權力，除了靠自身強化軍備的成長外，還可以藉由外部聯盟，借助他國實力來改變集團間的權力分配（Mearsheimer 2001），這使得估算更加複雜，尤其是國際間沒有永遠的敵人或朋友，聯盟關係不一定能禁得起考驗。

　　另外，一權力平衡體系下可能有若干從屬體系，相互關聯但又各自形成均勢，例如十九世紀以來的巴爾幹半島之均勢，就是附屬於歐洲均勢之下，一旦巴爾幹半島有變化，歐洲列強就會插手恢復其平衡，以確保歐洲均勢穩定（Morgenthau 1948）；而冷戰時期區域性均勢更是深受美蘇全球抗衡之最高體系均勢所支配。因此，權力平衡論不僅出現在大國之間，小國間也會出現試圖平衡彼此權力的情勢（Schweller 2006）。[3]在這樣的邏輯下，預

3　Schweller（2006）檢驗實證個案中，從法國和英國於1877年至1913年間，以及巴拉圭、阿根廷和巴西於1864年至1870年間的互動，發現權力平衡的假設同時適用於解釋這些大小不一的國家行為。

防性戰爭則是爲了恢復或維持權力平衡而自然產生的結果，拿破崙戰爭後的維也納會議所議定的原則和領土瓜分，就是爲了建立新的權力平衡而設計，其結果就是歐洲和諧（The Concert of European）的出現。

Waltz（1954）進一步強調在無政府狀態下沒有自動產生的和諧，因爲每個國家都會恐懼被其他國家所消滅，因此，爲擁有自保或防止他國消滅自己的權力，每個國家都會採取擴張政策來避免被征服，換句話說，在沒有強制力卻有許多主權國家存在的現實世界中，衝突乃至於戰爭是註定發生；或者說，戰爭的發生是因爲沒有可以阻止它發生的條件。Waltz更看重結構因素，他認爲雖然一國在無政府狀態下看似有自由選擇的機會，但事實上所有國家的行動和選擇都是被其他國家的行爲所限制，承繼Morgenthau的看法，權力的制約只有憑藉權力，只要一國有獨大的權力就會產生征服他國的動機，所以只有權力均勢相互制約，國際體系才能穩定。更嚴謹地說，他認爲各國權力分配所形成的國際體系制約著各國的選擇，體系因素才是戰爭或衝突發生最重要的因素。

其他權力均勢學者如Wight（Butterfield and Wight 1966; Sheen 1996）則認爲權力平衡的定義是多樣態的，權力平衡可以是現實情況的一種陳述，或表示各國力量，或只是表示權力的平均分配，或者是一種權力分配的原則，或者是國際社會的傾向，又或者能作爲維持和平的角色，甚至是指權力分配的動態過程等，又如從他觀察歐洲各國的歷史經驗來看，屢次號稱爲了自由與獨立而要推翻支配性強權的聯盟，實際上要達成的目標就是防止強權的權力的獨大，手法就是以聯盟擴大權力來和支配性強權抗衡，也就是權力平衡（Wight 2002: 37）。他認爲所謂的政治關係最深層的動力就是對於權力的野心和恐懼，因此在國家間形成一種秩序被稱爲體系，而所有國家間秩序的變動都是因爲國際政治和體系的變化。

至於爲何國家間無法察覺或立即反應權力即將失衡，原因可能是彼此間有妥協的共識，或者是因爲只有少數國家會受權力失衡影響，因此使得某些國家不會採取行動（Wagner 1994）。例如在英國作爲支配性強權的後期，雖然英國在南非戰爭（1899-1902）引起了歐洲各國抗衡的敵意，法國、德國和俄羅斯組成大陸聯盟想要抗衡大不列顛帝國，然而這聯盟一來缺乏足夠的海軍實力，二來缺乏強烈的共同利益去對抗它，因此並沒有對英國的優勢力量採取激烈的行動（Wight 2002）。

二、權力轉移論

　　另一派現實主義者對於權力比和戰爭有不同看法的就是權力轉移論。Organski（1958）認為整個國際社會是建立在一個層級型的金字塔社會，最頂層為支配性強權（dominant power）、再來是一般強權（great powers）、中等國家（middle powers）、和小國（small powers），國際社會的秩序是靠支配性強權的維持，其他國家無能力也可能沒有意願去改變或影響國際社會的安排。然而這樣的層級社會一旦出現可能超越支配性強權且國力快速成長的國家[4]，則很可能會對支配性強權的地位和國際秩序形成挑戰，尤其是當後起國不滿意國際現狀時，就是最有可能發生戰爭的時候。簡言之，當後起國的國力接近先行國的時候，戰爭最有可能發生。而權力轉移此要件在Organski所檢驗的案例中亦全都先行存在（Organski and Kugler 1980: 50-52）。戰爭的時機點則是在權力轉移之後，進入「超越期」（overtaking period）的時候。[5]同時，Kugler和Organski（1989）認為，國家所追求的是淨所得（net gain）極大化，而不是權力極大化，這點和視權力為唯一目標的權力平衡論不同。在這樣的前提下，戰爭並非國家唯一選項，考量戰爭的成本和成功機率後，可能有其他政策選擇，能使國家的淨所得增加更多；權力轉移是戰爭的必要條件，但不代表權力轉移一定會帶來戰爭。

　　相較於Organski和Kugler集中討論全球層次的爭霸戰爭，Lemke（2002）則用權力轉移論來討論區域性戰爭。Lemke認為權力轉移理論不僅能有力解釋全球層次的爭霸戰爭，也能適用在區域層次的爭奪主導權戰爭。

4　為行文方便，以下簡稱國際社會原先的支配性強權為先行國（the superior），而國力快速成長並有可能追上支配性強權的國家為後起國（the junior）。

5　在1958年的版本中，Organski原先認為戰爭是發生在權力轉移點之前，但是在之後1980和1989的版本中則更正為權力轉移點之後，也就是當後起國超越了先行國之時。

跟隨權力轉移理論假設全球為層級型社會，他提出在不同區域也存在不同的層級社會，而區域的層級社會鑲嵌在全球層級底下形成次層級，同時亦受全球層級的支配性強權所影響。然而即便如此，國家還是能透過成為一區域內的支配性強權來安排區域內的權力分配，使自己受益。Lemke利用軍事力量的投射能力作為劃分區域的指標，將全球區分為四個區域及二十一個地方性層級體系，分別是南美、中東、遠東和非洲四個區域，每個區域內不只一組層級體系，而可能有多組交叉存在（Lemke 2002: 90-91）。更重要的是，Lemke進一步清楚定義權力比和戰爭的關係，他認為不是權力轉移（power transition），而是權力相等（power parity）致使戰爭。最後，利用國家間軍事爭議資料庫（Militarized Interstate Disputes, MIDs; Jones *et al.* 1996）分別以迴歸模型分析四區域的實證資料後，權力相等和不滿意的確是影響區域戰爭發生最有力的因素。[6]

透過Lemke將權力轉移論從全球層級社會中解放出來後，陸續有學者適用權力轉移論於非全球層次的爭霸戰爭，並逐漸將權力轉移或權力對等當作是一可能影響戰爭發生的變數，甚至延伸至解釋國家間軍事衝突，而不僅是戰爭。Liao（2012; 2014）在檢視所有政治相關國家（politically relevant dyads）的軍事衝突時，發現權力轉移論的假說亦獲得政治相關國家軍事衝突之實證資料支持。她認為不管是全球層級體系或區域系統，最後都可化約至一對政治相關國家的二元關係上，因此當二元關係中原先的權力分配改變，就很可能帶來二元關係的不安，而致使軍事衝突乃至戰爭發生。她利用迴歸統計與布林演算法（Boolean algebra）分析從1918年至2001年的國家間軍事衝突，得到相似於權力轉移論的答案，亦即權力相等和不滿意是最可能導致戰爭的兩要件。

而和權力轉移論採取相似立場的還有Gilpin（1981）所提出的霸權戰爭

6　有趣的是在這四個區域內非洲是國家間戰爭頻率最低的區域，Lemke（2002）認為這是非洲國家的政權不穩定，忙於內部政權更迭或內戰，無暇發動國家間戰爭，所以形成了和直觀期待不同的「非洲和平」。

理論（The Theory of Hegemonic War），他認爲霸權（不限於一個國家）創造了國際規則，並且可安排它所想要的國際秩序，因此有了維持國際現狀的動機。然而對其他國家而言，一旦他們擁有了可以挑戰霸權的力量，則會試圖透過領土、政治或經濟擴張來改變國際規則和秩序，以創造對自己有利的體系（Gilpin 1981: 10）。換句話說，國家之間會相互爭奪治理世界的權力，一旦後起國擁有足以挑戰霸權國的實力，並且無法透過非戰方式來改變國際秩序，就會發動霸權戰爭來爭霸。

除此之外，還有些學者認同權力轉移會帶來戰爭，但對於權力成長曲線有不同看法。Väyrynen（1983）利用經濟長期循環曲線（economic long cycles）來表示權力變化曲線，並且提出戰爭的頻率和經濟長期循環的曲線相呼應。Goldstein（1985）則是對照經濟學上Kondratieff曲線（Kondratieff economic long waves）和國家間戰爭的發生，發現有許多巧合之處，因此他認爲應該用商品價格而不是GDP來描繪一國的國力。[7]Kim（1989）的早期作品則認爲並非是因爲經濟發展使國力上升後導致戰爭，而是國家聯盟政策的選擇所帶來的變化導致戰爭。尤其是聯盟政策所帶來的效應不僅在國力對比上，同時也會影響支配性強權和後起國發動戰爭的意願。

吳玉山（2011）則認爲可以整合權力平衡論和權力轉移論至一新架構。[8]他強調權力的變動才是帶來體系不安的重要因素，透過累加權力轉移論和權力平衡論所假設的體系穩定和權力比關係後，他繪出新的權力轉移曲線（modified power transition curve），顯示在權力均衡和權力最大差距的時候體系反而穩定，而在從權力均衡轉移至不均衡時反而是體系最不穩定的階段之U型線。[9]吳玉山所提出修正的權力轉移理論已經根本性的不同於權

---

7 透過經驗研究他歸納出通貨膨脹和戰爭有高度相關，但是他承認無法解釋爲何會出現這樣的現象。

8 關於國內其他學者從理論或實務綜合討論權力平衡論和權力轉移論，請參閱向駿（2006）；唐欣偉（2010）；包宗和（2011）；甘逸驊（2008）；明居正（2011）；鄭端耀（2011）；Yang（2013）。

9 吳玉山表示冷戰和平就是權力均衡但無戰爭發生的例子，冷戰後美國獨霸的和平就是權力不均衡但無戰爭發生的最佳例子，因此體系和權力比符合U型線的假設（2011: 400-401）。

力轉移論或權力平衡論，而可看成新的權力變動與戰爭的理論架構。也就是說，並非權力均衡或權力不均衡時期最容易發生戰爭，而是中間過渡期最容易戰爭。

　　整體看來，權力比和軍事衝突、乃至於戰爭的相關性是學者們一致肯定的，權力的變動確實有可能破壞原先體系穩定。然而究竟是權力均衡或權力不均衡才會導致戰爭發生？則有不同經驗研究和假說支持。

參、意圖與戰爭

　　相對於討論結構因素，古典現實主義者同時也強調國家意圖的重要性，尤其是權力轉移論者更將國家的意圖與權力比並列為戰爭的必要條件。Wight（2002）雖然強調結構因素，提出一個支配性強權不僅是指在權力上也是在意圖上有自覺要成為支配性強權（Wight 2002: 36），例如美國在一戰後雖然身為最大債權國，但是卻無成為世界強權的意圖，無意於歐洲或其他地區的權力分配和維持秩序，因此並不能被視為當時的支配性強權。他甚至認為一個強權（great power）想要展示自己為強權國家時，必須要靠戰爭（Wight 2002: 46）。

　　E. H. Carr（1939）則認為想要發動戰爭的意圖來自於一國不滿足於現存國際體系，並且想要改變國際體系，他稱之為「修正主義國家」（revisionist states），[10]而這種想要改變現狀的意圖很可能就會致使其發動軍事衝突或戰爭。Bremer與Singer（Jones *et al.* 1996）進一步操作化修正主義的定義，認為一國被視為修正主義國家，很可能是在領土、政體、或政策上對他國或國際社會提出改變或不作為的要求，因此他們將一國在軍事爭議發生前所提出的相關要求登錄於國家間軍事衝突資料庫（MIDs; Jones *et al.*

10　Steve Chan解釋修正主義國家為一國對現存國際社群的規則和規範感到失望，並且想要徹底改變之（2004: 10）。

1996）。Morgenthau亦有相似的概念，但稱呼這種國家爲「帝國主義者」（imperialist），採取帝國主義的國家通常亦採取擴張政策，會用包括政治擴張、經濟擴張、和領土擴張等方式來要求他國滿足其要求。簡言之，不管是修正主義國家或帝國主義者都是由於不滿於現狀或現行國際規則，而想要改變現狀或他國的作爲或不作爲，以進而改變現存的權力分配狀態，因此都很可能會威脅到體系的穩定度。

　　然而這樣的定義受到不少質疑。Steve Chan（2004; 2008）認爲這樣的定義並沒有說清楚究竟一國不滿意的對象是指支配性強權，還是國際體系。或許現實主義相信支配性強權與其所建立的國際秩序是不可分的，例如Gilpin（1981）指出國際體系永遠是配合支配性強權的利益所產生。但是若一後起國不滿意的是國際體系或秩序，則或許不一定要以戰爭方式來爭奪世界治理權，而可以採用體制內的改革來爭取更高的國際地位（Vasquez 1996; Chan 2004）。這樣一來，國家的意圖就不一定會導致戰爭的發生，除非當一國不滿意的是另一國的作爲或不作爲（Vasquez 1996: 41-42）。[11]

　　另一方面，權力轉移論者並非完全採用古典現實主義對國家意圖的定義，而認爲是一國對其國際地位的偏好決定了它的滿意度（Liao 2012: 53）。Doran（1989）認爲支配性強權和後起國相對權力的成長曲線呈現循環的過程，因此在每次權力轉移循環的特定時刻，就會產生先行國或後起國權力和角色不相稱，而這樣的權力和角色不相稱就是國家不滿意的來源，他稱之爲地位不均衡（status disequilibrium），而戰爭就好發於這四個關鍵點（critical points），如圖5-1所示。

11　還有另一種看法從理論假設上來看，認爲守勢現實主義者（Waltz 1979）事實上已假設所有國家都是現狀國家，因爲其認爲國際體系的安排已經儘量減少國家想要推翻體系的誘因；而攻勢現實主義者（Mearsheimer 2001）則已假設所有國家都是修正主義國家，因爲國際現實是個無政府狀態，所以自我擴張是既定政策，所有國家就都全成了修正主義國家。在這樣的情況下，修正主義或維持現狀成爲一常數，就無法解釋戰爭的發生（Rynning and Ringsmose 2008）。然而本文所欲探討的國家意圖是指國家在某種情況下會產生改變現狀的需求和意念，進而影響其作爲或不作爲，國家意圖並非常數。

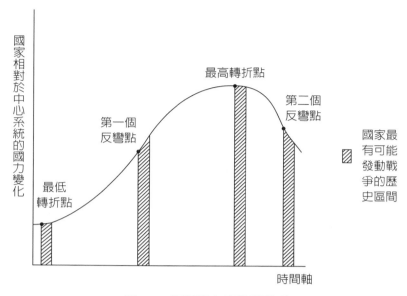

圖5-1　相對權力和發動戰爭

資料來源：Doran（1983: 420）。

　　滿足於現狀的國家會試圖維持體系，而想要改變權力分配結構或改善國際地位的國家則會試圖改變現狀，如圖5-2。由於國際體系是由支配性強權所建立，因此其會滿意於國際現狀，但是權力越小的國家由於國際地位越低，能夠影響國際秩序和擁有話語權的機會也越小，所以較容易不滿足於國際現狀（Gilpin 1981）。[12]

　　至於要如何衡量不滿意，或者如何判斷一國為不滿意現狀的國家，則未有定論。Kugler和Lemke（2000）整理出四種測量變項來衡量一國的滿意度。第一種是Bueno de Mesquita（1990）提出的貨幣在市場折扣率的變化（changes in money market discount rates），利用一國貨幣在全球市場上的表現來判斷一國的國際地位，例如美元作為最常被使用與交易的貨幣，

12　Schweller（1994）則用一個簡單公式來決定一國是現狀主義國家或是修正主義國家：國家利益等於修改的價值扣掉現狀的價值。如果得出正向的國家利益，則一國會偏向修正主義國家，反之則是現狀國家。

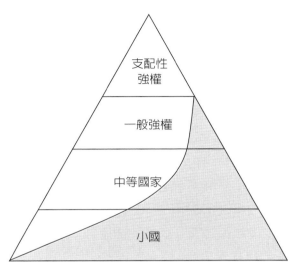

圖5-2　權力層級金字塔

說明：白色區域為滿意的國家，灰色區域為不滿意的國家。

資料來源：Tammen *et al.*（2000: 10）。

可見得市場對於美元的信賴；歐元在市場的地位則隨著歐盟在國際社會所扮演的角色而有所起伏等。也就是說，利用貨幣價值來判斷一國在國際社會的地位，而地位越高的國家對國際現行秩序越滿足。第二種指標是Kim（1991; 1992）採用相似的聯盟組成（the similarity of alliance portfolios）作為操作化定義，他認為後起國如果和支配性強權有不相似的聯盟組成，則代表後起國與支配性強權所偏好的國際社會不同，可據此判斷後起國是否對國際現狀不滿意，實證結果亦支持Kim的假設，因此，不少權力轉移理論學者沿用此指標作為衡量一國滿意或不滿意的變項（Tammen *et al.* 2000）。Tammen等人（2000）也舉例世界貿易組織（WTO）、北美自由貿易協定（NAFTA）、歐洲聯盟（EU）等的成立都可以說是為了吸引其他國家加入現行的國際社會規則，以提高維持現存體系的誘因。

　　第三種指標是軍備速度快慢（military buildups），Lemke（Kugler and Lemke 2000）認為發動軍事衝突或戰爭都需要軍備力量做後盾，所以若一後起國以超高速度擴張其軍備力量，則很可能暗示此後起國對現狀不滿，因而需要快速擴張軍力以作準備，甚至當這項條件滿足時，即便支配性強權和後起國尚未進入權力相等時期也可能發生戰爭。這個操作變項成為權力轉移論學者普遍使用的指標（Efird *et al*. 2003; Lemke 2002）。最後一種指標則是與支配性強權政治和經濟體制的相似度（the similarities in political and economic institutions of states with the dominant power），以支配性強權和後起國彼此的政治和經濟體制相比較，若兩國體制越相似，則後起國對於支配性強權所安排的國際秩序較不容易感到不滿意。Werner和Lemke（1997）利用民主指數來衡量支配性強權和後起國的政治體制相似度，[13]並且認為這個指標確實反映出後起國對國際秩序的滿意度。然而，如何同時衡量政治和經濟體制，以及如何權重制度之間的元素，則仍難解。[14]因此Kugler和Lemke也不得不承認這個測量雖然在理論上合乎邏輯，但操作上卻有困難。

　　雖然上述指標適用於衡量一國對國際現狀的滿意度，但是若用來衡量一國對於另一指定國的滿意則有其偏限，即便是針對支配性強權和後起國這一組國家，採用上述指標都難以區分後起國所不滿意的究竟是國際現狀或支配性強權此一國家。舉例而言，隨著冷戰結束，安全聯盟或協防條約的簽署熱潮逐漸消退，況且國家參加或選擇經濟型或其他聯盟有眾多原因，相較於被視為對支配性強權或地方區域性強權不滿意，或許說聯盟組成相似度較適合被視為對支配性強權或地方區域性強權所組織的聯盟或國際秩序不滿意。

　　為了要衡量一國直接表達對另一國的不滿意，Liao（2012; 2014）引入威脅和嚇阻等相關假說。大部分研究威脅或嚇阻的文獻著重在以威脅本身為

13　若僅用民主當作國家滿意或不滿意的指標，則在邏輯上和民主和平論（the Democratic Peace Theory; Doyle 1999; Russett and Oneal 2001）相互重疊。更何況，民主國家間雖然較少戰爭，但不代表所有的民主國家都滿意於美國作為支配性強權所安排的國際社會。

14　Benson（2007）嘗試以現狀偏好指標（the measure of status quo preferences）來解釋一對國家間軍事衝突惡化成戰爭的可能性，她採計目標國家雙方安全條約和經濟協定簽訂的對象和數量，並認為若這組國家同時在安全和經濟偏好上，都和現行國際秩序相似，則這組國家的衝突較不容易演變為戰爭。但她的研究著重在衝突惡化的可能性（conflict escalation），而非戰爭或軍事衝突的發生（conflict initiation）。

依變項，據以討論外交政策的決策過程等（Cohen 1979; Eriksson 2001），或威脅形成的原因（Sulfaro and Crislip 1997），或國家形成有效威脅的能力等（Cusack 1985）。Schelling（1963）指出國家在國際社會的作為或不作為都是在雙方或多方相互期待下成立，因此協調相互期待的過程就是在暗示或明示對方與自己的相處之道，而威脅就是一種暗示若對方不依從自己的期待，則很可能會破壞彼此和諧。據此，Liao（2012）認為威脅可以說就是一國對另一國不滿意的直接表示。威脅可以是口頭也可以是具體行動，但不必然是軍事衝突的一個必經階段，因此威脅可以被看作暗示該國當下的心理狀態之單獨事件（Baldwin 1971; Cohen 1979），一國如果持續採取威脅行動則表示其持續不滿意，一旦其滿足了就會停下來。Walt（1985）也有同樣的看法，認為一國對另一國的威脅能導致該國採取某種行動，這行動有可能是不以理睬、順從、結盟、甚至採取先發制人等軍事衝突行為。也就是威脅行為本身與後續軍事衝突行為是相互獨立但又關聯的事件。據此，Liao（2012）提出在軍事衝突發生前，如果一國對另一國提出口頭要求或威脅其改變政策、政體、領土或國際影響力等作為或不作為，以滿足威脅國，則可視為威脅國直接表達對被威脅國的不滿，因此是最佳用來衡量一國對另一國不滿意的變項。因此她整合了國家間軍事衝突資料庫（MIDs; Jones *et al.* 1996）中「修正態度」中的三個類別，要求修正政策、要求修正政體、和要求修正領土等，以及國際危機資料庫（the International Crisis Behavior Dataset, ICB; Brecher and Wilkenfeld, 2000）中「有值威脅程度」（gravity of value threat），衡量共計七種威脅：經濟威脅、有限軍事威脅、政治威脅、領土威脅、國際影響力威脅、重大傷害威脅、以及生存威脅。利用迴歸模型的概率預估和布林演算法的雙重檢驗下，她排序了共計十種程度的不滿意（圖5-3）。

第10級	生存威脅
第9級	重大傷害威脅
第8級	國際影響力威脅
第7級	領土威脅
第6級	要求修改領土
第5級	要求修改政體或政府
第4級	政治威脅
第3級	有限軍事威脅
第2級	經濟威脅
第1級	要求修改政策
第0級	沒有不滿意

圖5-3　國家表達不滿意的程度

資料來源：Liao（2012: 179）。

　　雖然衡量國家發動戰爭或軍事衝突意圖的變項仍未有定論，且有逐漸從以衡量國家對國際現狀或國際現行秩序的不滿意，轉變爲衡量一國對另一國直接不滿意的表示之趨勢。然而國家的意圖確實是一國決定要發動軍事衝突或戰爭之關鍵性因素，即便強調結構因素的現實主義者也無法否認。

肆、權力比、意圖與發動軍事衝突

　　不管是古典現實主義或結構現實主義，同樣都強調在無政府狀態下，國家權力對一國自保的重要性，以及國家之間的權力分配會形成一體系結構，進而制約國家行動。雖然對於權力的兩極變動——相等或絕對優勢——何者更能引發戰爭無法定論，且雙方都有實證經驗和邏輯推演的基礎。本文進一步將權力平衡論和權力轉移論的論點比較於表5-1。

表5-1　權力平衡論和權力轉移論比較

	權力平衡論	權力轉移論
理論基礎	結構現實主義：假設無政府狀態、國家為理性且單一的行為者	
理論目的	探求體系穩定的時候	
論證基礎	歷史經驗歸納	
分析對象	兩個或以上的國家	一組國家，一開始僅限世界霸權和挑戰者，後逐漸包括任何一對政治相關國家
體系何時穩定	分析對象之間權力分配均勢	當有一國家權力穩定超越另一國時
戰爭何時最有可能	一國權力獨霸，會發動預防性戰爭，來征服各國，以確保優勢	有兩要件： 第一、當一國權力接近另一國時，亦即雙方權力相似時，多數學者認為後起國會發動挑戰戰爭，也有學者認為先行國也有可能發動先制戰爭 第二、其中一國對另一國不滿意時
分析對象目的	追逐並確保優勢	
分析對象手段	權力擴大	
權力的產生	外部結盟和內部自我成長	
如何避免戰爭	不斷追求權力均勢	強化權力成長，並設法消除另一國之不滿意程度

資料來源：作者自製。

　　而透過繪製權力比曲線和發動戰爭的可能性，更能顯示權力平衡論和權力轉移論論述權力比和戰爭可能性的關係之差別。圖5-4所描述的就是權力平衡論的假說，在權力比最小和最大之兩端代表一組國家中有一個國家有絕對優勢，[15]由於有優勢的國家會產生征服的慾望，因此應該是體系最不穩定的時候，也就是最可能發生戰爭的時候。

15　權力比是以後起國國力除以先行國國力計算。因此若先行國國力仍占極大優勢，則權力比會趨近於數值極小的那一端；若後起國國力占極大優勢，則權力比會朝向數值極大的那端。

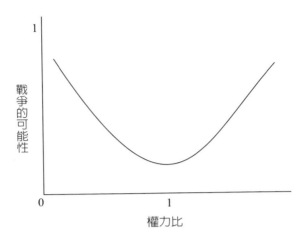

圖5-4　權力平衡和戰爭可能性

說明：權力比等於1時即表示雙方國力均衡。

資料來源：作者自製。

　　圖5-5所描繪的則是權力轉移論的假說，當權力比進入正負20%的差距時，就是權力相等時期，且隨著權力越相等，戰爭的可能性越高。而由於Organski和Kugler（1980）強調戰爭最可能發生的時機點在權力轉移後，因此權力曲線的頂端在權力比爲1之後。

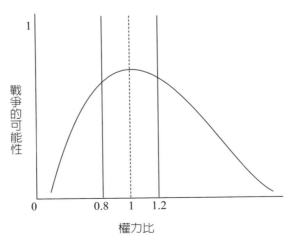

圖5-5　權力轉移和戰爭可能性

說明：根據權力轉移論，正負20%的權力差距為權力相等時期，亦即當權力比大於或等於0.8至小於或等於1.2之間。

資料來源：Liao（2012: 178）。

　　從這兩圖的比較看來，兩者對於權力比和戰爭發生可能性之關係的看法相互排斥，然而吳玉山認為若以權力分配型態作為橫軸，略分為均衡、中間過渡、和不均衡，則可以看到體系穩定性最低的時刻是在中間過渡的時候。然而此假說除非體系發生重大改變，否則很難判斷中間過渡時期的開始與結束，因此較難適用於預測戰爭的可能性。

　　同時，雖然強調結構因素，但現實主義者也紛紛承認並接受國家意圖對於發動戰爭的重要性，正如Starr（Most and Starr 1993）提出「機會和意願架構」（opportunities and willingness），權力比的結構提供了國家發動戰爭的機會（opportunities），但是否會掌握這個機會去發動戰爭則端視國家的意願（willingness）。若以Liao（2012）的衡量方式來表示一國對另一國的不滿，結合權力轉移論的權力比曲線和不滿意度兩者對於戰爭可能性的影響，並以二元軸線圖來表示，顯示如圖5-6。灰色區域顯示的是有可能戰爭

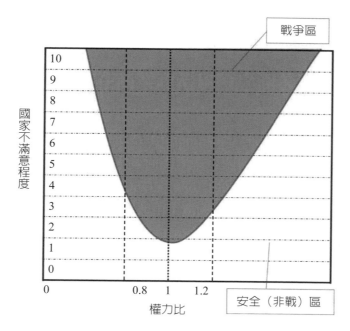

圖5-6　權力轉移、國家不滿意與戰爭的可能性

說明：圖中的權力曲線是將圖5-5的曲線顛倒過來。

來源：Liao（2012: 180）。

的區域，權力相等期（權力比為0.8至1.2）的灰色面積最大，代表其發動戰爭的可能性最高。相等期以外的灰色區域遞減，但由於國家不滿意的影響，因此仍有發動戰爭的可能性。

　　同樣地，權力平衡論的假說亦獲得一定的實證經驗支持，若結合其與國家不滿意度對於戰爭可能性的影響，則如圖5-7。在兩端時皆會有一國擁有絕對優勢，因此是最可能發生戰爭的時候，就是灰色區域面積最大之處。

　　因此，如果我們結合權力轉移論（圖5-6）和權力平衡論（圖5-7）與國家意圖對於戰爭可能性的影響，同時考慮兩者引發戰爭的可能性，以區域面積代表戰爭可能性的多寡後，最有可能發動戰爭的時候就是在圖5-8中的斜線區域，為權力平衡論和權力轉移論認為可能戰爭的共通處，稱為一級可能戰爭區域，也就是最有可能爆發戰爭的區域。而深灰色區域則是權力平衡論

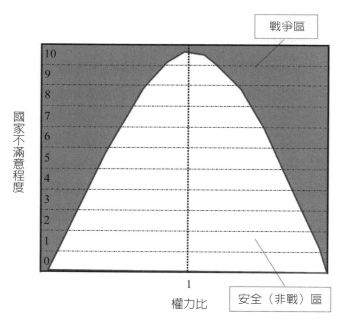

圖5-7　權力平衡、國家不滿意與戰爭的可能性

資料來源：作者自製。

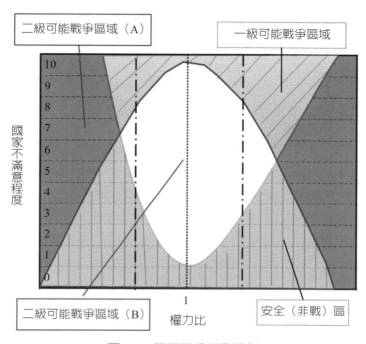

圖5-8　早期戰爭預警機制

資料來源：作者自製。

認爲可能發生戰爭但權力轉移論不認同的地方；正中間反白的之處是權力轉移論認爲可能發生戰爭，而權力平衡論不認同的地方；這二區域只有一理論認爲會發生戰爭，因此稱爲二級可能戰爭區域。最後，直線區域則是兩個理論都認爲不太可能發生戰爭之處，稱爲安全區。

　　具體而言，合併後的權力轉移論和權力平衡論與戰爭可能性有三個特點：

　　第一，綜合權力曲線和不滿意度後，相較於其他一級可能戰爭區域兩條權力曲線交接的兩個點，所可能引發戰爭的不滿意度最低。換句話說，在這兩個時間點時，即便是中等程度的不滿意也有可能引發戰爭。而這兩個時間點就約略位於正要進入相等時期和離開相等時期後，這樣的論述與吳玉山

（2011）所提出的架構相似，但更具體指出時間點並結合了國家不滿意度之變數。

第二，綜合兩個理論之權力曲線與戰爭關係後，最高程度的國家不滿意度引起戰爭的可能性最大。權力比的差距提供了國家機會，但在最高程度的不滿意對於發動戰爭的影響大幅超越權力比，這從斜線區域最大部分落於最高程度不滿意可看出。最後，由於權力轉移論認為戰爭最可能是後起國超越先行國後，使得權力比和戰爭之曲線向左傾斜，因此相較於左側交叉點，右側曲線與權力平衡論曲線的交叉點遠離權力相等時期，可以推論後起國當擁有一定權力優勢後，較低的國家不滿意度就有可能引發戰爭。

從實務上來說，圖5-8所顯示的斜線區域可稱為一級可能戰爭區域，若一組國家的權力比和其中一個國家的意圖表示交叉比對後，落在此區域，則該國很可能會發動戰爭。二次世界大戰的時候，根據國家間軍事衝突資料庫（MIDs; Jones *et al.* 1996）所登載的國家總體能力指標（Complex Index of National Capability）比較，德國對於英國的國力比在1938年是1.98倍，於1939年為1.79倍，而當德國不顧英法警告入侵波蘭時，就是表達其對英法所主宰的國際社會之不滿已達造成重大傷害的威脅（第9級），對照其與英國的國力比以及不滿意程度於圖5-8後，德國的態度落在一級可能戰爭區域，因此，德國選擇發動戰爭也就不意外。

而深灰色或白色區域則為二級可能戰爭區域，在這區域內或許會因一國的行為模式有所不同，若檢視一國過去歷史經驗或行為模式，或許可以發現某些國家偏好在權力轉移（或稱相等），某些國家偏好在權力優勢時發動戰爭以遂目的（廖小娟，2016）。如以1937年中日正式開戰為例，當時日本和中國的國家總體能力比約為0.45，也就是未達權力轉移時期，但日本一向覬覦中國的資源豐富，將確保資源供給視為是維持生存的重要環節，加上自認在甲午戰爭、日俄戰爭和一次世界大戰後，躋身世界列強之一，欲加強自身在中國大陸的勢力範圍，並削弱中國在國際社會的地位和影響力，也就是其所表達的不滿意是在對於中國國際影響力的威脅（第8級），讓日本對中國的態度落在二級可能戰爭區域（A），終致對中國開戰。

　　至於直線部分則為非戰區域，也就是相對於可能戰爭區域而言，由於在機會和意願上都不到發動戰爭的門檻，較不可能發生戰爭。在2013年臺灣與菲律賓之間因為臺灣漁船廣大興號船長在雙方爭議海域遭菲律賓公務船射殺，一開始菲律賓方面態度強硬，堅不道歉，臺灣方面在限期要求道歉未果後開始加強施壓力道，先是經濟手段，接著派出軍艦巡防爭議海域，協助漁民作業，事件似乎越演越烈。然而，若觀察臺灣方面所表示的不滿意程度，約在經濟威脅（第2級）至有限軍事威脅（第3級）之間，而以軍事預算來表示臺灣和菲律賓的軍力比，在2012年臺灣的軍事預算是菲律賓的3.62倍，在2013年是2.95倍，[16]臺灣對菲律賓的態度落在安全（非戰）區域，因此臺灣並不會對菲律賓發動戰爭。

　　總而言之，圖5-8若能累積更多經驗研究進行修正和補充，則相較於權力轉移論和權力平衡論，更能作為戰爭預警機制的先測，用以判斷是否對手國已在一級可能戰爭的區域，倘若如此，則需要更重視其不滿意的表示和雙方權力比未來的走向。

伍、結語

　　權力平衡論認為當國家間權力均勢時，體系的穩定才能維持；權力轉移論認為當國家間權力不相等時，體系的穩定才能維持。權力平衡論認為當國家間有一國的權力有絕對優勢，則戰爭無可避免；權力轉移論認為當國家間進入權力相等時期，則心懷不滿的後起國會發動戰爭。現實主義的此兩學派同時認可了權力比變化對於發動軍事衝突，乃至於戰爭的可能性，然而對於究竟是權力比兩極的哪一端會發生戰爭，均衡？或一國優勢？則有不同的

16　資料來源為斯德哥爾摩國際和平研究中心軍事預算資料庫（SIPRI Military Expenditure Database, Stockholm International Peace Research Institute, https://www.sipri.org/databases/milex）。由於國家間衝突資料庫目前僅更新至2007年，因此在此處改用軍事預算來代表軍力比，而非國家總體能力指標。

假說並各自獲得一定實證經驗的支持。又這兩學派是否真無法整合？吳玉山（2011）根據權力分配型態，重新繪製修正後的權力轉移曲線，認爲在權力從均衡演變至不均衡之中間過渡時期，是體系最不穩定的時候。不論如何，權力結構變化會導致戰爭發生的可能性提高是被廣爲認定。

　　同時，即便具備能夠引發戰爭的權力結構之機會，仍需發動戰爭的意願，也就是國家的意圖來做決策。因此，除了權力比的客觀結構因素，現實主義者也不得不承認國家的意圖亦是一國發動戰爭的必要條件（Lemke 2002）。國家的意圖可以區分爲對國際現狀或國際秩序、規則的不滿，以及對特定國家的不滿意兩類型，早期權力平衡論和權力轉移論學者專注在全球層次的爭霸戰爭，集中觀察全球性支配強權和後起國，加上現實主義者認爲國際現狀或國際秩序的安排就是爲全球性支配強權的利益所服務，因此，將對國際現狀的不滿與對全球性支配強權的不滿劃上等號。然而一旦將觀察的成對國家從全球性爭霸組合，擴大至區域性強權組合，甚至一般政治相關成對國家，則國家不滿意的定義會出現適用問題。例如常被權力轉移論作爲衡量國家不滿意之相似的聯盟組成（Kim 1992），與支配性強權比較時或許能視爲對強權所安排的國際秩序不認同，但無法代表一般成對國家對彼此的不滿。爲此，Liao（2012）藉由整合一國對另一國提出的要求和威脅之不等類別，建立了衡量一國直接不滿意的十種程度（圖5-3）。

　　而爲了更具體表現權力比、意圖、和發生戰爭的可能性，以建立戰爭早期預警機制，本文延續著Liao（2012）將權力比、意圖和發生戰爭的可能性以兩軸線的圖示，將戰爭發生的可能性高低以面積表示，結合權力轉移論和權力平衡論可能發生戰爭的曲線，產出圖5-8。共同呈現權力轉移論和權力平衡論的假說，同時表現國家的不滿意度，圖5-8展示了在權力比即將要邁入相等期，以及即將要離開相等期時，較低的不滿意度也可能引發戰爭。因此，權力轉移論和權力平衡論對於權力比的假設都可能發生，並不互斥。一國若觀察到對手國與自己國力的對比、以及其所表示的不滿意，已進入一級或二級可能戰爭區域，則需要密切注意對手不滿意升高或權力比變化所帶來的危險。圖5-8在這層意義上能夠作爲戰爭早期預警機制的先測。

　　最後，國際政治就是國家間權力的爭奪，國家為提升自己的權力，除了藉由強化自身能力外，亦能靠著聯盟來改變國家間權力態勢，這並不僅發生在歐美國家，中國春秋戰國時期亦是檢視權力變化與戰爭的最佳案例。以戰國後期蘇秦所提出的合縱策略為例，[17] 其試圖聯合六國共同對抗新興強權秦國。然而，隨著秦國的實力不斷快速成長，六國之間又相互猜忌，原本共同對抗秦國的利益逐漸減少，最後在張儀採用連橫策略，並在之後的屢次衝突下，六國聯盟瓦解，秦國逐一征服六國，在西元前221年成為了中國第一個大一統的帝國。而這樣原先由七國均勢轉由一國獨霸後便吞併六國的過程與權力平衡論的假說不謀而合。西方經驗所得出的權力轉移論和權力平衡論或許也能夠有力地解釋中國朝代的分合，進而補充與修正權力轉移論和權力平衡論，細緻化早期戰爭預警機制，以預警和減少戰爭發生的可能性。

---

17 有史家認為是公孫衍首先提出。

參考文獻

一、中文部分

包宗和，2011，〈結構現實主義的論點、辯述與反思〉，包宗和（編），《國際關係理論》，
臺北：五南圖書，頁49-64。

甘逸驊，2008，〈歐盟與美國的權力關係：「柔性平衡」的適用性〉，《問題與研究》，第47
卷第2期，頁1-24。

向駿，2006，〈權力轉移理論與美國的「中國威脅論」〉，向駿主編，《2050中國第一？權力
轉移理論下的美中臺關係之迷思》，臺北：博揚文化，頁33-90。

吳玉山，2011，〈權力轉移理論：悲劇預言？〉，包宗和（編），《國際關係理論》，臺北：
五南圖書，頁389-408。

明居正，2011，〈古典現實主義之反思〉，包宗和（編），《國際關係理論》，臺北：五南圖
書，頁27-44。

唐欣偉，2010，〈頂尖兩強的雙邊關係（1660至2006）〉，《政治科學論叢》，第44期，頁75-
104。

張自學譯，Hans J. Morgenthau著，1976，《國際政治學》，臺北：幼獅文化。

廖小娟，2016，〈探索中日爭霸東北亞之衝突行為：兼論權力轉移理論的適用〉，《臺灣政治
學刊》，第20卷第1期，頁61-106。

鄭端耀，2011，〈搶救權力平衡理論〉，包宗和（編），《國際關係理論》，臺北：五南圖
書，頁69-83。

二、外文部分

Baldwin, David. A. 1971. "Thinking about Threats." *Journal of Conflict Resolution* 15: 71-78.

Benson, Michelle. 2007. "Status Quo Preferences and Disputes Short of War." *International Interactions* 33: 271-288.

Brecher, Michael and Jonathan Wilkenfeld. 2000. *A Study of Crisis*. Ann Arbor, Michigan: University of Michigan Press. See also the ICB Online, www.cidcm.umd.edu/icb.

Bueno de Mesquita, Bruce. 1990. "Pride of Place: The Origins of German Hegemony." *World Politics* 43: 28-52.

Butterfield, Herbert, and Martin Wight. 1966. *Diplomatic investigations: essays in the theory of international politics*. New York: Harvard University Press.

Carr, Edward H. 1939. *The Twenty Yeas' Crisis, 1919-1939*. New York: Perennial.

Chan, Steve. 2004. "Exploring Puzzles in Power-Transition Theory: Implications for Sino-American Relations." *Security Studies* 13(3): 103-141.

Chan, Steve. 2008. *China, the U.S., and the Power-transition Theory: A Critique*. London: Rutledge.

Cohen, Raymond. 1979. *Threat Perception in International Crisis*. Wisconsin: The University of Wisconsin-Madison Press.

Cusack, Thomas R. 1985. "The evolution of power, threat, and security: Past and potential developments." *International Interactions* 12(2): 151-198.

Doran, Charles F. 1989. "Systemic Disequilibrium, Foreign Policy Role, and the Power Cycle: Challenges for Research Design." *The Journal of Conflict Resolution* 33(3): 371-401.

Doyle, Michael W. 1999. "Liberalism and World Politics." In Viotti, Paul R. and Mark V. Pauppi (eds.), *International Relations Theory: Realism, Pluralism, Globalism*. MA: Allyn & Bacon. pp. 233-45.

Efird, Brian, Jacek Kugler, and Gaspare M. Genna. 2003. "From War to integration: Generalizing Power Transition Theory." *International Interactions* 29: 293-313.

Eriksson, Johan. 2001. *Threat Politics: New perspectives on security, risk and crisis management*. Ashgate Publishing Company. Burlington, VT: the U.S.

Gilpin, R. 1981. *War and Change in World Politics*. Cambridge: Cambridge University Press.

Goldstein, Joshua S. 1985. "Kondratieff Waves as War Cycles." *International Studies Quarterly* 29(4): 411-444.

Jones, Daniel, Stuart Bremer and J. David Singer. 1996. "Militarized Interstate Disputes, 1816-1992: Rationale, Coding Rules, and Empirical Patterns." *Conflict Management and Peace Science* 15(2): 163-212.

Kim, Woosang. 1989. "Power, Alliance, and Major Wars, 1816-1975." *Journal of Conflict Resolution* 32(2): 255-273.

Kim, Woosang. 1991. "Alliance Transitions and Great War." *American Journal of Political Science* 35: 833-50.

Kim, Woosang. 1992. "Alliance Transition and Great Power War from Westphalia to Waterloo." *World Politics* 45: 153-172.

Kugler, Jacek and A. F. K. Organski. 1989. "The Power Transition: A Retrospective and Prospective

Evaluation." In Manus I. Midlarsky (ed.), *Handbook of War Studies*. Ann Arbor: University of Michigan Press.

Kugler, Jacek and Douglas Lemke. 2000. "The Power Transition Research Program: Assessing Theoretical and Empirical Advances." In Manus I. Midlarsky (ed.), *Handbook of War Studies II*. Ann Arbor: University of Michigan Press.

Lemke. Douglas. 2002. *Regions of War and Peace*. U.K.: Cambridge Univ. Press

Liao, Hsiao-chuan. 2012. *The Relationship between the Level of State Dissatisfaction and the Level of Conflict: Revised Power Transition Theory*. Ph. D. Dissertation. S.C.: University of South Carolina.

Liao, Hsiao-chuan. 2014. "State Dissatisfaction: Predicting the Occurrence of Interstate War." *Asian Politics & Policy* 6(2): 217-236.

Matthew White. 2011. "Source List and Detailed Death Tolls for the Primary Megadeaths of the Twentieth Century." http://necrometrics.com/20c5m.htm#Second, accessed on Dec. 1, 2015.

Mearsheimer, John. 2001. *The Tragedy of Great Power Politics*. New York: Norton.

Morgenthau, Hans. 1948. *Politics among Nations*. New York: Knopf.

Most, Benjamin A. and Harvey Starr. 1993. *Inquiry, Logic and International Politics*. S.C.: University of South Carolina Press.

Organski, A. F. K. 1958. *World Politics*. New York: Knopf.

Organski, A. F. K. and Jacek Kugler. 1980. *The War Ledger*. Chicago: University of Chicago Press.

Russett, Bruce and John Oneal. 2001. *Triangulating Peace*. N.Y.: Norton.

Rynning, Sten and Jens Ringsmose. 2008. "Why Are Revisionist States Revisionist? Reviving Classical Realism as an Approach to Understanding International Change." *International Politics* 45: 19-39.

Schelling, Thomas C. 1963. *The Strategy of Conflict*. New York: Oxford University Press.

Schweller, R. L. 1994. "Bandwagoning for Profit: Bringing the Revisionist State Back In." *International Security* 19: 72-107.

Schweller, Randall. 2006. *Unanswered Threats: Political Constraints on the Balance of Power*. N.J.: Princeton University Press.

Sheehan, Michael. 1996. *Balance of Power: History and theory*. New York: Routledge.

Stockholm International Peace Research Institute, SIPRI Military Expenditure Database, https://www.sipri.org/databases/milex.

Sulfaro, Valerie A., and Mark N. Crislip. 1997. "How Americans Perceive Foreign Policy Threats: A Magnitude Scaling Analysis." *Political Psychology* 198(1): 103-26.

Tammen, Ronald L. *et al*. 2000. *Power Transitions: Strategies for the 21st Century*. N.Y.: Chatham House Publishers of Seven Bridges Press, LLC.

Värynen, Raimo. 1983. "Economic Fluctuations, Technological Innovations and the Arms Race in a Historical Perspective." *Cooperation and Conflict* 18: 135-159.

Vasquez, J. A. 1996. "Distinguishing Rivals That Go to War from Those That Do Not: A Quantitative Comparative Case Study of Two Paths to War." *International Studies Quarterly* 40: 531-558.

Wagner, R. Harrison. 1994. "Peace, War, and the Balance of Power." *The American Political Science Review* 88(3): 593-607.

Walt, Stephen M. 1985. "Alliance Formation and the Balance of World Power." *International Security* 9(4): 3-43.

Waltz, Kenneth N. 1954. *Man, State, and War.* New York: Columbia University Press.

Waltz, Kenneth. N. 1979. *Theory of International Politics*. New York: Random House.

Werner, Suzanne, and Douglas Lemke. 1997. "Opposites Do Not Attract: The Impact of Domestic Institutions, Power, and Prior Commitments on Alignment Choices." *International Studies Quarterly* 41: 529-46.

Wight, Martin. 2002. *Power Politics*. London: A&C Black.

Yang, Shih-Yueh. 2013. "Power Transition, Balance of Power, and the Rise of China: A Theoretical Reflection about Rising Great Powers." *The China Review* 13(2): 35-66.

楊仕樂[*]

壹、前言

　　戰爭與和平是國際關係中最重大的問題，而對尋求成為近似甚至等同於自然科學的國際關係學來說，科技（technology）與地理（geography）因素作為研究的對象有其直覺的便利性。畢竟，無論我們喜不喜歡或是有什麼評價，科技與地理因素是鐵一樣的物質事實，不會受到研究者主觀的影響。譬如當今陸地上主要的交通工具就是機械動力，地球表面上就是有70%的水域與30%的陸地。這樣的特性，使得科技與地理因素很自然地進入了現實主義（realism）學派的陣營，尤其是近幾十年來講求科學化的新現實主義（neorealism）或曰結構現實主義（structure realism）。所謂「現實」者，客觀實存的物質世界是也（Legro and Moravcsik 1999: 16-18, 34）；所謂「結構」現實主義，就是國際間的「物質世界的環境」（體系）對在其中運作的強權國家（單元）產生了制約與驅使。新現實主義／結構現實主義延續了現實主義的傳統，主張戰爭的不可避免，但在這個不變的恆常之中，嘗試說明在什麼條件下戰爭會變得比較可能或比較不可能（Waltz 1979）。這所謂的「條件」總括來說就是權力分配，是強權具體物質能力的相對多寡，例如很多理論學家都認為權力均等分配、達成平衡比較能避免戰爭，這可謂是「均勢和平論」（balance of power）。[1]在這樣的「和平論」裡，科技與地理因

---

[*]　南華大學國際事務與企業學系專任副教授。

[1]　依此類推，認為權力不均等分配、特別強大的霸權宰制世界才比較能避免戰爭，可謂「霸權和平論」，也就是一般所熟知的霸權穩定論（Hegemonic Stability Theory）；認為權力分配發生變動才是戰爭的根源，則可謂之「靜態和平論」，也就是一般所熟知的權力轉移論（Power Transition Theory）。只是，如同後文所述，現實主義的傳統終究是側重國際關係中的衝突面，並不以這類本章所創造的「和平論」自稱。

素只是權力的一個面向，是配角：某個強權首先發展出某種新科技，使得他「相對」比其他強權強大；某個強權占有特別有利的地理條件與位置，也使他「相對」比其他強權強大。如果科技與地理要自己當這「和平論」的主角呢？什麼樣的科技與地理條件會讓和平比較可能呢？這也就是本章所欲探討的「科技與地理和平論」。

　　為了與圍繞著權力分配的「和平論」做出區隔，所謂「『科技與地理』和平論」並不談「不同」強權所擁有科技與地理條件的「相對」多寡，而是談當「所有」強權都擁有某些科技與地理條件時，是否會比「所有」強權都擁有另外一些科技與地理條件時，要來得更容易達成和平。具體的說，如果世界上有五個強權，這樣叫做「多極」。他們都擁有或都不擁有核子武器，多極還是多極；他們都是島國或都不是島國，多極也還是多極，這些差別在「均勢平衡和平論」看來並不存在，但科技與地理和平論就是要探究這樣的差別，究竟對和平的達成有何影響。其實，這樣的框架很符合新現實主義／結構現實主義「體系」的外在環境制約「單元」的思路：很俚俗地比喻，如果說「均勢平衡和平論」是看究竟是五個（多極）壯漢還是兩個（兩極）壯漢（力量的來源）湊在一起比較容易打起來；則「科技與地理和平論」就是看同樣是五個壯漢湊在一起，他們是都拿刀還是都不拿刀（力量使用的方式）比較容易打起來，他們是都泡在水裡還是都不泡在水裡（力量使用的場所）比較容易打起來。然而，儘管是有如此的相似性與框架的相通，科技與地理和平論在新現實主義／結構現實主義陣營中並不算太受歡迎，甚至還有那麼點被排擠。這就竟是怎麼回事呢？科技與地理和平論迄今是否能稱得上是個良好的理論呢？是否值得持續探索呢？

　　對此，本章嘗試依循時間的脈絡，追溯科技與地理和平論的起源、發展，探討並評價正反雙方的爭執，並分為以下幾個部分進行。首先，本章介紹科技與地理和平論的軍事史／戰略研究淵源，以及後來在「攻守理論」（Offense-Defense Theory）旗幟下的誤入歧途。[2] 接者，本章分別探討科

2　這也是為何本章雖然是在攻守理論的脈絡下，探討「科技」與「地理」因素對戰爭和平的影

技與地理和平論的兩個焦點——核子武器與傳統武器，從邏輯與實證的角度評析正反雙方的論點。再來，本章則探討較晚近的科技與地理和平論發展，指出其如何化解既有問題，推進科技與地理和平論。最後則是結語。

總之，本章主張，科技與地理和平論之所以不是太受歡迎，除了有點是門戶之見作祟之外，其迄今的表現大致來說確實也只是差強人意，而且曾有的研究熱潮亦有衰退的跡象，但這並不是說它不能發展成優良的理論。易言之，科技與地理和平論仍值得學界持續予以改進。

貳、淵源與誤入歧途

因為關係到戰爭與和平，科技與地理和平論的淵源是軍事史與戰略研究。千年來人類進行了無數次的戰爭，累積了大量的實證經驗，從中許多學者或是戰爭從業人員自己都不時發現，隨著科技的演變與交戰地點的不同，戰爭的進行也有所不同（Fuller 1992）。國際關係學界自然也有像這樣的著作，說明歷來因為科技變化而使戰爭中攻防之間的相對難易有所起伏（Quester 1977），但是將這些發現以理論化的方式呈現，並與和平的促進相聯繫的，則是在1978年出現的「攻守理論」。其內容有二：其一，「攻守平衡」（Offense-Defense Balance），當防守比較容易時比較能促成和平，攻擊比較容易時則易於導致戰爭；其二，「攻守區分」（Offense-Defense Differentiation），攻擊性與防禦性武器可以區分時，強權可以透過部署防禦性武器展現自己的企圖，可避免安全困境，反之若攻擊性與防禦性武器不可區分，強權就無法從軍事部署來判斷對手的企圖，會陷入安全困

響，但並不以「攻守理論」為章節標題。攻守理論探討科技與地理因素時，是思考這些因素如何影響武力使用的過程，進而影響了戰爭與和平。至於從其他邏輯來思考科技與地理因素對戰爭和平的影響，如交通運輸科技進展促進自由貿易進而促進和平（Buzan 1993），或是地理上鄰接的國家有較多動機與機會發生衝突（Most and Starr 1983; 1989; Senese and Vazquez 2008）等論點，則不在本章的討論範圍內。

境。影響「攻守平衡」的主要因素就是科技與地理，增加火力的科技有利於防禦、增加機動力的科技有利於進攻，凡不利通過的地形都有利防守；至於「攻守區分」則受科技因素影響（Jervis 1978: 167-214）。

攻、守是戰爭中明顯可見的兩種活動，科技與地理因素也正透過對攻防行動的影響而促進或妨礙和平。無怪乎，科技與地理和平論會這麼以「『攻守』理論」之名在國際關係學界中正式登場，可說是順理成章。然而，這個「攻守」的旗號卻也是誤入歧途的開始。科技與地理因素是透過對攻守的影響而促成了戰爭或和平，但其他的因素也一樣可以透過對攻守的影響而促進了戰爭或和平，「『攻守』理論」這個主題使得後續理論研究的範圍幾乎是無止境的擴大，除了原來的科技與地理因素，舉凡部隊大小、資源榨取、戰術運用、民族主義、社會組成、聯盟體系等等都被納入考慮（Glaser and Kaufmann 1998: 60; Evera 1998: 16; Biddle 2001: 757）。這許多新增的因素，不僅常不如科技與地理因素來得客觀而易於測量，有些更是把原因與結果相混淆，光是這樣洋洋灑灑一長串的「洗衣清單」現象，就是講求簡單扼要的理論所最該避免的錯誤（Waltz 1995: 71-76, 1986: 330, 334-335, 339-340），也難怪「攻守理論」就此惡名纏身，遭到猛烈的批判，被指為根本沒有客觀檢定的標準，而只是靠「作者個人的判斷」（Davis *et al.* 1998/1999: 179-206; Betts 1999: 166-198; Gortzak *et al.* 2005: 67-89）。

尤有甚者，就在「攻守」概念的引導之下，基於公認最權威的戰爭哲學家克勞塞維茲（Carl von Clausewitz）的精闢邏輯分析：防守已經是目的較消極的活動，如果執行上竟然還比較困難，那根本就不會有人要採取防禦，因此防禦必定較攻擊容易（鈕先鍾 1980: 595-596）。既然如此，會因為攻擊占優勢而發動攻擊只能是因為強權國家的錯誤認知（Evera 1998; 1999）。這樣的論點現實主義實在很難容得下。雖然在本章中嘗試創造了「均勢『和平論』」這樣的用詞來對應「科技與地理『和平論』」，但現實主義的傳統究竟還是強調衝突的層面，是戰爭的不可避免，就算權力平衡使戰爭變得比較不容易發生，現實主義陣營還是不會願意以「和平論」自居，而科技與地理和平論，竟在「攻守理論」的旗號下，往和平這個論調走得這麼遠，眞是是可忍，孰不可忍？何況，如果「錯誤認知」才是戰爭的主因，科技與地理的客觀物質因素也變得無關緊要了，科技與地理和平論反倒成了談理念的建構主義（Constructivism）。同樣的，如果某些社會或政體的特徵，例如軍國主義的洗腦或是軍工複合體的勾結，特別容易導致這種「錯誤認知」（Biddle 2001; Snyder 1991），那科技與地理和平論簡直成了民主和平論的變形，反倒該算是自由主義（Liberalism）了。

　　當然，不從現實主義的角度來看，如果防守就是必定占優勢，就是「錯誤認知」才導致戰爭，「科技與地理和平論」即使變成建構主義或自由主義又何妨？只是，克勞塞維茲雖說防守必定占優勢，可從來沒有說防守所占有的優勢一定大到讓攻擊不可行。科技與地理和平論在此的確是走得太遠了，但這又不是說它一無是處。於此，無論是核子武器與傳統武器，都引起爭論。

參、核子武器的爭論

　　核子武器與科技地理和平論有高度的關聯。其實，攻守理論會在1970年代末出現並不是巧合，反映的正是當時逐漸形成，並持續維持至今的穩固核子相互保證毀滅（Mutual Assured Destruction, M.A.D）。就是在1970年代末期，隨著核子武器的數量、隱密性、速度、威力的不斷增強，美蘇雙方都可以在遭受任何核子攻擊的情況下，仍然保證能摧毀對方。於是，無論當時的美蘇雙方是彼此沒有敵意但處於安全困境，或是彼此有深刻的意識型態與價值觀的矛盾，這種壓倒性的相互保證毀滅態勢，都仍足以阻止雙方開戰。攻守理論其實就是想將這樣一個特定的情況通則化，熱心於攻守理論的學者也大多有研究核子嚇阻與核子武器的背景（Betts 1999: 176-177）。就此而言，要說科技地理和平論其實就是「核子和平論」，也不爲過（Hopf 1991: 475-493）。

　　儘管核子嚇阻穩固此一事實很難否認，大部分的學者也都同意其降低戰爭機率的邏輯（Betts 1999: 178），但核子和平的說法仍然受到實證上的質疑。第一類的質疑是，如果核子相互保證毀滅真的那麼有利和平，為什麼國際間還要阻止核子武器擴散？大家都有核子武器不是很好嗎（Lavoy 1995: 695- 753; Knopf 2002: 41-42）？而且，如果核子嚇阻的穩固不該去破壞，為何美國後來還是部署了飛彈防禦系統呢？這類的質疑嚴格來說是個誤會。國際間阻止核子擴散，其實主要是限於那些小國、那些國力與核子武器威力不相稱的國家。就強權而言，美蘇之後，英、法、中都陸續擁有核子武器，即使在核子非擴散條約之後，印度、巴基斯坦也都擁有了核子武器，此後兩方在喀什米爾的衝突也沒有像1965年那樣引發戰爭（Rajagopalan 2006: 12）。換言之，強權間的核子擴散確實有利於和平，阻止核武擴散比較是個強權想要對非強權維持優勢的手段。同樣的道理，美國所部署的飛彈防禦系統其實也無法抵抗勢均力敵對手的核子攻擊，而只能對抗相對來說弱小落後國家的少量原始核武，強權之間核子嚇阻依然穩固。當然，這樣的說法可能會面臨挑戰：如果強權擁有核武有利和平，德國、日本為何不嘗試擁有核武器呢？難道他們的力量還不如巴基斯坦以致於不配擁有核武嗎？這樣說未免是以偏蓋全，畢竟再好的理論都不可能不碰到例外。而且，如果德國、日本要發展核武，以他們的力量會做不到嗎？他們竟然可以接受不擁有核武，其實正好說明了核子嚇阻的穩固，確實促進了整個世界的和平。

　　第二類的質疑是，儘管核子嚇阻確實穩固，沒有人膽敢發動玉石俱焚的核子戰爭，但世界並沒有真的因此而和平：冷戰期間美蘇雙方儘管在1970年代形成了核子的相互保證毀滅，但雙方的作戰計畫仍是想打贏而不是避免核子戰爭，同時也都無所不用其極地設法打破相互保證毀滅的僵局，大力投入武器與新科技研發（Mearsheimer 2001: 224-232）。然而，這樣的質疑未免又是以偏蓋全。雖說1980年代美蘇有激烈的軍備競賽，但以相互保證毀滅形成四十餘年來整體的狀況來看，1980年代的軍備競賽其實該說是個徒勞無功的錯誤。否則，如果美蘇應該在1980年代從事軍備競賽，那麼在2000年以後俄國漸漸走出經濟谷底之後，美俄兩國為何沒有重新陷入軍備競賽，反而持續裁減核子武力，並在2010年達成新的核子裁軍條約？或是說，以今天中國的經濟規模與技術水準，早就可以建立與當年蘇聯比美的核子武力，中國爲何不趁美國核子力量持續裁減之際，大力擴充核子武力以取得軍力優勢？

　　第三類的質疑是，儘管核子嚇阻確實穩固，但僅限於核子層面，既然核子武器彼此抵銷，雙方還是可以在傳統武力上較量。可以使用的是所謂「香腸戰術」（salami tactics），每一次傳統攻擊的幅度，都控制在不至於引發核子報復的程度內，如此若能具有傳統武力方面的優勢，就可以快速的行動造成既成事實（fait accompli），逼迫對手就範。實證上的記錄也指出，核子嚇阻並不能使核武國家免於遭受傳統攻擊，1980年代美蘇雙方不僅在核子軍備上較量，傳統武力的競賽也十分激烈（Mearsheimer 1983），雙方就是準備在歐洲大陸上大打一仗。然而，這樣的質疑還是以偏蓋全。儘管1980年代美蘇在傳統武力上競爭，但這就跟當時的核子軍備競賽一樣，是徒勞無功的。否則，爲何2000年以後俄國經濟復甦，這種軍備競賽的局面卻沒有重演？經歷了俄國入侵喬治亞與烏克蘭的衝突，美俄雖然增加了演習也有激烈言詞交鋒，但爲何就是沒有變成新的冷戰？雙方連同其盟友的傳統武力規模爲何還是沒有顯著增加？當然美國這幾年來是經濟低迷，但美國這些年爲何寧可將新增的國防預算用於阿富汗與伊拉克的所謂反恐戰爭？難道這些地帶比歐洲大陸還重要嗎？如果眞是這樣，冷戰軍力對峙的焦點爲何不在中東與中亞呢？

　　第四類的質疑則是，儘管核子嚇阻確實穩固，能夠避免核子戰爭，也使大規模傳統戰爭的機率大幅下降，但卻會增加小型低強度衝突（low-intensity conflicts）的機率，也就是所謂的「穩定—不穩定悖論」（stability-instability paradox）。這樣的論點的確有量化數據上的證據（Rauchhaus 2009: 258-260），而冷戰期間也的確呈現這樣的態勢，美蘇之間沒有發生核子戰爭或大規模傳統戰爭，但是雙方時常以代理人戰爭（proxy war）的形式在全球各地發生大量的低強度衝突。不過，這樣的質疑恐怕還是以偏蓋全。冷戰期間是發生很多美蘇在幕後支助的低強度衝突，但並不代表這些衝突是有必要且有益的。再怎麼說，這些衝突所牽涉弱小而偏遠的國家，荒山野嶺、窮鄉僻壤，如何能影響美蘇的力量對比？以核子武器威力之大、射程之遠，究竟還需要什麼特定的位置來部署？越南？阿富汗？爭奪這樣的國家難道就可以改變美蘇的軍力平衡？如果這樣的弱小國家都值得爭奪，那麼還有什麼國家不值得爭奪？隨著俄國經濟復甦、中國經濟崛起，他們為何不像越戰那樣大力支援恐怖分子來打擊美國呢？

　　簡而言之，質疑核子和平論的主要根據，大都是以1980年代冷戰的升溫為準，但這麼做只會使此後三十年的和緩反倒成了無法解釋的例外。其實，當現象的發展一時之間與理論的預期不符時，並不是理論錯了而是時候未到。如同前文所述，科技與地理和平論也是採結構現實主義環境制約單元的邏輯，但這種制約的力量本不保證單元會立即採取順應環境的行為。當然，不順應環境會被環境懲罰（Lynn-Jones 1995: 680），但懲罰終於生效總是需要些時間，以這四十年來的眼光來看，1980年代的「反常」現象，就可說是這個不順應環境而被懲罰的過程，時間久了還是得服從環境的壓力。科技與地理和平論在核子和平這個論點上，確實如大部分學者所接受，是正確的。

　　只不過，部分的核子和平論在此也是作了過度地宣稱，給人一種好像可以透過選擇特定武器組成而獲致和平的感覺（Betts 1999: 176），流於一廂情願的理想主義（Zakaria 1992: 191-196）。1970年代至今的核子相互保證毀滅，並不是強權國家能在促進和平的小型機動化固態燃料飛彈（易於隱藏且可隨時發射，因而沒有壓力在衝突中搶先使用），與破壞和平的大型固定基地液態燃料飛彈（不易隱藏且準備耗時，因而有壓力在衝突中搶先發射）之間選擇，或是能在速度慢因而尚能有效防禦的飛機，與速度快因而已無法有效攔截的飛彈之間作選擇。這其實是沒有選擇的，科技發展的態勢使得1970年代以前主流的飛機與液態燃料飛彈落伍，小型機動化的固態燃料飛彈脫穎而出成為唯一主宰的核子武器，而其特性正有助於促進和平。我們今天雖然很幸運處在這種科技狀態中，但並不代表在此之前也能有這樣的條件，或是這種條件可以因為我們的主觀願望而永遠地延續下去。

肆、傳統武器的爭論

如果說核子和平論在學界還算大致有共識，科技與地理和平論想要將論述從核子武器繼續擴及傳統武器的範疇，批評質疑的聲浪就強大太多了。不過，這些抨擊對科技地理和平論來說並不是真的致命。

第一類的抨擊認為：核子武器與傳統武器的範疇裡，科技地理和平論的邏輯並不一致。論及核子武器時，邏輯是嚇阻，核子飛彈的攻擊必定成功，於是彼此抵銷；相對的，論及傳統武器時，邏輯則是抵擋，士兵的血肉之軀會被槍砲所阻，戰車、飛機可以被準確的飛彈擊毀。這兩種邏輯卻都被說成是防禦占優勢（Betts 1999: 179-180）。持平而論，嚇阻與抵擋兩者的確是不一樣的，但差別就只是邏輯，與傳統武器或核子武器沒有關係，這從克勞塞維茲的邏輯分析中即可理解。防守這目的較消極的活動如果還較困難就沒有人會採取，意指戰爭只剩下攻擊一種活動，唯一的差別只是行動先後，這其實就是嚇阻——雙方都在攻擊，彼此抵銷。傳統武器也會碰上這種狀況。兩伊戰爭期間雙方以彈道飛彈互相攻擊首都就是如此，面對彈道飛彈來襲沒有辦法有效防禦，只好以攻擊回應攻擊，這就是嚇阻；但傳統彈頭威力不夠大於是雙方都敢於攻擊，而不是雙方都不敢攻擊。換言之，「核子嚇阻」之所以穩固、防止了戰爭，是因為「核子」武器威力之大能夠「保證毀滅」，跟「嚇阻」本身沒有關係。進一步來看，雖然嚇阻與抵擋的確不一樣，但也不是說不能涉法融入同一個概念，因為「理論」本質上就是一種簡化。就此而言，無論是因為攻擊被抵擋會損失慘重而不敢發動攻擊，或是攻擊遭到對等報復會損失慘重而不敢發動攻擊，總之都是不敢發動攻擊。換言之，並不是一定得要將「嚇阻」從防禦的概念中獨立出來，核子相互保證毀滅的嚇阻可視為是一種更強的防禦（Adams 2003: 60），因為無論投入再多的資源都無法打破；至於傳統武器的嚇阻則可視為是較弱的防禦，因為面對對手增加的攻擊能力，得用「一樣多」的力量來予以嚇阻，而不是用「較少」的力量就能抵擋。[3]

　　第二類的抨擊則認為，相對於類別與運用方法單純的核子武器，傳統武器的種類可說是成千上百，遂能有多變的組合運用，如何能將從核子武器發展出來的理論擴及傳統武器呢（Levy 1984; Mearsheimer 1983: 25）？這樣的觀點未免是吹毛求疵：傳統武器種類與使用方式雖然多，但還是可以化約成像是「核子武器」這樣概宏觀的概念來分析。例如，無論刀劍弓矢棍棒矛戟，總之可稱之為冷兵器；不管是槍砲火箭還是炸彈，總之都是靠火藥的爆發力量來推動或產生殺傷力；雖然汽車、輪船、飛機是大小快慢輕重有別，總之都是用機械的力量而不是人力、獸力、或風力（Creveld 2002）。這樣從「冷兵器」演變為「火藥武器」再有「機械化」交通工具，就是等同於「核子武器」出現的分析對象。譬如說，火藥武器的威力使部隊減少裝甲，而兵種類別的單純化（火槍加上刺刀）也減少了布陣與隊形變換所需的時間，部隊移動加快進攻也隨之變得容易（Jones 2001）；或是說，機械化交通工具所具備的載運量與移動速度大幅超越人力與獸力，部隊移加快進攻也變得相對容易（Creveld 1977: 5-36, 234）。

　　第三類的抨擊則認為，儘管傳統武器可以化約，但這些化約都是基於攻擊是動態的而防禦則是靜態的，所以才會根據火力、防護力、機動力這三個也是化約的戰鬥力組成來推導，認為火力的增加（即防護力的減少）有利於防禦，機動力的增加則有利於攻擊。但是，這種動態／靜態的區別，最多只在戰爭中較低的分析層次戰術這一層之上，到了作戰以上的層級，攻防雙方都組合運用動態與靜態的行動，都需要用到火力、防護力、機動力，如何能說某種能力的增加只對攻方或守方有利？（Shimshoni 1990/1991: 191-192; Lieber 2000: 78-81; Biddle 2001: 742-763; Adams 2003/2004: 50-51）這類的批評仍是吹毛求疵。畢竟，就像火力與防護力可以化約為火力，火力與機動

3　今日資訊科技之下視距外精確導引武器的發展就是如此，這類武器數量之多速度之快也無法有效攔截，敵對的雙方變得也只能以這種武器相互瞄準，達成彼此抵銷的嚇阻（楊仕樂，2012：85-88）。

力也可再化約爲機動力：所謂火力不也是在搬運破壞力？何況，就算作戰以上層級攻守雙方都是動態與靜態的聯合，但攻方動態的成分還是高過守方，機動力的提升對攻方的益處還是大過對守方（楊仕樂，2005：153-154；2007：121）。易言之，分析傳統武器科技對戰爭進行的影響，其實關鍵並不是從戰術層級以火力的角度來看，而是得在作戰以上的層級以機動力的角度切入。[4]

　　再進一步來看，第二、三兩類的抨擊相當程度上非常集中在一次大戰這個案例，因爲此時的傳統武器特性，常被科技與地理和平論者認爲，是史上最有利於防禦者，這理應促進和平卻發生了史無前例的世界大戰。當然，就那些最極端的科技地理和平論者，如前文所述就將此歸因於錯誤認知（Evera 1998; Evera 1999；Snyder 1984）；但反對者則認爲，這與其說是錯誤認知，不如說是傳統武器的特性，根本就很難說是對攻擊或防禦有利。一次大戰之際，槍砲火網確實使部隊在前線很難調動而有利於防禦，但這是戰術層次；作戰層級以上，鐵路與電報加快了國家動員集結部隊的能力，反倒有利進攻。這樣一來，此時的科技究竟有利攻擊還是防禦呢？如果一次大戰時是防禦非常有利，爲何率先開戰的德國反而能一路深入到巴黎近郊（Betts 1999: 173）？這種質疑其實是弄錯了比較的對象。一次大戰開戰時法國掉進德國設下的戰略圈套裡，但當時的科技條件使法國最終還是擋住了德國的進攻。要是在前一個時代或後一個時代，法國恐怕就被打敗了（鈕先鍾，1997：291），一如1870年與1940年的情況。[5]

4　從這個角度分析，今日資訊科技之下視距外精確導引武器的發展，將削弱作戰層級上的機動力。因爲這類武器數量之多速度之快無法有效攔截，敵對的雙方互相以這種武器攻擊對方的交通樞紐與運輸載具，將使雙方的部隊都難以調動，這樣會對防禦有利（Yang and Vocke 2011: 54）。

5　於此，不少論點主張1970年代視距內精確導引武器的進步，可謂重現了一次大戰時戰術上火力的優勢。然而，用反戰車飛彈與防空飛彈擊毀戰車與飛機，究竟還是不如用機關槍射殺步兵來得容易；同時，雖說此際地面車輛的機動力增加有限，但飛機的機動力卻是大幅提升。因此，1970年代攻擊其實遠比之前要更容易些。不過，若比起一次大戰之前數百上千年的時光，1970年代攻擊就比較困難了，這是因爲在古時，高度聚集的部隊相對於空間顯得渺小遂比較能自由活動，而且又沒有大量補給消耗的累贅。像亞歷山大東征或蒙古西征這樣的行動，也只有在古代才可能（Creveld 1977: 5-36, 234）。

　　易言之，第二、三類抨擊某種程度上反映的，可說是國際關係學界與科技地理和平論的軍事史／戰略研究此一淵源之間的隔閡。雖然都關心戰爭，但國際關係研究的重點是戰爭的「前因」與「後果」，但所不重視的「過程」，卻剛好是與軍事史／戰略研究的焦點（Betts 1997: 10）。於是乎，第二與第三類的抨擊以軍事史／戰略研究領域的眼光來看實在有點莫名其妙，因為這些疑惑都是老早就已經釐清的。為了向國際關係學界證明，科技對攻守相對難易度的影響是真的可以確定，科技與地理和平論的研究反而更是專注於研究戰爭的過程（楊仕樂，2007），以致疏於呈現這種攻守難易程度的變化在何種程度上影響了戰爭與和平，但這其實才是科技與地理和平論的初衷。

伍、較晚近的發展

　　科技與地理和平論所引起論戰的高峰，大約是在1990年代後期到2000年代初期，此後則漸漸趨於沈寂，不過仍有一些發展嘗試繼續探索。這些較晚近研究的特點，是把地理因素帶回理論之中。儘管在1978年提出時，地理因素是與科技因素並列的，但地理因素隨後卻幾乎在相關探討中消失，科技與地理和平論就好像只是科技和平論一樣。當然，無論是地緣政治學者（Spykman 1944），或是國際關係學者（Ross 1999），討論地理因素如何影響和平的著作也不在少數，但都不是以建立通則化理論為目標。這種現象也很可以理解。一方面，地理因素若要有的巨大變動可能要幾十萬或幾百萬年，以人類歷史的維度來看等於是固定的，而且地理因素的影響也沒什麼爭議，早如孫子兵法就已經寫道一些地形是不利雙方進攻的，應該不必再討論才是。另一方面，地理因素的分布在地球上很不平均，除非在小範圍之內，很難設想有整個國際體系普遍的地理因素特徵。不過，在較晚近的科技與地理和平論看來，沒有適當地考慮地理因素終究會有侷限，某種程度上也正是科技與地理和平論的弱點。

核子嚇阻的相互保證毀滅就是其中之一。如同前文所述，儘管學界大致上同意核子和平的說法，但進一步來看這所謂「促進和平」，其實是與相互保證毀滅達成之前相比。在飛機與液態燃料飛彈仍是主要的核子武器時，美蘇的冷戰最火熱、雙方在核子武力的競爭上也最激烈；固態燃料飛彈取而代之以後，美蘇冷戰則開始降溫，雖有1980年代的短暫回溫，但整體上和緩一直延續至今。但是，如果與核子武器出現以前相比，核子武器的相互保證毀滅可就是妨礙和平的因素了：試想，若非核子武器強大的威力可以越洋毀滅對手，美蘇有任何衝突的必要嗎？就算核子武器已是相互嚇阻而抵銷，但若沒有核子武器根本連這方面的投資都不需要（楊仕樂，2014：158），美國在冷戰以前根本沒有大型的常備軍，冷戰其實就是核子武器的產物。從此即可發現，說核子相互保證毀滅促進和平，其實應該只適用在那些本來以傳統武器就可以相互毀滅的強權國家，在這種情況裡核子相互保證毀滅使他們只需準備比較小的傳統武力抵擋有限的傳統攻擊即可，進一步的升高都可用核子武器嚇阻（Yang 2013: 39-41, 46-47）。這種同樣科技在陸路相鄰與大洋阻隔兩種不同情況裡產生的不同影響，正是科技與地理和平論不能不考慮地理因素的例證之一。[6]

在傳統武器的範疇也有類似的現象。就以被認為是歷來防守最占優勢的一次大戰時代來說，槍砲射速、威力、射程大幅提升，而運輸與通訊科技卻沒有同步強化，固然是此時防禦極占優勢的原因。但是，光只是這樣的科技因素並不足以註定一次大戰形成大家印象中壕溝戰僵局，地理因素也一樣很關鍵。一次大戰中真正有難以越雷池一步的僵局，其實只在法國北部的西部戰場，這裡空間相對較侷促，所以才有辦法形成綿延不絕的壕溝戰線。相對

6　類似的，今日資訊科技之下視距外精確導引武器發展所產生的影響，在註3與註4的解析中是正好相反：前者是嚇阻這較弱的防禦，後者卻是有利防禦而使防禦增強。這兩種狀況就是得考慮地理因素才能決定何種適用。雙方如果距離較近，武器射程可以完全涵蓋，沒有調動部隊的需要，就適用註3所述的邏輯；如果距離較遠，武器射程還不足以完全涵蓋，仍有調動部隊的需要，就適用註4所述的邏輯。

的，到了空間有三倍寬的東部戰場，雙方則是你來我往地拉距，前線變動的幅度要比西部戰線大上數十倍。戰爭期間德奧軍隊在俄國戰場前進最遠處，幾乎囊括了今天波羅的海三小國、白俄羅斯、與烏克蘭的大部分，與二次大戰相比不遑多讓。從這個角度就不難解釋，為何在一次大戰這個時代的科技條件下，竟然還是引發了世界大戰：因為綜合了東部戰場的地理條件之後，此時的科技並不足以阻止德國對俄國發動有效的進攻，而一次大戰本來就可說是德國對俄國的預防性戰爭（Copeland 2000）。易言之，德國當時為何採取西攻東守的戰略是需要以錯誤認知來解釋，但德國發動一次大戰可不盡然是個錯誤。[7]

有了這些個別的線索，較晚近的科技與地理和平論更嘗試提出通則化的理論（Yang 2015）。首先，為了能夠從整個體系的角度處理地理因素，一種高度抽象的方式被採用了：不考慮海陸分布與地形起伏，而考慮強權國家彼此之間的平均距離，以及強權國家的平均面積大小。[8]其邏輯是較遙遠的距離妨礙攻擊，而較大型的強權也比較難在一次攻擊中就予以消滅（Yang 2015: 37-43）。接下來，為了讓科技因素能夠與平均距離與平均面積大小的數值加總計算，武器的射程被選出成為代表機動力的主要指標（Yang 2015: 34-37）。另一方面，為了能夠概括和平時光中對和平威脅的大小，軍力占經濟規模的比例被選出當作呈現戰爭和平大趨勢的指標（Yang 2015: 44-46）。從此科技與地理因素的綜合，以及戰爭和平大趨勢的綜合，都可以數字表示並化成折線，兩者起伏的趨勢也正大致符合此一通則化理論的預期（Yang 2015: 96-97）。不過，上述晚近的論點出現實時間尚短，並未引起新的討論。

7　只是，像這樣認為德國發動一次大戰並非錯誤政策的觀點，主要是來自科技與地理和平論的反對者（Lieber 2007）。

8　這種方式類似但不同於「期望效用生成與資料管理計畫」（Expected Utility Generation and Data Management Program，http://eugenesoftware.org/）資料庫所能提供的國家首都間距離與領土接壤資料。稱之為高度抽象，是指地形地物與海陸分布等實際存在的地表特徵差異，在這種方式裡都被化約、省略了。

陸、結語

　　戰爭與和平的核心關注，加上科技與地理的客觀物質因素，科技與地理和平論因而對一些國際關係研究者有相當大的吸引力，它有著軍事史與戰略研究的淵源，並以「攻守理論」之名出現在國際關係中的現實主義陣營，但有別於現實主義中關注於強權國家力量相對分配的主流理論。不過，從本文的介紹中可以發現，「攻守理論」之名使科技與地理和平論模糊了焦點，而部分主觀願望太強烈的論點，也使科技與地理和平論染上理想主義的色彩。在核子武器與傳統武器兩個研究焦點之下，核子和平之說大致為學界所接受，但某種特定傳統武器的性質也能阻止戰爭發生的論點，則遭到猛烈的抨擊。這在一定程度上反映出科技與地理和平論軍事史／戰略研究的淵源與國際關係學界看似相近，實有深刻的鴻溝：科技與地理和平論的核心邏輯其實是清楚無誤的，但這些在軍事史／戰略研究範疇內很平凡的論述，對國際關係學界卻顯得陌生。當然，科技與地理和平論也確實有他自己的不足之處，尤其是未能充分認清，唯有同時考慮地理因素與科技因素，才能釐清許多在解釋上所遭遇的疑點。這部分在較晚近的研究中已有所處理，但是否能為學界接受則有待觀察。

　　那麼，在最後，以迄今的發展來看，科技與地理和平論算不算是個優良的理論呢？這恐怕要看我們用什麼樣的標準。如果以解釋一些特定情境與案例來說，科技地理和平論是有其獨到之處，例如同樣是在美蘇對抗的兩極體系內，科技地理和平論能夠說明冷戰局勢的起伏，或是印巴的衝突為何沒有再釀成戰爭。若以野心最大的通則化理論來說，想要把許多還不錯的片段組合在一起，科技地理和平論則的確不能說表現得很好，一直到最近才有出現邏輯比較嚴謹的論述，但還未獲得學界認可。不過，就算是迄今最成功的通則化理論，也就是兩極體系促進和平的論點，同樣也還是受到很大的挑戰，被質疑是根本沒有解釋力（Kegley and Raymond 1992: 573-585）。換言之，對於科技與地理和平論，其實也不用太過苛責，通則化理論本來就是困難的，國際關係比起物理化學等自然科學，畢竟還是非常年輕的學科，科技與地理和平論就像國際關係學界中其他也尋求通則化的理論一般，都值得持續努力探索。

參考文獻

一、中文部分

鈕先鍾，1997，《歷史與戰略》，臺北：麥田出版社。

楊仕樂，2005，〈攻守理論爭辯之評析〉，《問題與研究》，第44卷第1期，頁141-167。

楊仕樂，2007，〈攻守理論的實證檢驗：案例比較研究1914~1973〉，《政治科學論叢》，第33期，頁117-150。

楊仕樂，2012，〈評判反介入／區域拒止下的「海空戰」概念〉，《問題與研究》，第51卷第4期，頁71-94。

楊仕樂，2014，〈美中強權政治的悲劇宿命？米夏摩理論的探析〉，《東吳政治學報》，第32卷第3期，頁131-172。

鈕先鍾譯，Clausewitz, Carl. von著，1980，《戰爭論》，臺北：軍事譯粹社。譯自 *On War*. Princeton: Princeton University Press. 1976.

二、外文部分

Adams, Karen Ruth. 2003/ 2004. "Attack and Conquer?" *International Security* 28(3): 45-83.

Buzan, Barry G. 1993."Rethinking System and Structure." In Barry Buzan, Charles Jones, and Richard Little (eds.), *The Logic of Anarchy: Neorealism to Structural Realism*. New York: Columbia University Press, 20-80.

Betts, Richard K. 1997. "Should Strategic Studies Survive?" *World Politics* 50(1): 7-33.

Betts, Richard K. 1999. "Must War Find a Way?" *International Security* 24(2): 166-198.

Biddle, Stephen. 2001. "Rebuilding the Foundations of Offense-Defense Theory." *The Journal of Politics* 63(3): 741-774.

Copeland, Dale C. 2000. *The Origins of Major War*. New York: Cornell University Press.

Creveld, Martin van. 1977. *Supplying War*. London: Cambridge University Press.

Creveld, Martin van. 2002. *Technology And War*. New York: The Free Press.

Davis Jr., James W.; Bernard I. Finel; Stacie E. Goddard; Stephen Van Evera; Charles L. Glaser; Chaim Kaufmann. 1998/1999. "Correspondence: Taking Offense at Offense-Defense Theory." *International Security* 23(3): 179-206.

Evera, Stephen Van. 1998. "Offense, Defense, and the Causes of War." *International Security* 22(4): 5-43.

Evera, Stephen Van. 1999. *Cause of war: Power and the Roots of Conflict.* Ithaca and London: Cornell University Press.

Fuller, J.F.C. 1992. *The Conduct of War, 1789-1961: A Study of the Impact of the French, Industrial, and Russian Revolutions on War and its Conduct.* New York: Da Capo Press.

Glaser, Charles L. and Chaim Kaufmann. 1998. "What is the Offense-Defense Balance and Can We Measure It?" *International Security* 22(4): 44-82.

Gortzak, Yoav, Yoram Z. Haftel and Kevin Sweeney. 2005. "Offense-Defense Theory: An Empirical Assessment." *Journal of Conflict Resolution* 49(1): 67-89.

Hopf, Ted. 1991. "Polarity the Offense-Defense Balance and War." *American Political Science Review* 85(2): 475-493.

Jervis, Robert. 1978. "Cooperation under the Security Dilemma." *World Politics* 30(2): 167-214.

Jones, Archer. 2001. *The Art of War in the Western World.* Urbana and Chicago: University of Illinois Press.

Kegley, Jr., Charles W., and Gregory A. Raymond. 1992. "Must We Fear a Post-Cold War Multipolar System?" *The Journal of Conflict Resolution* 36(3): 573-585.

Knopf, Jeffrey W. 2002. "Recasting the Proliferation Optimism-Pessimism Debate." *Security Studies* 12(1): 41-96.

Lavoy, Peter R. 1995. "The Strategic Consequences of Nuclear Proliferation A Review Essay." *Security Studies* 4(4): 695-753.

Lieber, Keir A. 2000. "Grasping the Technological Peace." *International Security* 25(1): 71-104.

Lieber, Keir A. 2007."The New History of World War I and What It Means for International Relations Theory." *International Security* 32(2): 155-191.

Levy, Jack S. 1984. "The Offensive/ Defensive Balance of Military Technology: A Theoretical and Historical Analysis." *International Studies Quarterly* 28(2): 219-238.

Legro, Jeff, and Andrew Moravcsik. 1999. "Is Anybody Still a Realist?" *International Security* 24(2): 5-55.

Lynn-Jones, Sean M. 1995. "Offense-Defense Theory and Its Critics." *Security Studies* 4(4): 660-691.

Mearsheimer, John J. 1983. *Conventional Deterrence.* London: Cornell University Press.

Mearsheimer, John J. 2001. *The Tragedy of Great Power Politics.* New York: W. W. Norton &

Company.

Most, Benjamin A., and Harvey Starr. 1983. "Conceptualizing 'War': Consequences for Theory and Research." *Journal of Conflict Resolution* 27:137-159.

Most, Benjamin A., and Harvey Starr. 1989. *Inquiry, Logic and International Politics*. Columbia: University of South Carolina Press.

Quester, George H. 1977. Offense and Defense in the International System. New York: John Wiley & Sons.

Rajagopalan, Rajesh. 2006. "What Stability-Instability Paradox? Subnational Conflicts and the Nuclear Risk in South Asia." *SASSU Research Paper* 4: 3-12.

Rauchhaus, Robert. 2009. "Evaluating the Nuclear Peace Hypothesis: A Quantitative Approach." *Journal of Conflict Resolution* 53(2): 258-277.

Ross, Robert. 1999. "The Geography of Peace: East Asia in the Twenty-First Century." *International Security* 23(4): 81-118.

Senese, Paul D., and John A. Vasquez. 2008. *The Steps to War: An Empirical Study*. Princeton: Princeton University Press.

Snyder, Jack. 1984. *The Ideology of the Offensive: Military Decision Making and The Disasters of 1914*. Cornell: Cornell University Press.

Snyder, Jack. 1991. *Myths of Empire: Domestic Politics and International Ambition*. Ithaca New York: Cornell University Press.

Spykman, Nicholas J. 1944. *The Geography of the Peace*. New York: Harcourt, Brace and Company.

Waltz, Kenneth N. 1979. *Theory of International Politics*. New York: McGraw-Hill Publishing Company.

Waltz, Kenneth N. 1986. "Reflections on *Theory of International Politics*: A Response to My Critics." In Robert O. Keohane ed. *Neorealism and Its Critics*. New York: Columbia University Press, 322-345.

Waltz, Kenneth N. 1995. "Realist Thought and Neorealist Theory." In Charles W. Kegley (ed.), *Controversies in International Relations Theory: Realism and the Neoliberal Challenge*. New York: St. Martin's Press, 67-82.

Yang, Shih-yueh. 2013. "Power Transition, Balance of Power, and the Rise of China: A Theoretical Reflection about Rising Great Powers." *The China Review* 13(2): 35-66.

Yang, Shih-yueh. 2015. *The Interaction-Structure Theory in International Politics*. Taichung: Elephant

White.

Yang, Shih-Yueh & William C. Vocke Jr. 2011. "Myths about Anti-Ship Ballistic Missiles." *Issues & Studies* 47(4): 43-62.

Zakaria, Fareed. 1992. "Realism and Domestic Politics: A Review Essay." *International Security* 17(1): 177-198.

第七章 義戰理論與全球正義

郭祐輯[*]

壹、前言

　　國際關係學者的研究內容可以概略分成實證研究與規範性議題。實證研究的目的是提出關於變數之間因果關係的假設，並以證據檢驗提出的假設。舉例來說，學者探討的問題包括：戰爭發生的原因為何？國際的權力結構是否會影響國家的外交政策？全球化是否削弱國家權力？相較之下，探討規範性議題的目的並非尋求價值中立的實證研究來解釋國際關係，而是分析能否從特定的規範性前提推論出關於國際關係規範性結論（Suganami 2005: 34）。舉例來說，學者探討的問題包括：人類的平等道德價值是否代表國家有責任消弭全球的貧富差距？人類享有的基本自由是否包括國際遷徙自由？國家的政治獨立與領土完整這兩個重要價值是否隱含國家可以發動戰爭來保護這兩項價值？

　　當代國際關係規範性理論的蓬勃發展可以追溯至1970年代末期。學者Michael Walzer在1977年出版《*Just and Unjust Wars: A Moral Argument with Historical Illustrations*》，探討在哪些情況下戰爭的發動與進行具有正當性。學者Charles Beitz在1979年出版《*Political Theory and International Relations*》，將John Rawls的正義論運用到國際關係，分析國家間的分配正義。這兩本經典著作帶起後續學者對於義戰理論與全球分配正義的無數討論。

　　近年來部分學者試圖結合義戰理論與全球分配正義這兩個研究主題，討論國家或個人能否發動正義的戰爭來實現全球分配正義（Altman and Well-

---

[*]　國立中正大學政治系與戰略暨國際事務研究所合聘助理教授。

man 2009: 149-53; Fabre 2012; Rasmussen 2013; Overland 2011; Tadros 2014）。雖然學者對於全球分配正義戰爭的深入研究始於最近幾年，但是相關討論在更早的時期已經出現。Beitz在1975年的一篇論文中提到，資源貧乏的國家也許可以發動戰爭來取得維持國內社會正義以及保障人權的必要資源，這樣的戰爭不一定是不正義的戰爭，而且被攻擊的資源富足國家不能正當地自衛（1975: 371, 388）。[1]Robert Heilbroner曾擔憂也許戰爭是貧窮國家能改善他們自身困境的唯一手段（1980: 42）。此外，David Luban認為遭遇飢荒的國家可以向鄰國發動正義的戰爭取得生存所需的食物（1980a: 177）。除了這些當代作品外，在義戰理論的傳統中，Hugo Grotius（2005: Book II, Chapter II, Sections VI-IX）、Samuel Pufendorf（1934: II, VI; 1991: 55）、Emmerich de Vattel（2008: II, IX, §117-120）、與Christian Wolff（1934: §338-340）也提到，國家面臨緊急危難時可以行使「緊急避難權利」（right of necessity）取得生存所需的資源。

　　本文焦點為全球分配正義戰爭，並探討這個議題對於義戰理論未來研究方向的影響。本文第貳節簡短介紹義戰理論的內涵，以利後續討論。第參節將全球分配正義戰爭置於義戰理論的歷史發展脈絡下，說明這個議題如何從學者對國家自衛戰爭與人道干預的討論中浮現出來。第肆節討論全球分配正義能否成為發動戰爭的正當理由。第伍節從全球分配正義戰爭的議題指出義戰理論的兩個未來研究方向。

貳、義戰理論

　　戰爭是否正當？義戰理論對這個問題的立場落在和平主義與現實主義中間（Coates 1997）。不同於和平主義（pacifism）完全拒絕戰爭，義戰理論認為某些戰爭具有正當性。不同於現實主義（realism）認為戰爭的發動與

1　這兩個段落後來也出現在Beitz（1979: 142, 175-6）。

手段沒有任何道德原則可以規範，義戰理論認爲只有在滿足某些條件後，戰爭的發動與手段才具有正當性。

　　義戰理論的發展最早可追溯至古羅馬時期的西賽羅（Cicero）與聖奧古斯丁（St. Augustine）。[2]經過長時間的發展，當代學者認爲正義的戰爭包含兩大元素：發動戰爭的正義（jus ad bellum）與戰爭手段的正義（jus in bello）。[3]「發動戰爭的正義」規範的是特定戰爭本身是否合乎正義標準，包括六個條件：第一，發動戰爭的理由是否正當（just cause）；第二，發動戰爭的意圖是否正確（right intention）；第三，發動戰爭的一方是否擁有正當權威（legitimate authority）；第四，戰爭是否有合理成功機率（reasonable chance of success）；第五，戰爭是否爲最後手段（last resort）；第六，戰爭是否符合比例原則（proportionality）。

　　「戰爭手段的正義」規範的是戰爭進行的手段是否合乎正義標準，包括兩個條件：第一，手段是否符合比例原則；第二，是否符合區別原則（principle of discrimination）。戰爭進行時必須區別士兵與平民，只有前者是正當攻擊目標，後者享有豁免（noncombatant immunity）。[4]

　　戰爭必須同時符合「發動戰爭的正義」與「戰爭手段的正義」，才能成爲正義的戰爭。換句話說，就算一個國家面對他國的侵略，擁有發動國家自衛戰爭的正當原因，這也不代表這個國家可以採用各種手段，例如大規模屠殺侵略者國內的平民，來達成國家自衛的目標。

2　關於義戰理論的歷史，參閱Johnson（1975; 1981）與Bellamy（2006）。

3　近年來學者加上第三項條件：戰爭結束後的正義（jus post bellum），參閱Orend（2002）與Bass（2004）。

4　近年來義戰理論學者發表無數的文章與書籍非常熱烈地辯論區別原則（Rodin and Shue 2008; Frowe and Lang 2014; Frowe 2014; Fabre 2012）。傳統的義戰理論學者，例如Walzer，認爲(1)交戰雙方的士兵有平等攻擊對方士兵的權利，此即士兵的道德平等地位原則（moral equality of combatants）；(2)士兵不得攻擊平民，此即平民豁免原則（noncombatant immunity）；(3)前兩項原則意味著「發動戰爭的正義」獨立於「戰爭手段的正義」。不同於傳統的義戰理論學者，Jeff McMahan（2009）認爲戰爭的正當攻擊目標應該是對於戰爭所要反抗的不義需負起道德責任的人，這代表(1)只有爲了正當原因而戰鬥的士兵才有正當攻擊的權利，缺少正當原因的一方其士兵沒有攻擊的權利；(2)即使是平民，例如決定發動侵略戰爭的政府官員，也要爲不正義的戰爭負起道德責任，可以被當成正當的攻擊目標；(3)所以「戰爭手段的正義」受到「發動戰爭的正義」限制，兩者不是獨立的議題。

　　義戰理論學者探討的內容著重在這些條件的內涵與必要性（Lee 2012; Coady 2008; Frowe 2011; Orend 2006; Christopher 2004; Johnson and Patterson 2015）。例如，發動戰爭的正當理由有哪些？個人是否擁有發動戰爭的正當權威？是否只有正當的國家才有發動戰爭的正當權威？發動正義的戰爭是否需要正確的意圖？如何計算發動戰爭的比例原則？何謂窮盡各種戰爭之外的手段？正義的戰爭是否一定要有合理的成功機率？這些問題也受到國際上實際使用武力的各種型態所影響。冷戰時期的核子嚇阻、殖民地解放與不對稱戰爭、911事件後的恐怖主義、1999年北約未經聯合國授權對科索沃進行人道干預、美國在2003伊拉克戰爭所展現的先制打擊與預防性戰爭思維、近年來更爲普遍的無人機、私人軍事公司與網路戰等議題都驅使學者思考如何運用義戰理論的原則來衡量這些武力使用的正當性，以及這些議題是否代表需要修正義戰理論各原則的傳統詮釋。

參、戰爭的正當理由

　　在「發動戰爭的正義」與「戰爭手段的正義」眾多標準中，最重要的莫過於發動戰爭的正當理由。[5]如果一場戰爭沒有正當的發動理由，則我們不必考慮這場戰爭是否符合其他的義戰標準（McMahan 2005: 5）。何謂發動戰爭的正當原因？從義戰理論的發展歷史來看，義戰的概念源自於反抗不義，爲了反抗不義所以必須使用武力來執行正義或阻止他人的罪行（Johnson 1999: 31）。十六世紀的西班牙法學家Francisco de Vitoria認爲，除非國內人民犯下罪刑，否則政治領導人不能對自己的人民使用武力，而政治領導人也只能在相同的情況下對他國人民使用武力（Vitoria 1991: 303-304）。十八世紀的國際法學家Emmerich de Vattel也有相同看法，他認爲發動正義戰爭的正當理由是阻止或反抗他人侵犯權利所帶來的傷害（Vattel 2008:

5　Johnson認爲正當權威的重要性高於正當原因（2014）。

Book III, Chapter III, Section XXVI）。根據這些看法，義戰不得攻擊無辜的人民或國家，因爲戰爭發動的正當理由是爲了阻止或反抗權利被侵犯所帶來的傷害，所以只能攻擊那些對自己造成傷害的他人或國家。至於哪些具體的傷害可以使用戰爭來阻止或反抗？義戰理論的傳統強調三種發動戰爭的正當理由：自衛、懲罰、取回被他人不當奪走的物品（Johnson 1999: 31; Grotius 2005: II）。

值得注意的是，根據上述看法，正義的戰爭並不限於防衛性戰爭。雖然義戰的概念源自於阻止或反抗不義，但不代表義戰的形式只限於防衛性戰爭。對他國人民發動攻擊性的戰爭也可以是正義的戰爭，只要這場戰爭是爲了阻止或反抗他國對於自己的權利所帶來的傷害。這一點可見於歷史上眾多關於義戰理論的著作中（Suárez 1944: 803-804; Vitoria 1991: 297-298; Pufendorf 1991: 168），他們把戰爭區分成防衛性與攻擊性，正義的戰爭除了包括防衛性戰爭外，也包括某些攻擊性的戰爭。

但是這種看法到了第一次與第二次世界大戰後有了改變。面對第一次世界大戰所帶來史無前例的大規模毀滅後，1928年各國簽訂《凱洛格－白里安公約》（Kellogg-Briand Pact）放棄把戰爭當成外交政策工具或是解決國際爭端的手段。第二次世界大戰後，聯合國成立，其憲章規定只有在兩種情況下會員國可以發動戰爭：第一，根據憲章第39條與第42條，聯合國安理會應判斷國際間是否存在侵略行爲或是對於和平的威脅與破壞，並可採取必要的海陸空行動來維持國際和平與安全；第二，根據憲章第51條，會員國面臨他國武裝攻擊時，可以行使個別或集體自衛權利。從第一次與第二次世界大戰之後的發展看來，正義的戰爭被限縮至防衛性戰爭。國家不再可以發動攻擊性戰爭來捍衛或執行其權利，只有受到攻擊或面對破壞和平的侵略者時，國家才能發動戰爭來自衛或維持和平。發動戰爭的正當原因從反抗不義限縮成反抗侵略。

這種限縮戰爭正當理由的看法體現在當代討論義戰的經典著作——Walzer的《Just and Unjust Wars: A Moral Argument with Historical Illustrations》。他認爲，國家享有領土完整與政治獨立的權利。當他國使用武力危及本國這兩項權利時，該行為即構成侵略，「只有侵略才能證成戰爭」（Walzer 2000: 62）。國家享有這兩項權利，因為侵略戰爭不只危及本國人民的生命，也危及本國人民在經過長時間合作與互動後所創造出來的共同生活（Walzer 2000: 53-54, 254）。

　　把義戰限縮至國家自衛戰爭後產生的問題是，人道干預可否為發動戰爭的正當理由（Teson 2005; Holzgrefe and Keohane 2003; Buchanan 2004）？[6]當一個國家的政府大規模地侵犯自己國內人民的基本人權時，即使這個國家沒有對外發動侵略戰爭，其他國家能否使用武力干涉，阻止該國政府侵犯國內人民的基本權利？出兵干預的國家似乎對該國發動侵略戰爭，但是這種戰爭的目的又是為了保護他國人民的基本人權。這種情況下人道干預是否可成為出兵的正當理由？

　　為了處理人道干預的正當性問題，學者David Luban建議將焦點從國家維持領土完整與政治獨立的權利轉向人類的基本權利。Luban首先運用學者Henry Shue（1996）的基本權利理論，把安全權、存活權、與自由權定義為社會基本人權，因為唯有這三種權利的保障安全無虞後，人類才能享有其他人權。Luban接著提出義戰成立的兩種情況（1980a: 175）：一、「符合比例原則下，捍衛社會基本人權的戰爭」；二、「對抗不義戰爭的國家自衛」。Luban對於不義戰爭的定義是：1.「侵犯人權的戰爭，不論侵犯的權利是否為社會基本人權」；同時，2.這樣侵犯人權的戰爭「也不是以捍衛社會基本人權為目的」。根據上述1.與2.，傳統的侵略戰爭屬於不義戰爭，因為侵略戰爭侵犯當地人民的人權，同時侵略戰爭的目的也不是捍衛社會基本人權。根據二，面對侵略時國家的自衛戰爭具有正當性，因為這是對抗不義戰爭的國家自衛。根據一，人道干預是正義的戰爭因為這是捍衛社會基本人權的戰爭。此外，根據2.，人道干預也不屬於不義戰爭。

6　人道干預也是眾多學者對於Walzer理論的質疑之一（Walzer 2000: 86-108, 1980; Doppelt 1978; Luban 1980a; 1980b）。Walzer認為在極端危急情況下，例如某個國家內部發生大屠殺、奴役、與大規模驅逐時，其他國家可以出兵干預，因為這時候我們不能再預設政府與政治社群之間是相互契合。批評者則認為Walzer設定了過高的人道干預最低門檻。

Luban理論的創新處有兩點。第一，將戰爭發動的正當原因從捍衛國家領土完整與政治獨立轉變爲捍衛人權，使人道干預成爲正義的戰爭。第二，國家也可以爲了保護社會與經濟權利出兵干預其他國家。Luban的社會基本人權包含安全權、存活權、與自由權。如果我們把權利區分成公民與政治權利以及社會與經濟權利，自由權與安全權屬於公民與政治權利，而存活權（subsistence right）屬於社會與經濟權利。存活權關乎的是人類最小限度的經濟安全，特別是能否取得維持健康與積極生活所需的資源（Shue 1996: 23）。換句話說，除了大屠殺、種族滅絕、奴役、與種族清洗等情況外，當一國政府大規模侵犯自己人民的社會與經濟權利時，這也構成他國出兵干預的正當理由（Caney 2005: 234; Brock 2009: 173-89; Doyal and Gough 1991: 113-4; Miller 2007: 132-3; 2002: 55-6）。

至此，我們可以看到在義戰理論中，「發動戰爭的正當理由」這個條件的內涵轉變，從反抗不義限縮至反抗侵略，再從反抗侵略轉變成捍衛人權，而戰爭所要捍衛的人權除了屬於公民與政治權利的自由權與安全權外，也包括屬於社會與經濟權利的存活權。

肆、全球分配正義戰爭

如果捍衛存活權可以成爲出兵他國干預的正當理由，貧窮國家或窮人本身能否對他國發動戰爭來保障自己的存活權？近年來眾多學者強調全球分配正義的重要性，認爲分配正義原則的適用範圍應該不限於國內而必須延伸到全體人類。這些學者或許不同意全球分配正義的內涵、目標、與基礎，但是他們都同意某種程度而言已開發國家對於全球的貧窮問題應負起政治與道德責任，特別是當全球的窮人無法滿足其基本需求時（Caney 2005; Brock 2009; Beitz 1979; Pogge 2008; Nussbaum 2006; Rawls 1999a; Miller 2007; Blake 2013）。既然如此，執行全球分配正義能否成爲發動戰爭的正當原因？[7]本節將討論三種論證方式。

一、Grotius的緊急避難權利

　　Grotius認爲人類在面對緊急危難時，可以行使「緊急避難權利」
（right of necessity）取得他們生存所需的資源（2005: Book II, Chapter II,
Sections VI-IX）。這項權利從何而來？Grotius的解釋如下（2005: Book II,
Chapter II）：私有財產制度出現之前，地球是人類的共同財產，因爲地球
是上帝給予人類的禮物。在這段時期，人類擁有使用地球資源這些共同財產
來維生的權利。私有財產制度出現後，當人們面臨緊急危難時，使用共同財
產維生的權利會再次生效，此即緊急避難權利。緊急避難權利之所以存在是
因爲，人類當初在制訂私有財產制時，會希望保留此項權利，以保障自己的
生存。如果行使緊急避難權利過程被他人所阻礙，這就構成發動戰爭的正當
理由。

　　學者Cécile Fabre在討論全球分配正義能否成爲發動戰爭的正當原因
時，曾提及Grotius的緊急避難權利（2012: 103-5），但沒有對Grotius的理
論做深入探討。然而Grotius的理論在世俗化的年代不一定能被多數國家所
接受，因爲Grotius的緊急避難權利奠定在地球是上帝給人類的共同財產這
種宗教色彩濃厚的想法之上。[8]即便如此，我們還是可以透過三個前提來
重建地球是人類共同財產的概念：首先，大自然提供所有的資源給人類，而
且大自然並沒有區分哪些資源是屬於誰的（Grotius 2004: 85）。這些資源是
大自然所提供，而非特定的人所創造。然而，這第一個前提還不足以證明地
球是人類共同財產。「天然資源並非特定的人所創造」也可能隱含「所有人
都不得使用天然資源」，而非「所有人都可以使用天然資源」。第二個前提
是，人類維生必須使用天然資源。根據第三個前提，人類取得生活所需使用

7　本文只討論執行全球分配正義能否成爲發動戰爭的正當原因，而非討論全球分配正義能否滿足
　　義戰理論的所有條件。相關討論除了本文前言所引用的文獻外，參閱Statman（2014）、Rodin
　　（2014）、Pogge（2013）、Coady（2008: 83）、Räikkä（2014）、Orend（2006: 32-3）。
8　近年來探討全球正義的文獻中，Mathias Risse將地球是人類共同財產的想法做了最深入的探討
　　與廣泛的應用（2012）。

的資源是被允許的（Grotius 2006: 23）。透過這三個前提，我們可以不援引神學概念但依然推論出地球資源是人類所共有的財產，對於這些共同財產的使用，沒有人可以被排除在外。

　　然而，面對當代貧窮國家的困境，Grotius的緊急避難權利無法提供適當的解決方式。[9]貧窮國家為了保障其人民的基本需求與存活權，他們或許需要取得天然資源。除了天然資源外，他們或許也需要取得關鍵的科技與技術，需要全球政治與經濟制度的改革，以及更公平的貿易制度。但是，Grotius的緊急避難權利在這裡遇到兩個難題：第一，有些關鍵的科技或技術是由其他國家所研發出來，而非如天然資源般由大自然所提供，如此一來，緊急避難權利是否涵蓋取得他人所研發出來的科技或技術？Grotius對這個問題的立場不明。一方面，如上所述，緊急避難權利源自於大自然所提供的天然資源是人類共同財產，所以無法涵蓋他人研發出來的科技或技術（Risse 2008: 286）；另一方面，當Grotius舉例說明緊急避難權利時，他認為住家發生火災時我們可以摧毀他人的房子來保護自己的房子（Grotius 2005: TRWP, Book II, Chapter II, Section VI, Paragraph 3）。可見，行使緊急避難權利包含使用他人所創造出來的財產。這兩種分歧看法是Grotius的理論需解決的問題（Masaharu 1993: 250）。

　　第二，Grotius的緊急避難權利只涵蓋有形的物體，並不包含無形的技術或制度。[10]Grotius認為使用共同財產的權利與私有財產權都建立在身體與物品的實際接觸上（Grotius 2006: 318），所以緊急避難權利並無法涵蓋抽象的技術或知識。這兩個難題導致Grotius的緊急避難權利過於狹隘，過於限縮當代貧窮國家解決自身困境可採用的方法。

9　本文立場並非認為Grotius在十七世紀提出緊急避難權利的想法是為了處理全球貧窮的問題，而是試圖分析能否運用Grotius的概念來處理當代的全球正義議題。

10　這一點可與J. S. Mill的立場相比較（1991: 200），Mill認為為了救命，除了可以以武力取得必要的食物或藥物外，也可以強迫醫師救人。相同地，Cecile Fabre認為拯救他人的責任包括提供必要資源與服務（2007: 366）。

二、Fabre的存活權

Fabre提出世界主義（Cosmopolitanism）的正義理論（2012: 16-38）。[11]這個理論認為人類享有平等的道德價值，正義原則必須給予所有人平等的關懷與尊重。給予所有人平等的尊重意味著每個人要有平等的機會過著最低限度的美好生活。過著最低限度的美好生活是所有人的共同根本利益，這樣的生活指的是個人擁有下列基本能力：生命、身體、健康、身體的完整性、情感與智力的發展、掌控物質資源、以及掌控社會與政治環境。這個共同根本利益的重要性也代表，不論國籍，所有人都具有以下權利來保障他們過著最低限度的美好生活所需要的自由：政治與公民權利以及福利權。同時，所有人也負有相對應的義務來保障他人的政治與公民權利與福利權。

上述提到，每個人需要一定程度的物質資源才能保障最低限度的美好生活。Fabre把取得這些物質資源的權利視為存活權，而存活權意味著兩種更進一步的權利：第一，免於遭受嚴重貧窮的消極權利；第二，接受他人援助的積極權利（Fabre 2012: 105-112）。從消極權利來看，如果已開發國家的政策造成貧窮國家的貧窮問題，前者就侵犯了後者的消極權利。舉例來說，已開發國家以關稅保護國內市場或是排放有毒工業廢料至貧窮國家，這些政策都違反貧窮國家免於遭受嚴重貧窮的消極權利。從積極權利來看，如果貧窮國家的人民沒有能力取得最低限度的美好生活所需的物質資源，而已開發國家又拒絕提供援助，這種情況下已開發國家即違反貧窮國家人民的積極權利。比起Grotius的緊急避難權，由存活權延伸出來的消極權利與積極權利提供全球窮人更為廣泛與更有彈性的保障。

這兩項權利被侵犯時，即構成發動戰爭的正當理由。當已開發國家違反貧窮國家人民的消極權利時，貧窮國家可以以此為由發動自衛戰爭，因為已開發國家對貧窮國家人民帶來傷害（Fabre 2012: 107）。[12]或許有人會認

---

11 其他結合世界主義與義戰理論的作品包括Lango（2014）與Dower（2009）。

12 學者Thomas Pogge強調已開發國家違反了不傷害人的消極責任，因為他們的政策維持了一個不正義的全球制度體系，促成貧窮國家的困境（2008）。有些學者引用Pogge極具影響力的理論來支持全球分配正義戰爭（Øverland 2011; Rasmussen 2013; Altman and Wellman 2009: 149-

爲，已開發國家並沒有對貧窮國家發動武裝侵略，所以侵犯貧窮國家人民的消極權利無法構成發動自衛戰爭的理由（Orend 2006: 32-3）。但是這種看法不具說服力，因爲把自衛戰爭限定至抵抗武裝侵略的戰爭過於武斷。不論是透過武裝侵略或是政策傷害，已開發國家都可能對貧窮國家人民造成相同程度的傷害，即使造成傷害的方式不同。如此一來，我們不能說只有抵抗武裝侵略才能被視爲自衛戰爭。抵抗已開發國家對貧窮國家造成傷害的政策也可以被視爲自衛戰爭。

當已開發國家拒絕提供貧窮國家人民所需的援助時，已開發國家侵犯了貧窮國家人民接受他人援助的積極權利。爲什麼？Fabre的第一個理由是，藉著拒絕提供援助，已開發國家促成貧窮國家人民所持續面對的困境（Fabre 2012: 111）。這裡有兩點值得注意。第一，雖然已開發國家沒有主動傷害貧窮國家人民，但他們的消極不作爲仍促成貧窮國家人民當下面對的困境，所以要爲他們的消極不作爲負責；第二，或許有人認爲應該區別「造成傷害」與「允許傷害發生」，已開發國家拒絕提供援助屬於後者，而非前者。Fabre同意這種區別，但是她認爲或許已開發國家不是造成貧窮國家人民困境的起因，但他們的消極不作爲「造成」貧窮國家人民所「持續面對」的困境。

Fabre的第一個理由不太具有說服力。Fabre區別「起始的困境」與「持續面對的困境」，已開發國家沒有促成前者，但是他們的不作爲促成後者。然而，「起始的困境」與「持續面對的困境」是相同的事件。舉例來說，甲偷了乙全部財產，導致乙沒錢維生，這種情形下甲是乙貧窮的起因。當乙沒錢維生，丙拒絕提供援助。依據Fabre的理論，丙是乙持續面對貧窮的原因，即使丙不是乙的貧窮起因。然而，乙的貧窮問題一直都是一樣的，都是源自於甲的偷竊，而非源自丙的拒絕提供援助。

Fabre承認多數人不會接受她的第一個理由，所以提出第二個理由：藉

53）。Pogge本人認爲全球正義可以成爲發動戰爭的正當原因，但是認爲這樣的戰爭無法滿足義戰理論的其他條件，特別是合理成功機率與最後手段兩條件（Pogge 2013）。

著拒絕提供援助，已開發國家嚴重侵犯貧窮國家人民接受他人援助的積極權利，權利被嚴重侵犯本身可成為發動戰爭的正當原因（2012: 111）。但是，學者David Rodin不同意這種看法，他認為接受他人援助的積極權利不能被強制執行。Rodin提出互惠的權利理論，認為接受他人援助的積極權利與免於被他人傷害的消極權利不同，前者不可被強制執行而後者可以（Rodin 2014）。我擁有不被他人傷害的消極權利，因為我並沒有傷害他人；相同地，我可以主張擁有接受他人援助的積極權利，因為當他人需要援助時，我也願意提供援助。雖然兩種權利都建立在互惠上，但積極權利無法被強制執行，因為現在提供援助的人無法確定接受援助的人在未來是否真的會提供互惠的援助。這種不確定性在國際關係更為明顯，因為國家間缺少強制執行援助責任的機制（Rodin 2014: 304），所以已開發國家不能百分之百確定貧窮國家在未來是否會互惠地提供援助。

Rodin對Fabre的批評不具說服力，因為他的批評是循環論證。根據他的理論，正是因為國家不得發動戰爭來強制執行他國援助的積極責任，所以國際上缺少強制執行援助責任的機制，又因為缺少這個機制，國家間不確定彼此是否會互惠地提供援助，所以不得強制地執行提供援助的責任。換句話說，禁止發動全球分配正義戰爭成為禁止發動全球分配正義戰爭的理由。反過來說，如果現在我們允許國家間可以發動全球分配正義戰爭執行彼此提供援助的責任，國家間可以減少互惠提供援助的未來不確定性，則提供援助的責任就可以被強制執行。如Rodin所言：「執行援助責任的強制機制本身即部分地產生這個要被執行的責任」（Rodin 2014: 304），這句話說明Rodin似乎也認知到他的理論是循環論證。

雖然Fabre的理論免於受到Rodin的挑戰，但她的理論會遇到另一個問題。假設甲乙兩國完全沒有任何互動也不知道彼此存在。甲國經濟富足，乙國人民面臨飢荒。有一天當兩國有了接觸，甲國終於知道乙國的存在，也知道乙國面臨飢荒，這時候甲國是否有提供援助的責任？如果甲國不願意提供援助，甲國能否被強制必須提供援助？Fabre的理論認為甲國的援助責任可以被強制執行，因為人類有義務保障彼此的存活權，這個義務源自於人類的平等道德價值，跟甲乙兩國之間有沒有互動無關。但是，對大多數人來說，或許甲國基於人道與慈善考量必須提供援助，但是大多數人也許很難想像甲國的援助責任可以被強制執行。兩國在過去完全沒有互動，乙國的飢荒也不是甲國造成，為什麼當甲國知道乙國的飢荒後，甲國人民就必須肩負起援助乙國人民的責任？

三、現代國家體系理論

　　上述例子對於甲國人民與乙國人民之間關係的描述並不能完全適用到實際的國際關係。現行的國際關係中，各國人民並非完全沒有任何互動或是沒有任何關聯。國家間的貿易與互賴程度提高，加上資金與人口流動非常普遍。更重要的是，各國人民處在一個共同的政治體系底下：現代國家體系。[13]這個體系又被稱為西發利亞體系（the Westphalian system），其特徵是全世界被劃分成不同的國家，各國享有領土完整與政治獨立的權利。這兩項權利對各國人民的生活有廣泛且深刻的影響，因為各國可以保有自己獨特的政治、社會、經濟制度，這些制度規範了人民生活的各面向以及彼此之間的互動。此外，各國人民可以排除其他國家人民進入境內使用各種天然與社會資源。

　　除了對各國人民的生活有廣泛且深刻影響外，現代國家體系也是個所有國家共同以武力維持的政治體系。國家以武力維持西發利亞體系的作法表現在兩方面：第一，國家間不得使用武力侵犯他國領土與干涉內部事務，如果有國家對另一個國家發動侵略戰爭，被侵略的國家可以使用武力抵抗侵略者；第二，國家以武力控制邊境，決定哪些移民可以進入境內分享其社會的各種資源或參與公共事務。

　　面對一個以武力維持以及對全世界人民的生活有廣泛且深刻影響的政治體系，這個體系是否正當？體系正當性的問題之所以重要是因為，如果這個體系不正當，則維持現代國家體系存在所使用的武力（包括自衛戰爭與邊境控制）就不正當。如何判斷現代國家體系是否正當？一種可能的方式是，如

13　接下來的討論引用Kuo（2014）。

果在這個政治體系底下生活的人可以合理地拒絕這個體系，這個政治體系就缺少正當性，因為維持這個體系所使用的武力等同於強加在這些人身上，侵犯了這些人的自由與自主。下一個問題是，受到西發利亞體系影響的人民是否能合理拒絕這個體系？在回答這個問題前，我們可以分析個人在決定這個體系是否正當前需要滿足的先決條件。如果一個人缺少生命，我們無法討論這個人是否可以合理接受這個政治體系。如果一個人無法滿足食物、健康、教育、安全等基本需求，我們也無法討論這個人能否做出合理的判斷。換句話說，滿足這些人的基本需求是討論這個體系是否正當的先決條件，如果這些人的基本需求無法被保障，他們就無法判斷這個政治體系是否正當，遑論決定是否接受這個體系的存在，這個體系就缺少正當性。依照這種看法，西發利亞體系的正當性取決於貧窮國家的人民能否滿足其基本需求。只有在全世界人民的基本需求被保障後，西發利亞體系才擁有正當性，各個國家才能正當地使用武力維持其領土完整與政治獨立。

　　上述分析意味著，如果各國希望維持其領土完整與政治獨立，他們必須負起協助貧窮國家人民的責任。以消極責任而言，他們必須確保自己的各種政策不會對其他國家人民造成傷害，阻礙他國人民滿足自己的基本需求。以積極責任而言，當貧窮國家人民沒有能力滿足自己基本需求時，其他國家必須提供援助，協助貧窮國家人民解決自己的困境。從這兩項責任可見，現代國家體系理論與Fabre的存活權理論有相同的結論，但是現代國家體系理論提供了更具體的解釋，說明為什麼國家間存在互相援助的積極責任。與Grotius的緊急避難權相比，現代國家體系理論與Fabre的存活權理論相同，提供貧窮國家人民足夠彈性的方法解決其困境。

　　如果已開發國家沒有盡到不傷害貧窮國家人民的消極責任，以及援助貧窮國家人民的積極責任時，貧窮國家人民可以發動正義的戰爭來執行這兩項責任。這樣的戰爭可以視為貧窮國家人民為了保障其基本需求所發動的戰爭，更重要的是，這樣的戰爭也是貧窮國家人民為了其自由與自主所發動的戰爭。如前所述，西發利亞體系的正當性取決於人民能否合理地拒絕這個體系，而貧窮國家人民所面對的困境提供他們合理的理由拒絕這個體系的存在。當這個體系缺少正當性時，維持這個政治體系的武力就強加在他們身上，忽略了他們的自由與自主。所以，全球分配正義戰爭的性質除了保障貧窮國家人民的基本需求外，也建立在尊重貧窮國家人民的自由與自主之上。這也意味著，面對全球分配正義戰爭，已開發國家不能正當地自衛抗拒。在這種情形下，由於已開發國家沒有負起相對應的消極與積極責任，西發利亞體系缺少正當性，已開發國家以武力維持領土完整與政治獨立的作法也缺少正當性。

伍、作為非理想理論的義戰理論

近年來越來越多學者強調全球正義的重要性，這些學者探討全球政治應該以何種原則規範各種行為者在不同議題領域的互動，他們討論的問題包括：全球分配正義的目標為何？已開發國家是否有援助開發中國家的責任？國家是否應該開放邊境？民族是否有權利建立自己的國家？國家是否有環境保護的集體責任？自由貿易是否正當？各國勞工是否應受核心勞動基準的保護？普世人權是否存在？國際組織的決策是否應該更具有民主代表性？

義戰理論屬於全球正義理論的一環，它的獨特性在於預設非理想的情境。如前所述，義戰理論的出發點是反抗不義，必須預設已經有人對他人造成傷害，接著才討論有哪些原則應該用來規範使用戰爭反抗不義的決定與過程。反抗不義的決定或過程並不是毫無任何限制，舉例來說，面對他國不正當侵略的國家雖然可以國家自衛為正當理由發動自衛戰爭，但如果這場戰爭沒有合理成功機率就缺乏正當性。同樣地，進行國家自衛戰爭時不得攻擊侵略國的一般平民，只能針對敵方士兵。

因為這種獨特性，義戰理論屬於John Rawls所稱「非理想理論」。Rawls將正義理論分成理想理論（Ideal Theory）與非理想理論（Non-ideal Theory）。探討正義原則時，理想理論預設所有人都會遵守正義原則，以及社會處在有利的政治、社會、經濟環境下可以實現正義（Rawls 1999b:

216）。相較之下，非理想理論預設並非所有人都會遵守正義原則，或是社會處在不利的環境下無法實現正義原則。因為這兩個預設，非理想理論探討的是如何實現理想的正義原則，以及可以採用哪些道德允許且政治上可行有效的手段（Rawls 1999a: 89）。依照這種分類方法，義戰理論屬於非理想理論，它預設的是已經有人對他人造成傷害，並進而討論有哪些道德允許的手段可以反抗不義。

　　作為非理想理論，義戰理論在未來有兩個研究方向：第一，提供標準衡量具體實現全球正義手段的正當性。如本文第肆與第伍小節所述，發動戰爭的正當原因從反抗不義限縮成反抗侵略，再轉變成保護人權與執行全球分配正義。但是，在非理想情境中，戰爭並不是唯一可以執行正義的手段，其他手段包括外交譴責與羞辱、經濟制裁、議題連結、消費者抵制等等作法。當我們採用這些手段時來實現理想的正義原則時，必須思考是否有任何道德限制以及有哪些「實現理想狀態所需要的道德成本」（Räikkä 1998）。當代討論全球正義的文獻中，鮮少有學者提供完整的架構來評估這些問題，義戰理論可以為這議題做出貢獻。舉例來說，如果有國家不願意負起氣候變遷問題應承擔的責任，是否可以使用經濟制裁強迫該國負起責任？採用經濟制裁時，有哪些限制？是否需要經過國際組織，例如聯合國授權？是否應該考慮成功的機率？對於一般平民的影響為何（Gordon 1999）？義戰理論可對這些問題提供完整的評估架構。

　　但是提供這樣的評估架構也為義戰理論帶來第二個課題。義戰理論的架構包括「發動戰爭的正義」與「戰爭手段的正義」，這兩部分各自又包含許多原則。然而，這些原則是在歷史發展中被學者歸納出來，而非有系統地源自更根本的理論。既然如此，為什麼我們一定要依照這個架構來評估實現全球正義手段的正當性？舉例來說，為什麼發動戰爭的一方一定要有正確意圖與正當權威？為什麼要考慮成功機率？為什麼要考慮比例原則？更重要的問題是，有哪些標準可以決定這些原則的取捨？這些標準是否有系統地源自更根本的道德或政治理論？義戰理論學者必須提出更根本的理論解釋為什麼這些原則必須存在，以及這些原則如何構成一個完整的體系。

參考文獻

Altman, Andrew and Christopher Wellman. 2009. *A Liberal Theory of International Justice*. Oxford, NY: Oxford University Press.

Bass, Gary J. 2004. "Jus Post Bellum." *Philosophy and Public Affairs* 32(4): 384-412.

Beitz, Charles. 1975. "Justice and International Relations." *Philosophy and Public Affairs* 4(4): 360-389.

Beitz, Charles. 1979. *Political Theory and International Relations*. Princeton, NJ: Princeton University Press.

Bellamy, Alex. *Just wars: from Cicero to Iraq*. Cambridge: Polity Press.

Blake, Michael. 2013. "We Are All Cosmopolitans Now." In Gillian Brock (ed.), *Cosmopolitanism Versus on-Cosmopolitanism: Critiques, Defenses, Reconceptualizations*. Oxford, NY: Oxford University Press.

Brock, Gillian. 2009. *Global Justice: A Cosmopolitan Account*. Oxford, NY: Oxford University Press.

Buchanan, Allen. 2004. *Justice, Legitimacy, and Self-determination: Moral Foundations for International Law*. Oxford, NY: Oxford University Press.

Caney, Simon 2005. *Justice Beyond Borders: A Global Political Theory*. Oxford, NY: Oxford University Press.

Christopher, Paul. 2004. *The Ethics of War and Peace: An Introduction to Legal and Moral Issues*. 3rd ed. Englewood Cliffs, NJ: Prentice Hall.

Coady, C. A. J. 2008. *Morality and Political Violence*. Cambridge, NY: Cambridge University Press.

Coates, A. J. 1997. *The Ethics of War*. Manchester, NY: Manchester University Press.

Doppelt, Gerald. 1979. "Walzer's Theory of Morality in International Relations." *Philosophy & Public Affairs* 8(1): 3-26.

Dower, Nigel. 2009. *The Ethics of War and Peace: Cosmopolitan and Other Perspectives*. Cambridge, MA: Polity.

Doyal, Len and Ian Gough. 1991. *A Theory of Human Need*. New York, NY: The Guilford Press.

Fabre, Cécile. 2007. "Mandatory Rescue Killings." *The Journal of Political Philosophy* 15(4): 363-84.

Fabre, Cécile. 2012. *Cosmopolitan War*. Oxford: Oxford University Press.

Frowe, Helen. 2011. *The Ethics of War and Peace: An Introduction*. London, NY: Routledge.

Frowe, Helen. 2014. *Defensive Killing*. Oxford, NY: Oxford University Press.

Frowe, Helen and Gerald Lang, (ed.). 2014. *How We Fight: Ethics in War*. Oxford, NY: Oxford University Press.

Gordon, Joy. 1999. "A Peaceful, Silent, Deadly Remedy: The Ethics of Economic Sanctions." *Ethics and International Affairs* 13(1): 123-42.

Grotius, Hugo. 2004. *The Free Sea*, (ed.). D. Armitage. Indianapolis, IN: Liberty Fund.

Grotius, Hugo. 2005. *The Rights of War and Peace*, ed. Richard Tuck. Indianapolis, IN: Liberty Fund.

Grotius, Hugo. 2006. *Commentary on the Law of Prize and Booty*, ed. Martine Julia van Ittersum. Indianapolis, IN: Liberty Fund.

Heilbroner, Robert L. 1980. *An Inquiry into The Human Prospect: Updated and Reconsidered for the 1980s*. New York, NY: W.W. Norton & Company.

Holzgrefe, J. L. and Robert Keohane (eds.). 2003. *Humanitarian intervention: ethical, legal, and political dilemmas*. Cambridge; NY: Cambridge University Press.

Johnson, James Turner. 1975. *Ideology, Reason, and the Limitation of War: Religious and Secular Concepts 1200-1740*. Princeton: Princeton University Press.

Johnson, James Turner. 1981. *Just war tradition and the restraint of war: a moral and historical inquiry*. Princeton, NJ: Princeton University Press.

Johnson, James Turner. 1999. *Morality and Contemporary Warfare*. New Haven: Yale University Press.

Johnson, James Turner. 2014. *Sovereignty: moral and historical perspectives*. Washington, DC: Georgetown University Press.

Johnson, James Turner and Eric Patterson, (eds.). 2015. *The Ashgate Research Companion to Military Ethics*. Surrey, England: Ashgate Publishing Limited.

Kuo, Yuchun. 2014. "Global Sufficientarianism Reconsidered." *Taiwanese Political Science Review* 18(1): 181-226.

Lango, John. 2014. *The Ethics of Armed Conflict: A Cosmopolitan Just War Theory*. Edinburgh: Edinburgh University Press.

Luban, David. 1980a. "Just War and Human Rights." *Philosophy & Public Affairs* 9(2): 160-81.

Luban, David. 1980b. "The Romance of the Nation-State." *Philosophy & Public Affairs* 9(4): 392-7.

Masaharu, Yanagihara. 1993. "Dominium and Imperium." In Onuma Yasuaki (ed.), *A Normative Approach to War: Peace, War, and Justice in Hugo Grotius*. Oxford, NY: Oxford University Press.

McMahan, Jeff. 2005. "Just Cause for War." *Ethics and International Affairs* 19: 1-21.

McMahan, Jeff. 2009. *Killing in War*. Oxford, NY: Oxford University Press.

Mill, J. S. 1991. *On Liberty and Other Essays*. Oxford, NJ: Oxford University Press.

Miller, David. 2007. *National Responsibility and Global Justice*. Oxford; NY: Oxford University Press.

Miller, Seumas. 2002. "Civilian Immunity, Forcing the Choice, and Collective Responsibility." Igor Primoratz (ed.), In *Civilian Immunity in War*. Oxford, NY: Oxford University Press.

Miller, Seumas. 2007. "Civilian Immunity, Forcing the Choice, and Collective Responsibility." In C. A. J. Coady and M. K'Keefe (eds.), *Terrorism and Justice: Moral Argument in a Threatened World*. Carlton South, Vic.: Melbourne University Press.

Nussbaum, Martha 2006. *Frontiers of justice: disability, nationality, species membership*. Cambridge, MA.: Harvard University Press.

Øverland, Gerhard. 2011. "602 and One Dead: On Contribution to Global Poverty and Liability to Defensive Force." *European Journal of Philosophy* 21(2): 279-99.

Orend, Brian. 2002. "Justice after War." *Ethics and International Affairs* 16(1): 43-56.

Orend, Brian. 2006. *The Morality of War*. Peterborough, Ont: Broadview Press.

Pogge, Thomas. 2008. *World Poverty and Human Rights*. 2nd ed. Cambridge: Polity.

Pogge, Thomas. 2013. "Poverty and Violence." *Law, Ethics and Philosophy* 1(1): 87-111.

Pufendorf, Samuel. 1934. *De Jure Naturae et Gentium libri octo*, trans. C.H. Oldfather and W.A. Oldfather. Oxford, NY: Oxford University Press.

Pufendorf, Samuel. 1991. In James Tully (ed.), *On the Duty of Man and Citizen*, Cambridge, NY: Cambridge University Press.

Räikkä, Juha. 1998. "The Feasibility Condition in Political Theory." *The Journal of Political Philosophy* 6(1): 27-40.

Räikkä, Juha. 2014. "Redistributive Wars and Just War Principles." *Ratio. Ru* 12: 4-26.

Rawls, John. 1999a. *The Law of Peoples*. Cambridge, MA: Harvard University Press.

Rawls, John. 1999b. *A Theory of Justice*. Cambridge, MA: Harvard University Press.

Rasmussen, Kasper Lippert 2013. "Global Injustice and Redistributive Wars." *Law, Ethics and Philosophy* 1(1): 65-86.

Risse, Mathias. 2008. "Common Ownership of the Earth as a Non-Parochial Standpoint: A Contingent Derivation of Human Rights." *European Journal of Philosophy* 17(2): 277-304.

Risse, Mathias. *On Global Justice*. Princeton, NJ: Princeton University Press.

Rodin, David. 2014. "The Reciprocity Theory of Rights." *Law and Philosophy* 33: 281-308.

Rodin, David and Henry Shue, eds. 2008. *Just and Unjust Warriors: The Moral and Legal Status of Soldiers*. Oxford, NY: Oxford University Press.

Shue, Henry. 1996. *Basic Rights: Subsistence, Affluence, and American Foreign Policy*, second edition. Princeton, NJ: Princeton University Press.

Statman, Daniel. 2014. "Fabre's Crusade for Justice: Why We Should Not Join." *Law and Philosophy* 33(3): 337-360.

Suárez, Francisco. 1944. *Selections From Three Works of Francisco Suárez*. Oxford, NY: Clarendon Press.

Suganami, Hidemi. 2005. "The English School and International Theory." In Alex J. Bellamy (ed.), *International Society and its Critics*. Oxford, NY: Oxford University Press.

Tadros, Victor. 2014. "Resource Wars." *Law and Philosophy* 33(3): 361-89.

Teson, Fernando. 2005. *Humanitarian Intervention: an Inquiry into Law and Morality*, third edition. Ardsley, NY: Transnational Publishers.

Vattel, Emmerich de. 2008. In Béla Kapossy and Richard Whatmore (ed.), *The Law of Nations, Or, Principles of the Law of Nature, Applied to the Conduct and Affairs of Nations and Sovereigns, with Three Early Essays on the Origin and Nature of Natural Law and on Luxury*. Indianapolis, IN: Liberty Fund.

Vitoria, Francisco. 1991. In Anthony Pagden and Jeremy Lawrance (ed.), *Political Writings*. Cambridge, NY; Cambridge University Press.

Walzer, Michael. 1977/ 2000. *Just and Unjust Wars: A Moral Argument with Historical Illustrations*. 3rd ed. New York: Basic Books.

Walzer, Michael. "The Moral Standing of States: A Reply to Four Critics." *Philosophy and Public Affairs* 9(3): 209-29.

Wolff, Christian. 1934. *Jus Gentium Methodo Scientifica Pertractatum*, trans. Joseph H. Drake. Oxford, NY: Oxford University Press.

PART 2

國內層次

李佳怡[*]

壹、前言

　　恐怖主義一直是人類社會的一項重大威脅，並在這幾十年來奪取了許多無辜的生命，著名的恐怖主義攻擊案如發生在1972年以色列奧運代表團遭屠殺的慕尼黑事件（Munich massacre）、1995年的東京地鐵毒氣案、以及在2001年發生在美國紐約震驚全球的911事件，皆是引起世人強烈關注並造成數十人甚至上千人死傷的事件，其後所發展而出的反恐戰爭或是相關調查亦耗費大量人力物力。但是，即便許多恐怖組織已被掃蕩或轉型，恐怖主義仍一直存在至今且其威脅並沒有減弱的趨勢，例如當今即有極端暴力、號稱國家形式的恐怖組織伊斯蘭國（Islamic State）存在。也因此，在這幾十年來，學界對於恐怖主義的研究始終不遺餘力。

　　本章旨在回顧並探討使用政治經濟學途徑對恐怖主義所做的研究，並同時將恐怖主義做一些系統性的歸納整理。首先，本章必須定義何為政治經濟學研究，Enders與Sandler（2006）出版過一本恐怖主義政治經濟學的經典專書，他們對政治經濟學途徑的定義是：結合經濟學的研究方法和政治學分析來研究恐怖主義（Enders and Sandler 2006: 2）。本章對政治經濟學分析的定義類似但稍有不同，本章認為恐怖主義的政治經濟學研究主要是使用經驗性的研究途徑探索恐怖主義的成因（causes）及其影響（effects），這些成因和影響多半是在政治或經濟面向。

---

[*] 新加坡南洋理工大學拉惹勒南國際關係學院（S. Rajaratnam School of International Studies, Nanyang Technological University）助理教授。

　　以下，本章將先對恐怖主義做出定義，討論利用經驗性方法研究恐怖主義的重要性，並介紹學界中常用的恐怖主義資料庫，接著將分別討論恐怖主義的成因和影響，再來討論恐怖主義的分類研究，最後提出最新恐怖主義研究的趨勢和重點。

貳、恐怖主義的定義

　　恐怖主義屬於政治暴力（political violence）的一種，許多經驗研究將之與國家間戰爭（interstate wars）、內戰（civil wars或intrastate wars）、暴動（riots）、抗爭（protests）等等其他形式的政治暴力或類似活動等同視之，但恐怖主義有其特殊性。首先，恐怖主義的發動者多半為恐怖組織或個人，而非政府或大規模的群眾。另外，恐怖主義和一般的犯罪行為不同，恐怖攻擊多半有其政治性的目的、下手目標並不一定會針對特定對象、且使用的是較極端的手段。最重要的是，恐怖主義的目的往往是要威脅及恫嚇一般大眾，利用其造成的恐慌來達到最終訴求。

　　目前學術界對於恐怖主義的定義相當多元且分歧，不同學科的學者會關注不同的面向，且對於恐怖主義和其他暴力活動的界線有認定上的差異。有些學者會區分國內恐怖主義（Domestic Terrorism）和國際或跨國恐怖主義（International或Transnational Terrorism），但一般常見恐怖主義的定義均可包含兩者，下述列舉幾個政府機關或學者常使用的定義：

　　一、美國聯邦法典（Code of Laws of the United States of America）定義恐怖主義是「為某種政治或社會目的、針對個人或財物非法使用武力或暴力以威嚇或脅迫政府、平民、或是任何相關單位」的行為。

　　二、聯合國安理會（United Nations Security Council）在2004年做出的1566號決議文中提到恐怖主義是「以在公眾或某一群體或某些個人中引起恐慌、恫嚇人民或迫使政府或國際組織採取或不採取行動為宗旨，意圖造成死亡或嚴重身體傷害、或劫持人質的犯罪行爲」。[1]

　　三、大英百科全書（Encyclopedia Britannica）中對恐怖主義的定義是「系統性地使用暴力在人群中製造普遍的恐怖氣氛，以便達到某種特殊的政治目的。實施恐怖主義者有右翼也有左翼政治組織，有民族主義和宗教的團體，有革命黨人，甚至還有諸如軍隊、情報機關以及員警等國家機構」。[2]

　　四、以量化途徑研究恐怖主義的政治經濟學者對於恐怖主義多採用和ITERATE資料庫一致的定義，認爲國際或跨國恐怖主義是「爲了任何個人或團體的政治目的，使用或是威脅使用會引發焦慮的非正常暴力手段，這種行動有可能是支持或是反對政府，但行動的目的都是爲了要影響立即受害者之外的特定團體之態度或行爲，且加害者、發生地點、受害者、或解決方法等超過了國界」（Mickolus *et al.* 2006）。此定義中最重要的成分在於訴諸恐怖主義是爲了影響受害者之外的對象，這些對象往往是一般大眾或是政府官員，藉由這種影響大眾心理的行爲，恐怖分子得以達成其政治目的。而若一個恐怖主義事件中只要有一項成分涉及到國外，像是加害者得到外國金援、受害者爲外國人、發生地點超越國界等，這項事件就會被歸類爲國際或跨國恐怖主義事件。

　　一般來說，學界對於恐怖主義的研究是以理論探討或是比較個案研究爲主，除了討論恐怖主義的成因、脈絡、攻擊手法、以及意識型態外，亦研究某個地區或國家的某個或某幾個特定恐怖團體，分析及比較其差異，或是研究某起重要的恐怖攻擊事件。此種質化研究途徑有助於讀者深度地瞭解特殊個案，並有利於決策者針對特定恐怖組織擬定相對應的措施。然而，此種研究則可能忽略了一些不受矚目、或是未成功的恐怖攻擊事件，導致反恐政策的方向未能達到全面。近二十年來，因爲資料庫的建構、量化研究的興起、

1　請參見http://www.cfr.org/international-organizations-and-alliances/un-security-council-resolution-1566-terrorism/p11223。

2　請參見http://global.britannica.com/topic/terrorism。

以及電腦科技的日新月異，許多政治及經濟學者投入恐怖主義的量化研究，使得相關研究快速地增加，學界對於恐怖主義的瞭解也達到另一個層次。本文所討論的政治經濟學分析將著重在量化研究，而量化研究中最重要的部分是資料的運用，故以下將介紹在學界中常使用的恐怖主義資料庫。

參、恐怖主義資料庫

學術界中最常被使用的恐怖主義資料庫應屬國際恐怖資料中心（International Terrorism Data Center）所出版的〈國際恐怖主義：恐怖主義事件的屬性〉（International Terrorism: Attributes of Terrorist Events，縮寫ITERATE）資料庫，[3] 此資料庫詳細收錄了1960年至2007年發生的每一筆恐怖攻擊事件，總計有上萬筆資料，每筆事件記載了發生時間、地點、犯案的恐怖團體、受害者人數、受害者國籍等等，因為資料詳盡且具國際公信力，故恐怖主義的量化研究多半是使用此資料庫為主要資料來源。其缺點為是一收費資料庫且所費不貲，因此若非研究者所屬單位的圖書館有購買，對研究者而言是一筆不小的負擔。據筆者所知，國內尚未有任何圖書館購買此一資料庫。

另一重要的資料庫是馬里蘭大學的全國恐怖主義及對策研究聯盟（National Consortium for the Study of Terrorism and Responses to Terrorism, START）所出版的〈全球恐怖主義資料庫〉（Global Terrorism Database, GTD），[4] 此資料庫亦記載了自1970年起發生的各筆恐怖攻擊事件，目前資料庫更新至2015年，並包含各事件的時間、地點、攻擊對象、攻擊類型、所使用的武器等。因為此資料庫為免費供大眾使用，故近年來使用GTD作為資料來源的量化研究有增加的趨勢，許多研究則同時使用兩個資

3　請參見http://vinyardsoftware.com，除了ITERATE外，此中心亦出版另一名為〈恐怖主義嫌疑犯資料庫〉（Data on Terrorist Suspects, DOTS）的資料。

4　請參見http://www.start.umd.edu/gtd/。

料庫以測試結果的穩健性（robustness）。GTD異於ITERATE的另一點在於GTD同時收錄國內及國際恐怖主義事件，因此記載的恐怖主義事件筆數遠高於ITERATE，但其並未區分每一筆事件是否是國內事件或國際事件，有鑒於此，Enders等（2011）利用ITERATE的資料來校準GTD資料，並將國內和國際恐怖主義事件區分，此舉有利於之後的研究者做進一步的資料分析。

　　除了ITERATE和GTD這兩大宗資料來源外，另有兩個學者也會使用的恐怖主義資料來源，一是美國國務院所建立的恐怖主義國家報告（Country Reports on Terrorism），此資料2003年以前稱作全球恐怖主義形勢（Patterns of Global Terrorism），[5]是來自於美國國務院自1985年來每年所建立的年度報告，其中詳載了世界各地的恐怖主義事件次數和分布，也是ITERATE資料庫的來源之一。另一個是由著名智庫蘭德公司所建立的蘭德世界恐怖主義事件資料庫（RAND Database of Worldwide Terrorism Incidents, RDWTI），[6]此資料庫收錄了1968至2009年超過四萬筆恐怖主義事件，並也記錄了各個事件的某些特徵，包括發生地點、使用戰術（tactic）、使用的武器、攻擊對象等等。這些豐富的資料庫有助於學者及決策者宏觀性地掌握恐怖主義的特徵、並分析及研究其成因和影響。以下將分別介紹學界對於恐怖主義成因和影響的主要研究成果。

肆、恐怖主義的成因

　　如前所述，恐怖主義的政治經濟學研究多是探討恐怖主義的成因或影響，而其中，恐怖主義為何產生是一個研究恐怖主義的根本課題，亦是學者始終關注的議題，此類研究的分析途徑多半不限於經驗性研究，故本章將先

5　請參見United States Department of State，http://www.state.gov/j/ct/rls/crt/。
6　請參見http://www.rand.org/nsrd/projects/terrorism-incidents.html。

討論恐怖主義的成因。

　　文獻上對於影響恐怖主義發生的因素為何有著各式的答案，也存在許多不同的分類。李佳怡與黃旻華（2007）是國內最早使用量化方法對恐怖主義進行系統性地分析的研究，在該文中，作者們將恐怖主義的成因分為結構性和非結構性兩大類（請見表8-1），結構性因素指的是外在環境提供恐怖主義的條件，一般是國家層面的因素，又包含政體因素、經濟因素、地理和人口因素；非結構性因素則是主觀上較難直接測量的因素，又包含至少心理因素和意識型態因素兩種。該文對結構性因素進行檢測，並發現在後冷戰時期會影響恐怖主義發生的原因為民主程度、中東地區與否、以及失業率，亦即恐怖主義事件較易發生在民主國家、中東國家，以及失業率高的國家。

表8-1　影響恐怖主義發生之因素

分類	成因	說法
結構因素	政體因素	民主可以降低恐怖主義的數量
		民主國家較易受到恐怖攻擊
		民主對恐怖主義沒有影響
	經濟因素	國家經濟越進步，恐怖主義越多
		國家越貧窮，恐怖主義越多
	地理和人口因素	在中東地區恐怖主義較易發生
		青年比例越高，越易發生恐怖主義
		國家裡的次團體越多或存在越久，越容易發生恐怖主義
		城市及城市人口越多，恐怖主義越多
非結構因素	心理因素	個人層次：恐怖分子的個人因素和身為恐怖分子的信念趨使其從事恐怖活動
		團體層次：必須成功的威脅、團體的力量、和團體內部的個人互動影響恐怖分子繼續從事恐怖主義
	意識型態因素	右派：為保存現存的宗教、文化、國族之價值體系而使用恐怖手段
		左派：為破壞現有的宗教、文化、國族的體制而使用恐怖手段

資料來源：李佳怡與黃旻華（2007），表8-1。

　　國外的文獻中對於民主程度對恐怖主義的影響則一直存在著辯論，其中一派的說法是民主政體中的某些特質，例如政治參與、法治、言論自由等等，有助於降低人民對政府的仇恨、並減少訴諸恐怖主義的可能（Windsor 2003; Li 2005）。另一派的說法則認為民主國家較易發生恐怖攻擊事件，因為民主國家提供的某些條件，像是行動自由、較易接觸受害者等，使得恐怖分子較易下手並完成任務（Ross 1993）。另外也有學者認為恐怖分子的利益無法在民主國家中得到代表，所以民主對於減緩恐怖主義並沒有效果（Gause 2005）。雖然理論上存在著辯論，但經驗研究多發現民主與恐怖主義有正相關（Eubank and Weinberg 1994; 2001; Weinberg and Eubank 1998; Piazza 2008b），意即民主國家較易遭受恐怖攻擊。

　　然而，民主這個概念其實包含了多個面向，由上述的討論可以得知各個面向對於恐怖主義的影響可能不盡相同，因此近年來一些政治經濟學研究開始將民主這個概念分解（decompose），探討哪種面向才是影響恐怖主義的主因。Li（2005）發現民主對恐怖主義其實存在著兩種相異的效果，民主參與提供給人民表達不滿的機會、因此降低了恐怖攻擊，但民主國家中對於行政機關的限制（executive constraints）影響了政府的反恐效率，因此增加了恐怖攻擊。Chenoweth（2010）認為民主國家中強調競爭，這也會造就恐怖團體的競爭並訴諸暴力。Savun與Phillips（2009）則認為民主國家較易受到恐怖攻擊是因為他們的外交政策一般較活躍（active），因此較容易激起其他國家人民的怨恨。

　　除了政治體制之外，一國的經濟狀況如何影響恐怖主義也是學者辯論的一項焦點。Li與Schaub（2004）認為經濟成長會使得恐怖分子重新做利益計算，因此減少恐怖攻擊。Ehrlich與Liu（2002）也認為貧窮會導致恐怖主義滋生，尤其是當年輕人面臨高失業率和經濟高度不平等而產生怨懟時，特別有可能成為恐怖團體吸收的對象。相反地，有些學者認為經濟發展提供了恐怖主義滋長的條件，例如Wilkinson（1986: 93）就指出許多恐怖團體的成員都是來自中產階級家庭的青少年，顯示富裕環境反而會促使恐怖主義發展。在經驗研究中，Piazza（2006）使用多種經濟指標，如經濟成長率、通貨膨脹、吉尼係數等，來檢測經濟對恐怖主義的影響，但發現經濟因素的解釋力並不大，相反地，人口及種族宗教歧異程度等具有顯著的解釋力，故他認為社會分裂（social cleavages）理論較能解釋恐怖主義的發生。

根據以上討論，我們可以得知，在考慮恐怖主義的成因時，我們必須同時考量誘因（incentives）以及可行性（feasibility）兩大項因素。恐怖分子之所以會加入恐怖組織、策劃並執行恐怖攻擊行動必定有其誘因，某些外在環境因素可能使得此誘因產生或增強，造就恐怖分子的滋生。然而，即使有誘因存在，要策劃並執行恐怖攻擊也要外在條件許可，某些環境對於恐怖分子而言較好下手，而許多政府常見的反恐政策，像是強化機場安檢、洗錢防制、反恐演習等等，也主要是針對恐怖攻擊的可行性做防堵。然而，若沒有深入地針對恐怖分子的誘因下手，還是很難完全遏止恐怖主義。

除了政體和經濟因素外，地理環境或人口結構也可能對恐怖主義造成影響，文獻上出現許多紛雜的討論都可歸入這類。在地理區域上，許多人都認為恐怖主義較易發生在中東地區，歸因於此地區長期以來的宗教或政治上的仇恨及紛爭，而且中東地區亦是許多宗教性或政治性恐怖組織的發源地，像是哈瑪斯（Hamas）、黎巴嫩真主黨（Hezbollah）、巴勒斯坦解放陣線（Palestine Liberation Front）等。而亦有一些經驗研究文獻特別聚焦在中東地區，例如前述關於民主和恐怖主義的討論，Piazza（2007）就特別分析中東地區十九個國家，並發現在中東地區民主仍是和恐怖主義呈正相關。

關於人口對恐怖主義之影響，Ehrlich和Liu（2002）曾提出青年男子占人口比例這項因素，因為青年男子常是恐怖組織喜愛吸收的對象，若一個國家中青年男子的比例較高，每個人所分配到的工作機會會相對較少，貧富差距亦可能擴大，這些失業或不滿的年輕人就較有可能投身恐怖組織，因此恐怖主義較易發生在這種國家。此外，次團體（subgroup）的存在亦是一項重要的人口因素，恐怖主義專家Crenshaw（1981）認為若一個懷有仇恨的次團體存在大多數人中，恐怖主義就較容易發生，像是受種族歧視的極端分子可能會訴諸恐怖主義這項手段。Ross（1993）也提出類似的看法，若一個次團體存在多數人之中越久，越有可能發展出仇恨，故恐怖主義發生的可能性增加。最後，Ross（1993）亦認爲城市的人口數量和恐怖主義的多寡有正相關，因爲恐怖分子較容易在城市地區發展或發動攻擊，基於城市中有較多的下手目標、媒體或民眾的關注度較高、較容易招募吸收成員、以及較易取得資源或武器等。雖然這些因素涉及了人口和地理的條件，但我們可以發現其實根本解釋仍不脫「誘因」與「可行性」兩大因素。

　　除了上述的結構性因素外，許多學者採用心理學（psychological）的途徑來研究恐怖主義，此類研究探討的問題很廣，包括恐怖分子爲何會加入恐怖組織、恐怖分子的心理狀態、恐怖組織的動態、恐怖行爲如何影響大眾心理、大眾的反應又如何影響恐怖行爲等等。心理學的因素可再區分成個人層次和團體層次，個人層次是探討恐怖分子本身未進入恐怖組織前的個人意念，一般多是因爲其對生活或其他層面不滿，而在從事恐怖活動或在恐怖組織中找到其存在理由（raison d'être）（Martin 2003: 70）。團體層次則是團體的動態性（dynamics）在恐怖分子之間的影響力，如政治心理學者Post（1998）曾提出心理因素會在兩個團體層次的方面影響恐怖分子，其一是團體本身的力量，團體會有要求成員一致及犯罪的壓力，其二是有成功的威脅，但致力於成功會和組織的生存相牴觸，故恐怖主義在兩者間取得平衡。但不論是個人的驅動力或是團體賦予的心理作用，心理學研究認爲只要啟動了恐怖分子欲從事恐怖主義的心理狀態，恐怖攻擊事件就會發生。

　　最後，意識型態因素泛指基於某些價值理念、宗教信仰、國族認同、思維認知等無形因素所驅使的恐怖主義，而簡單又可分爲右派跟左派兩種。右派的恐怖子目的在保存既存的價值體系，他們通常存在著某種種族、宗教、或團體優越感，像是白人至上主義（white supremacy），並致力於對抗可能危及於這種優越性和特殊性的威脅（Long 1990: 65-66）。而左派的恐怖主義則主要是爲了要破壞現存體制，並建構一個新的且正義的社會，資料顯示，在1970和1980年代，左派的恐怖主義占恐怖事件中的最大宗（Enders and Sandler 2006: 48）。

伍、恐怖主義的影響

　　如前所述，政治經濟學研究常著重在討論某些國際或國內因素所帶來對政治或經濟層面的影響，對於恐怖主義的研究也不例外。瞭解恐怖主義的成因固然重要，但一旦恐怖主義發生了，其所帶來的影響爲何也是學者應關注的重點，而不論政治學或經濟學學者，通常都將焦點放在恐怖主義對經濟活動的衝擊，但亦有少部分政治學研究關注恐怖主義對政治層面的影響。

　　恐怖主義對政治、尤其是對現任執政者的影響可能有兩種：一方面恐怖攻擊的發生釋放著對政府的負面訊息，民眾可能因此怪罪政府反恐不力，進而影響對現任執政者的支持率；但另一方面，特別是重大的恐怖攻擊發生後，人民可能會產生一種團結愛國的心態，反而因此更可能支持執政者，特別是執政者表現出強烈的反恐態度時，例如911事件後小布希的聲望因此衝高。Abramson等（2007）就曾研究2004年美國總統選舉，並認爲911事件是使得小布希贏得選舉的一項重要因素。Berrebi與Klor（2008）亦發現恐怖攻擊以及死傷人數對以色列選舉有重大影響，人們會因此較傾向投給右派政黨。但是無論是哪種效果，恐怖攻擊的確對政局會造成影響，所以恐怖攻擊也可能成爲恐怖分子企圖影響選舉結果的一種手段，Newman（2013）就發現越接近選舉時恐怖攻擊會越多。

　　研究恐怖主義對經濟活動影響的文獻則爲數眾多，Nitsch與Schumacher（2004）利用1963年至1993年之間超過兩百個國家的資料，研究發現恐怖主義會使得國家間的雙邊貿易減少，其關係爲恐怖事件增加一倍，貿易量會減少4%。Chen與Siems（2004）則發現，恐怖主義對金融市場會造成影響，例如911攻擊和伊拉克進軍科威特兩個事件造成道瓊市場最嚴重的消退，但是可能因爲美國有較良好的財政和銀行系統，所以在兩次事件都恢復得較歐亞地區爲快。Gupta等（2004）研究武裝衝突和恐怖主義對中低收入國家的財政影響，發現衝突和恐怖主義會藉由改變國家支出的分布，尤其是會增加國防支出而減少教育和衛生支出，進而對經濟成長有負向效果。

Eldor與Melnick（2004）則針對巴勒斯坦對以色列的恐怖攻擊案例作研究，發現財政市場並不會因為恐怖主義而失去彈性，而能繼續有效運作。

　　除了上述各項經濟指標外，有不少學者討論恐怖主義對外來直接投資（foreign direct investment，之後簡稱外資）的影響，而多數學者都相信恐怖主義對外資有負面衝擊，主要原因在於外來投資者或跨國公司在考慮是否去某國投資時，都會事先評估該國的政治風險（political risks），而恐怖主義即是政治風險的一項重要成分。即使外來投資者已經在該國投資，恐怖攻擊的發生也可能嚇跑當地的投資者，造成撤資。Enders與Sandler（1996）就曾研究恐怖活動在西班牙和希臘對外資的影響，並發現有顯著的負向效果。Abadie與Gardeazabal（2008）的跨國分析也得到類似的結論。

　　然而，也有部分學者對此持不同看法，認為恐怖主義對外資的影響有限，畢竟恐怖攻擊多半是針對特定地區而非全國性，對整體經濟所能造成的影響也有限，因此外資不會因為恐怖主義的存在而大幅消退。[7]而且恐怖主義常發生在已開發國家，這些國家的經濟具有高度韌性，對外來投資者也具吸引力，很難因為恐怖攻擊的發生而嚇跑外資。Blomberg與Mody（2005）的研究就發現一般而言暴力對外資的影響是負面的，但是若將研究標的限縮在已開發國家，恐怖主義的影響反而非常小甚至可能是正向的。Powers與Choi（2012）的研究也發現其實只有攻擊私人企業的恐怖主義才對外資有負面影響，其他類型的則無，這表示外來投資者並不會單純將所有恐怖攻擊視為同樣的威脅，而是會分析何種恐怖主義可能造成投資的風險。

　　如果恐怖主義對外資有負面影響，另一個重要的議題則是要如何降低這些衝擊並重新建立投資者的信心。Bandyopadhyay等（2013）發現恐怖主義會降低外資的流入，但是外來援助（foreign aid，之後簡稱外援）有助於緩和這種負面效果。筆者亦曾在一篇文章中提出類似的理論（Lee 2016），認為外援有助於減緩恐怖主義對外資的負面衝擊，但認為重點在於外援所提供的訊息效應（signaling effect），若一個國家收到較多來自美國的反恐援

7　可參見Enders與Sandler（1996）、Becker與Rubinstein（2004）和Blomberg等（2004）的討論。

助，這對投資者釋放一種訊息，表示這個國家是美國重要的反恐盟友，投資者會因此較相信該國的反恐承諾是可信的。筆者的經驗研究和Bandyopadhyay等（2013）相似，顯示恐怖主義對外資的效果是受外援影響，但不同的是筆者發現僅有反恐援助有此影響、而非所有種類的外援。

陸、恐怖主義的分類

　　雖然多數文獻將恐怖主義視為一個單一的名詞，特別是前述政治經濟學研究多將每一起恐怖主義事件等同視之，但是實際上，恐怖主義其實是個多層面、複雜、且莫衷一是的概念。因此，有部分文獻將恐怖主義再細分，探討不同類型的恐怖主義的影響或是成因。雖然根據不同面向有不同的方法劃分恐怖主義，例如本章「參」其實已就「影響因素」來區分恐怖主義，但多數文獻都是以恐怖主義的攻擊方式或是活動手法來區分。影響恐怖主義的因素可算是恐怖主義的「戰略」問題，因涉及的是恐怖分子背後的價值或背景，而恐怖主義活動類型則是恐怖分子在經過計算後選擇的攻擊手法，故可算是「戰術」的層次。

　　若根據恐怖攻擊的手法做分類，學者的區分多半類似或重疊。Combs（1997: 136-143）提出恐怖分子常用的手段有九種，包含炸彈、縱火、綁架或挾持人質、暗殺或伏擊、劫機、破壞、威脅詐騙、生化武器攻擊、和核子威脅。李佳怡與黃旻華（2007）利用ITERATE資料將恐怖攻擊大致分為六類，分別為人質或圍困事件、爆炸事件、武裝攻擊事件、劫機或交通工具事件、暗殺破壞或其他類事件、以及威脅或武器走私等非實際暴力行為事件。筆者將這六種事件在1968年至2006年的次數分布及其百分比呈現在表8-2，從表8-2中可以看到，炸彈攻擊是恐怖分子最喜愛的手法，有接近一半的恐怖主義事件都是爆炸事件，主因在於炸彈製作相對容易、爆炸攻擊可以在任何地點進行、而爆炸事件又能引以較大的傷亡和震撼。而一般較受矚

表8-2 六類恐怖活動次數分配表（1968至2006）

事件 種類	人質或 圍困	爆炸	武裝 攻擊	劫機或 交通工具	暗殺破壞 或其他	威脅或 武器走私	總計
次數	1557	5778	1419	424	1863	1823	12864
百分比	12.2%	44.8%	11.0%	3.3%	14.5%	14.2%	100%

資料來源：ITERATE及作者自行整理。

目的劫機事件則是發生次數最少的，特別在911事件後各國對機場的安檢趨於嚴格，故要執行劫機遠不如炸彈攻擊容易。

　　Martin（2003: 249）則整理出幾個重大的國際恐怖團體常使用的攻擊方式，例如蓋達組織（Al-Qaeda）偏好使用計畫周詳的炸彈及暴動，巴勒斯坦的阿卡沙烈士旅（Al-Aqsa Martyrs Brigade）多採用自殺炸彈及小型武裝攻擊，愛爾蘭天主教徒組成的Provos亦使用小型武裝攻擊和炸彈，波士尼亞境內的塞爾維亞國民兵則採用種族清洗和地方性的恐怖主義，斯里蘭卡的泰米爾之虎則進行游擊隊戰役。由此可知，在不同的環境和氛圍造就出的恐怖組織也會有相異的攻擊手法，所以將恐怖活動類型加以細分，可以更精確地掌握恐怖活動的差異和特徵。以下就針對兩種特殊的恐怖攻擊手法——自殺式攻擊和人質事件做進一步地討論。

一、自殺式恐怖主義

　　針對單一種類的恐怖攻擊之研究並不算少數，其中有不少學者都將研究標的鎖定在自殺式恐怖攻擊（suicide terrorism），主因是這種恐怖攻擊的殺傷力極為強大，所能造成的傷亡遠大於傳統式的恐怖攻擊，且恐怖分子的行為似乎也違反一般的理性原則，故學者欲探究何種因素會導致自殺式攻擊。在一篇具有高度影響力的文章中，Pape（2003）發現自殺式攻擊跟外國政府的軍事占領有高度相關。[8]Piazza（2008a）從供給面（supply side）的角

8　然而此篇文章的研究方法遭受質疑，Ashworth等（2008）認為Pape（2003）的樣本只包含自殺事件發生的個案，而不是所有個案，這樣所得出的推論是有偏差的。

度來看，發現會執行自殺攻擊的恐怖分子比較多來自於非民主國家。Choi與Piazza（2014）則發現若一國內有較多流離失所的人口（internally displaced populations），自殺式恐怖攻擊較可能發生。Gupta與Mundra（2005）研究巴勒斯坦哈瑪斯組織（Hamas）和伊斯蘭聖戰組織（Islamic Jihad）所發動的自殺炸彈事件，他們發現這兩個組織發動的事件都是經過政治計算後的結果，且不僅是對外回應以色列的挑釁，甚至亦是對巴勒斯坦內部合作或敵對的投射。Benmelech等（2012）亦使用巴勒斯坦對以色列的自殺攻擊資料，發現貧窮的環境及高失業率會使得較有能力、教育程度較高的年輕人加入自殺式攻擊的行列。

這些研究結果皆顯示，選擇自殺式攻擊的恐怖分子可能是因為環境所困、萬念俱灰而產生「孤注一擲」的信念，但這並不表示此種行為是非理性的，有可能在理性計算下，恐怖分子或恐怖團體認為自殺式攻擊產生的效益比少數幾個恐怖分子付出生命的成本更高，故他們選擇此種攻擊手法。或是以個人層次來看，這些參與自殺攻擊的恐怖分子認為這是一種「殉教」行為，具高度價值，而其家人也會因此得到恐怖組織的金援照顧，讓其無後顧之憂。因此即便在文明高度發展的今日，自殺式恐怖攻擊仍沒有停歇。

二、人質恐怖主義

根據表8-2的資料，我們可以知道爆炸攻擊是恐怖分子最常用的手法，然而有其他種類的攻擊方式因具有特殊性，也成為學者特別關注的目標，像是人質恐怖事件（hostage-taking terrorism）即是一例。不同於一般的恐怖攻擊，人質事件有兩點特殊性，首先，人質事件的結果不是發生當下就確定，事件本身會僵持一段時間，像是著名的伊朗人質危機就持續了長達444天之久，而在恐怖分子挾持人質的這段時間，除非政府強烈封鎖消息，不然不論人民或媒體都會強力聚焦在事件上，並關注著人質本身的安危。另外，不像一般的恐怖攻擊主要是為了造成大眾恐慌，恐怖分子挾持人質常是有特別要求，像是贖金、釋放獄中的同伴、或是安全離境等，所以人質事件往往包含了恐怖分子和政府間的談判。這些特點使得學者無法用一般的理論來解釋人質恐怖事件。而在資料取得的方便性上，因爲ITERATE資料庫有建立人質事件的檔案，其中記錄了各次事件的人質數目、恐怖分子要求的對象、恐怖分子所提出的條件、贖金數目等，因此研究者亦可以更輕易地掌握資料來做分析。

　　Atkinson等（1987）和Sandler與Scott（1987）是最早使用經驗方法來探討人質恐怖事件的結果之研究，前者發現若一起事件中恐怖分子有陸續釋放人質、有要求贖金、以及若人質包含較多國籍的人民，事件最後恐怖分子會較容易談判成功；但若恐怖分子設一個期限又讓期限過去，最後較可能失敗。後者則將人質事件的成功分成兩種：邏輯成功（即成功執行任務）與談判成功（恐怖分子得到至少部分要求），並發現人質數目越多、不同國籍的恐怖分子越多、以及攻擊的火力越強大越能造成邏輯成功，而若恐怖分子提出兩個以上的要求、不同國籍的恐怖分子越多、以及若當恐怖分子採用綁架的方式來挾持人質，最後較有可能談判成功。Gaibulloev與Sandler（2009）也同樣聚焦在人質事件，並將事件依邏輯成功和談判成功分開檢視，發現在人質事件中，若恐怖分子受傷或死亡會降低邏輯成功的機率，但若人質數目較多或使用綁架方式反而增加成功率。而一起事件中若恐怖分子受傷或死亡、有非恐怖分子傷亡、或是目標是受保護的對象的話則會降低談判成功的機率，但若人質數目越多或是僵持時間越長，恐怖分子談判成功的機率會增加。

　　此外，Brandt與Sandler（2009）則討論人質事件的動態性，並發現若談判成功會造成後續更多的綁架事件，若事件最後是暴力收場也無法嚇阻未來類似事件的發生。心理學者Wilson（2000）亦曾檢視人質事件的特性，並將人質事件進一步分類，發現恐怖分子的行爲是高度結構化的，例如在圍困（barricade siege）事件中，資源的多寡是有意義的，擁有強大火力的恐怖分子會挾持較少人質，反之亦然；而在劫機（skyjacking）事件中，恐怖分子的要求也不是隨機的，例如因不正義對待而尋求曝光的劫機客可能較不會殺害人質等。

　　以上研究多專注於分析人質事件本身的特性，或是探討何種因素會導致人質事件的成敗，但卻沒有學者是從國家或政府的角度出發，亦即討論何種國家較易發生人質恐怖事件。有鑒於此點，筆者利用ITERATE中的人質事件資料，檢測影響人質事件發生的因素（Lee 2013）。在這篇文章中，筆者從民主的困境（the dilemma of democracy）此一角度出發，亦即在民主國家中，一方面政府應保障人民生命財產安全，但另一方面民主國家中所提供的高度人身自由又使得恐怖分子較易下手，導致政府面臨尊重人身自由與反恐的兩難。筆者認為這種困境在人質事件時更為複雜，因為在一起人質事件中，政府直接面臨了要營救人質還是要對抗恐怖分子的抉擇，若直接與恐怖分子交鋒可能會傷害人質，這會引起人質家屬及一般大眾的不滿，但若同意恐怖分子的條件等於反恐失敗，更可能造成其他恐怖分子起而效尤，對國家利益有傷害，因此政府的決定極為兩難。基於此點，筆者認為民主國家較易發生人質恐怖事件，因為民主國家一般重視人民性命及人身自由，再加上民主國家中媒體享有較高度的自由，可以大肆地播報人質危機，這些畫面放送到觀眾眼裡會加深他們的焦慮和對人質安全的關注，因此犧牲人質往往是不被接受的選項。但另一方面，若一民主國家中對政府的行政限制較高的話，決策者較會遵循既有規定行事，也就是不向恐怖分子妥協。也就是說，公民自由度高和媒體自由度高的國家較可能發生人質事件，但行政限制程度高的國家則較不可能發生，筆者的研究結果驗證了這些理論預期。

三、分類恐怖主義之間的關聯

值得注意的是，不同類型的恐怖攻擊之間並非是沒有相關性的，會使用何種方式進行恐怖攻擊是恐怖分子經過利益計算後的選擇，當某種攻擊手法較不可行時，恐怖分子可能轉而採取另一種，這表示若將某一類事件獨立來分析有可能會失去了全貌，因此有些學者探討不同類型恐怖攻擊間的關聯。例如，Enders與Sandler（1993）即利用量化模型分析幾項反恐政策的效果，結果顯示反恐政策雖能在特定的恐怖活動中達到效果，可是卻會轉移至替代的活動上，例如金屬探測會降低劫機和威脅事件，但卻增加了暗殺和其他類的人質事件；美國加強使館和大使的保護確實減少了對美國使館的圍困事件，但暗殺成爲了替代項目。另外，他們也進一步研究911事件後恐怖主義型態的轉變，同樣發現較大的改變僅在於複雜的事件——即人質事件——減少，簡單且殺傷力強的炸彈事件卻增加，顯示了恐怖分子因應反恐戰爭而避開了困難且成本高的活動方式（Enders and Sandler 2005a; 2005b）。

柒、恐怖主義研究的最新趨勢

由前述的討論我們可以得知，對於恐怖主義的研究大約經歷了兩個階段，第一階段的研究多聚焦在個案，且採取的多是心理學或政治學等質化分析途徑，研究的對象常是個人或團體；第二階段則開始進行大樣本分析，利用發展已相當成熟的恐怖主義資料庫以及量化模型來建立並驗證理論，分析單位常是國家，且除了一般性的恐怖主義外，亦有爲數不少的研究是關注某些特別種類的恐怖主義。而近年來或是未來幾年對於恐怖主義研究的趨勢又是爲何？筆者認爲以下兩個主題將會是重點。

一、孤狼恐怖主義

近幾年常出現的一種恐怖主義形式是孤狼式（lone wolf）的恐怖主義，所謂孤狼恐怖分子指的是單獨行動、不隸屬任何恐怖團體或組織、以及作案手法是自己構思而非其他人或外界指導的恐怖分子（Spaaij 2010）。孤狼恐怖分子常出現在北美及歐洲國家，且他們的犯案動機常是出於極端的意識型態，像是白人至上的極右派思想或是極端伊斯蘭主義，最有名的莫過於2011年在挪威屠殺77條生命的布列維克（Anders Behring Breivik），他抱持的即是極端保守的民族主義、反對挪威政府容納其他種族的移民政策。雖然孤狼恐怖分子並非一個新的名詞，但因爲單獨犯案的恐怖分子不像恐怖組織一樣較易追蹤掌握，且孤狼恐怖分子常使用槍枝等較難查緝的作案工具，所以近年來對某些國家成爲越來越大的威脅，像是對槍枝管制較不嚴格的美國就深受其擾。

　　而雖然孤狼恐怖主義有增加的**趨勢**，但肇因於**某些因素**，對孤狼恐怖主義的研究仍屬少數且有其限制。首先，因為孤狼恐怖分子是獨自作案，而非恐怖組織規模性地在背後支持其行動，因此和一般罪犯的界線有時較難區分，主要的差別仍在於作案者是否試圖要影響受害者外的其他人。再者，雖然恐怖主義的資料庫已相當詳盡且廣為使用，但現存資料庫中都沒有對事件是否是孤狼恐怖分子所為的記錄，有時即使犯案者為一人，並不代表其背後沒有恐怖組織的連結或支助。Phillips（2011）是少數使用經濟學模型來分析孤狼恐怖主義的學者，他發現孤狼恐怖分子較可能使用暗殺、武裝攻擊、爆炸、挾持人質或其他非傳統手段，而在攻擊之後孤狼恐怖分子可能會沈潛一段時間不犯案。

二、網路媒介的效果

　　除了孤狼恐怖主義外，筆者認為網路科技對恐怖主義的影響也是一個新興且值得研究的課題。我們如今住在一個科技發達、資訊流通、以及網路無遠弗屆的社會，而網路媒體的普及不僅大幅影響且便利了我們的生活，其對於恐怖主義的發展其實也有深刻的影響，而這影響主要是兩方面，且很不幸對於政府或一般大眾而言都是負面的：一是恐怖組織得以利用網路媒介來宣傳自己或是招募新血；二是恐怖組織可以透過網路方式發動攻擊，也就是所謂的網路恐怖主義（Cyber Terrorism）。

　　首先，網路成為恐怖組織用以做宣傳、傳達訊息、散布恐慌、或是招募新血的新興媒介。像是基地組織的奧薩瑪賓拉登（Osama bin Laden）即善於利用網路來發布談話、傳遞訊息給其成員或是外國政府。近年來成為國際社會極大威脅的伊斯蘭國更是擅長利用網路和社交媒體來發布極端暴力的恐怖影片以宣揚其價值；另一方面，該組織也在網路上大幅招兵買馬，使得許多外國的年輕人受其影響而遠渡重洋赴中東加入伊斯蘭國的行列。Denning（2010）亦提出網路除了成為恐怖組織招募及學習的途徑外，亦是一個募款、洗錢、以及隱藏資金的管道。這顯示了現今的恐怖組織已和過去大為不同，網路的發達不僅有助於恐怖分子輕易達到「影響受害者外的一般大眾」

這個目的，且他們招募的對象也不再像過去一樣是僅限於當地年輕人，而是向全球各地易受影響的網路使用者下手，甚至維持恐怖組織運作的資金亦可以藉由網路媒介流通，因此積極反恐的各國政府不得不謹慎防範。

　　另外，網路的發達也使得網路恐怖主義開始盛行，網路恐怖主義指的是「次國家團體或是秘密組織預先、且有政治目的性地攻擊資訊、電腦系統、電腦程式和資料以造成對於非戰鬥人員的暴力行為」（Curran *et al.* 2008）。網路恐怖主義的前提是國家及重要設施越來越依賴電腦網絡來運作，使得這成為政府的一個脆弱點（vulnerability）（Lewis 2002），重要設施舉凡能源設施、交通樞紐、金融設施等等，若這些設施的運作過度依賴電腦系統的話，一旦電腦系統或程式遭受攻擊，對國家安全或是社會穩定的衝擊可能是極其巨大的。值得注意的是，並非對這類重要設施的網路攻擊就屬網路恐怖主義，其實在多數案例中攻擊的發動者是他國政府或是一般駭客，至今使用網路攻擊的恐怖分子仍相當稀少、甚至有學者認為這是一個尚未發生的現象。然而，學者仍預測網路攻擊在未來會是一個恐怖分子喜愛採用的手法，因為它不僅比傳統攻擊手法便宜、匿名性較高、可能影響的人會較多、且可以在遠端就發動攻擊（Weimann 2005）。Jarvis等（2015）的最新研究也顯示，即便網路恐怖主義的存在與否尚有爭議，這已是一個受到媒體相當程度關注的名詞，表示網路恐怖主義對人類社會的確可能構成潛在威脅。

捌、結語

　　綜合上述的文獻討論以及分析，我們可以得知，恐怖主義是一個長存在人類社會且短時間不會滅絕的現象。即使各國政府對於打擊恐怖主義不遺餘力，研究顯示反恐最多影響恐怖分子對於攻擊手法的選擇，但無法根本性地滅絕恐怖主義。特別是諸多政治經濟學研究都指出，恐怖主義會產生根源於少數人民對生活的不滿或對政府的仇恨，如果這些源頭無法完全根除，反恐措施最多只能針對恐怖攻擊的「可行性」下手，無法解決恐怖分子爲何加入恐怖組織的「誘因」這一問題。

　　尤有甚者，近年來新興的恐怖主義形式和以往大不相同甚至變本加厲，例如傳統恐怖分子藉由殘殺無辜受害者達到威嚇大衆的效果，而近年來在網路及社交媒體的推波助瀾下，恐怖組織爲達到此一目的而手法更爲殘暴，將血腥的殺戮畫面上傳至網路並播送到全世界。在網路科技越來越發達的情況下，政府要如何控管網路媒介以防止恐怖組織透過這個管道招募人手及宣傳恐怖畫面？這將是一個急迫的課題。另外，孤狼式恐怖主義的興起也使得政府對於某些類型的恐怖攻擊越來越難預測及掌握，分析傳統攻擊所獲得的研究成果雖有助於反恐政策的擬定，但不一定能跟上恐怖主義日新月異的演變，因此未來的研究者應致身於這些新興課題的研究，並因此提出更有效的反恐對策。

參考文獻

一、中文部分

李佳怡、黃旻華，2007，〈後冷戰時期影響國際恐怖主義發生之結構因素：應用事件史分析法之探討〉，《東吳政治學報》，第25卷第3期，頁1-49。

二、西文部分

Abadie, Alberto, and Javier Gardeazabal. 2008. "Terrorism and the World Economy." *European Economic Review* 52 (1): 1-27.

Abramson, Paul R., John H. Aldrich, Jill Rickershauser, and David W Rohde. 2007. "Fear in the Voting Booth: The 2004 Presidential Election." *Political Behavior* 29 (2): 197-220.

Ashworth, Scott, Joshua D. Clinton, Adam Meirowitz, and Kristopher W. Ramsay. 2008. "Design, Inference, and the Strategic Logic of Suicide Terrorism." *American Political Science Review* 102 (2): 269-273.

Atkinson, Scott, Todd Sandler, and John Tschirhart. 1987. "Terrorism in a Bargaining Framework." *Journal of Law and Economics* 30 (1): 1-21.

Bandyopadhyay, Subhayu, Todd Sandler, and Javed Younas. 2013. "Foreign Direct Investment, Aid, and Terrorism." *Oxford Economic Papers*.

Becker, Gary S., and Yona Rubinstein. 2004. "Fear and the Response to Terrorism: An Economic Analysis." *University of Chicago mimeo*.

Benmelech, Efram, Claude Berrebi, and Esteban Klor. 2012. "Economic Conditions and the Quality of Suicide Terrorism." *Journal of Politics* 74 (1): 113-28.

Berrebi, Claude, and Esteban F. Klor. 2008. "Are Voters Sensitive to Terrorism? Direct Evidence from the Israeli Electorate." *American Political Science Review* 102 (3): 279-301.

Blomberg, S. Brock, Gregory D. Hess, and Athanasios Orphanides. 2004. "The Macroeconomic Consequences of Terrorism." *Journal of Monetary Economics* 51 (5): 1007-1032.

Blomberg, S. Brock, and Ashoka Mody. 2005. "How Severely Does Violence Deter International Investment?" *Claremont McKenna College Working Papers Series*.

Brandt, Patrick T., and Todd Sandler. 2009. "Hostage Taking: Understanding Terrorism Event

Dynamics." *Journal of Policy Modeling* 31 (5): 758-778.

Chen, Andrew H., and Thomas F. Siems. 2004. "The Effects of Terrorism on Global Capital Markets." *European Journal of Political Economy* 20 (2): 349-366.

Chenoweth, Erica. 2010. "Democratic Competition and Terrorist Activity." *Journal of Politics* 72(1): 16-30.

Choi, Seung-Whan, and James A. Piazza. 2014. "Internally Displaced Populations and Suicide Terrorism." *Journal of Conflict Resolution*. DOI: 10.1177/ 0022002714550086

Combs, Cindy C. 1997. *Terrorism in the Twenty-First Century*. Upper Saddle River, NJ: Prentice Hall.

Crenshaw, Martha. 1981. "The Causes of Terrorism." *Comparative Politics* 13 (4): 379-399.

Curran, Kevin, Kevin Concannon, and Sean McKeever. 2008. "Cyber Terrorism Attacks." In Lech J. Janczewski and Andrew M. Colarik (eds.), *Cyber Warfare and Cyber Terrorism*. Hershey, PA: Information Science Reference.

Denning, Dorothy E. 2010. "Terror's Web: How the Internet Is Transforming Terrorism." In Jewkes Yvonne and Majidand Yar (eds.), *Handbook on Internet Crime*. Wilan Publishing, Devon, pp. 194-213.

Ehrlich, Paul R., and Jianguo Liu. 2002. "Some Roots of Terrorism." *Population and Environment* 24 (2): 183-192.

Eldor, Rafi, and Rafi Melnick. 2004. "Financial Markets and Terrorism." *European Journal of Political Economy* 20 (2): 367-386.

Enders, Walter, and Todd Sandler. 1993. "The Effectiveness of Antiterrorism Policies: A Vector-Autoregression-Intervention Analysis." *American Political Science Review* 87 (4): 829-844.

Enders, Walter, and Todd Sandler. 1996. "Terrorism and Foreign Direct Investment in Spain and Greece." *Kyklos* 49 (3): 331-352.

Enders, Walter, and Todd Sandler. 2005a. "After 9/11: Is It All Different Now?" *Journal of Conflict Resolution* 49 (2): 259-277.

Enders, Walter, and Todd Sandler. 2005b. "September 11 and Its Aftermath." *International Studies Review* 7 (1): 165-170.

Enders, Walter, and Todd Sandler. 2006. *The Political Economy of Terrorism*. NY: Cambridge University Press.

Enders, Walter, Todd Sandler, and Khusrav Gaibulloev. 2011. "Domestic Versus Transnational Terrorism: Data, Decomposition, and Dynamics." *Journal of Peace Research* 48 (3): 319-337.

Eubank, William L., and Leonard B. Weinberg. 1994. "Does Democracy Encourage Terrorism?" *Terrorism and Political Violence* 6 (4): 417-435.

Eubank, William L., and Leonard B. Weinberg. 2001. "Terrorism and Democracy: Perpetrators and Victims." *Terrorism and Political Violence* 13 (1): 155-164.

Gaibulloev, Khusrav, and Todd Sandler. 2009. "Hostage Taking: Determinants of Terrorist Logistical and Negotiation Success." *Journal of Peace Research* 46 (6): 739-756.

Gause, F. Gregory III. 2005. "Can Democracy Stop Terrorism?" *Foreign Affairs* 84 (5): 62-76.

Gupta, Sanjeev, Benedict Clements, Rina Bhattacharya, and Shamit Chakravarti. 2004. "Fiscal Consequences of Armed Conflict and Terrorism in Low and Middle-Income Countries." *European Journal of Political Economy* 20 (2): 403-421.

Gupta, Dipak K., and Kusum Mundra. 2005. "Suicide Bombing as a Strategic Weapon: An Empirical Investigation of Hamas and Islamic Jihad." *Terrorism and Political Violence* 17 (4): 573-598.

Jarvis, Lee, Stuart Macdonald, and Andrew Whiting. 2015. "Constructing Cyberterrorism as a Security Threat: a Study of International News Media Coverage." *Perspectives on Terrorism* 9 (1): 60-75.

Lee, Chia-yi. 2013. "Democracy, Civil Liberties, and Hostage-taking Terrorism." *Journal of Peace Research* 50 (2): 235-248.

Lee, Chia-yi. 2016. "Terrorism, Counterterrorism Aid, and Foreign Direct Investment." *Foreign Policy Analysis* 13 (1): 168-187.

Lewis James A. 2002. "Assessing the Risks of Cyberterrorism, Cyber War, and Other Cyber Threats." Center for Strategic and International Studies (CSIS), Washington, DC.

Li, Quan. 2005. "Does Democracy Promote or Reduce Transnational Terrorist Incidents?" *Journal of Conflict Resolution* 49 (2): 278-297.

Li, Quan, and Drew Schaub. 2004. "Economic Globalization and Transnational Terrorism: A Pooled Time-Series Analysis." *Journal of Conflict Resolution* 48 (2): 230-258.

Long, David E. 1990. *The Anatomy of Terrorism*. New York: Free Press; Toronto: Collier Macmillan Canada; New York: Maxwell Macmillan International.

Martin, Gus. 2003. *Understanding Terrorism: Challenges, Perspectives, and Issues*. Thousand Oaks: Sage Publications.

Mickolus, Edward F., Todd Sandler, Jean M Murdoch, and Peter Fleming. 2006. *International Terrorism: Attributes of Terrorist Events*. Dunn Loring: Vinyard Software.

Newman, Lindsay S. 2013. "Do Terrorist Attacks Increase Closer to Elections?" *Terrorism and Political*

Violence 25 (1): 8-28.

Nitsch, Volker, and Dieter Schumacher. 2004. "Terrorism and International Trade: An Empirical Investigation." *European Journal of Political Economy* 20 (2): 423-433.

Pape, Robert A. 2003. "The Strategic Logic of Suicide Terrorism." *American Political Science Review* 97 (3): 343-61.

Phillips, Peter J. 2011. "Lone Wolf Terrorism." *Peace Economics, Peace Science and Public Policy* 17(1): 1-29.

Piazza, James A. 2006. "Rooted in Poverty?: Terrorism, Poor Economic Development, and Social Cleavages." *Terrorism and Political Violence* 18 (1): 159-177.

Piazza, James A. 2007. "Draining the Swamp: Democracy Promotion, State Failure, and Terrorism in 19 Middle Eastern Countries." *Studies in Conflict & Terrorism* 30 (6): 521-539.

Piazza, James A. 2008a. "A Supply-side View of Suicide Terrorism." *Journal of Politics* 70 (1): 28-39.

Piazza, James A. 2008b. "Do Democracy and Free Markets Protect Us from Terrorism?" *International Politics* 45(1): 72-91.

Post, M. Jerrold. 1998. "Terrorist Psycho-logic: Terrorist Behavior as a Product of Psychological Forces." In Walter Reich (ed.), *Origins of Terrorism: Psychologies, Ideologies, Theologies, States of Mind*. Washington, DC: Woodrow Wilson Center Press.

Ross, Jeffrey Ian. 1993. "Structural Causes of Oppositional Political Terrorism: Towards a Causal Model." *Journal of Peace Research* 30 (3): 317-329.

Sandler, Todd, and John Scott. 1987. "Terrorist Success in Hostage-taking Incidents: An Empirical Study." *Journal of Conflict Resolution* 31(1): 35-53.

Savun, Burcu, and Brian J. Phillips. 2009. "Democracy, Foreign Policy, and Terrorism." *Journal of Conflict Resolution* 53 (6): 878-904.

Spaaij, Ramón. 2010. "The Enigma of Lone Wolf Terrorism: An Assessment." *Studies in Conflict &Terrorism* 33 (9): 854-870.

Weimann Gabriel. 2005. "Cyberterrorism: The Sum of All Fears?" *Studies in Conflict & Terrorism* 28 (2): 129-149.

Weinberg, Leonard B., and William L. Eubank. 1998. "Terrorism and Democracy: What Recent Events Disclose?" *Terrorism and Political Violence* 10 (1): 108-118.

Wilkinson, Paul. 1986. *Terrorism and the Liberal State*. Basingstoke, Hampshire: Macmillan.

Wilson, Margaret A. 2000. "Toward a Model of Terrorist Behavior in Hostage- Taking Incidents."

Journal of Conflict Resolution 44 (4): 403-424.

Windsor, Jennifer L. 2003. "Promoting Democratization Can Combat Terrorism." *The Washington Quarterly* 26(3): 43-58.

第九章 人權與衝突：「常識」背後的多重邏輯*

顏永銘**

壹、前言

2015年夏天，歐洲的難民危機迅速升溫，海上漂流的船民，駭人聽聞的兒童屍體照片，以及混亂的難民越境影像，造成歐盟及各成員國政府重大的政治壓力。深究此危機的源起，乃大量敘利亞難民在多年內戰肆虐下被迫出亡所致。難民的人身安全，財產保障，維生條件，乃至於文化認同均受到嚴重的戕害，衝突戰亂所造成的人權代價又再次得到印證。自二次大戰後人權議題逐漸成為國際社會所關注的焦點，而歷次的重大人道危機與人權災難往往伴隨著國際或國內衝突而生，如冷戰結束後在南斯拉夫以及盧安達所爆發的兩次種族滅絕慘劇，和本世紀初蘇丹達佛地區的種族清洗（ethnic cleaning）危機，都與相關區域安全情勢動盪有密切的關係。近年來，學者對於人權與衝突之間的故事進行了許多有趣的探索，本文的主要目的，在於整理衝突研究與人權研究兩個領域對於彼此間關係探索的一些成果，這包括傳統的「衝突—人權」命題，反向的因果關係，以及不同次類型之間的關聯性，筆者希望透過這樣的介紹，能勾勒出當前相關知識的圖像，並省思未來研究發展的方向。

---

* 本文係作者科技部專題研究計畫「承諾的意義：東南亞與國際人權法」（105-2410-H-039-001）之部分成果，謹向獎助該計畫之科技部與審查人表示感謝。
** 中國醫藥大學通識中心助理教授。

貳、人權研究與衝突研究

　　隨著政治學科學化浪潮的興起，以實證角度探究人權政治以及衝突行為在過去數十年間成為普遍接受的學術實踐，資料庫的創新、擴充，以及新計量模式的運用對於知識積累做出重大貢獻。簡單來說，人權指的是國家對其統治下人民的適切行為準則，為了確保基本人性尊嚴，統治當局行事有某些不可踰越的限制，並且應採取行動，促成人民生活狀態的提升。1948年《世界人權宣言》的通過，以及往後穩步發展的國際人權法體系，反映出國際社會對於人權價值的共識日益強化，人權不再只是理念性的願景，而是真切影響個人與國家的實存（reality）。在研究上，人權政治涵蓋的範圍跨越了不同的分析層次與階段，由規範的形成與鞏固、人權法的拘束效果、人權侵害的成因，到不同類型的權利保障條件等。就後者而言，人權的範圍由消極防範國家恣意性，到積極要求統治當局關照基本生存水準與社會安全的第二代人權，以及著重群體共享特質的第三代人權，都得到重要國際人權公約的肯認。[1]從內容來看，第一代人權涵蓋生命權、人身自由權、公民自由以及參政權利；第二代人權包括維持基本生活水準所需的適切生活水準（adequate standard of living）、勞動權、教育權、社會安全保障等。在研究上，學界迄今的研究重心大部分仍聚焦於第一代人權，特別是其中的人身自由權（personal integrity rights）上，包括禁止酷刑虐待、法外處決政治犯，以及強迫失蹤等人權侵害現象。相較之下，第二代人權的研究，受限於資料取得的困難以及理論上因果關係的複雜性，而尚未能產生同等豐碩的成果。此一概念設定的偏差（bias），在下文所探討的諸多文獻中清楚可見，絕大多數研究所指涉的人權，都以人身自由權為觀察對象，主要探究那些由國家（與其代理人）加諸於個人之嚴重生理／心理傷害。現今的人權研究實證資料庫，也多以人身自由權做為核心的觀察標的，如著名的CIRI Human

---

1　有關三大類型的內涵，可參考顏永銘（2013）。

Rights Data Project，或Political Terror Scale皆是如此。[2]

　　戰爭／衝突的研究乃國際關係此一學科存在的基本理由，戰爭的起因與結束不但是理論的難題，也具有深刻的政策與規範意涵。一般而言，衝突指涉兩行為者之間因追求互斥或無法相容的目標而形成的狀態。在政治的場域中，衝突行為者的身分隨分析層次上的差異而有所變化，典型的國際衝突指涉主權國家之間因利益不相容而產生的糾紛（dispute），一旦糾紛軍事化（有任一方威脅、展示、或使用武力），則概念上視為衝突的開啟。國際衝突研究的文獻近年來傾向區分衝突的不同階段（如圖9-1所示），除了前面提到的衝突開啟（conflict initiation）外，還包括衝突升高，戰爭動態，以及戰爭之後等過程。1963年建立的Correlates of War資料庫（COW），讓諸多研究者可以透過量化數據的分析，檢驗各項理論主張。在2000年以前，絕大多數的文獻集中於探究第二階段，也就是觀察有無戰爭（war/ no war），而過去十餘年來，研究者的興趣呈現出多元的趨勢（Diehl 2006）。

　　冷戰以後，國內層次的衝突成為最常見且危險的現象，某一政權與該國社會內部反對團體間可能因為無法協調的歧異而形成衝突狀態，引發內部衝突（internal conflict）的歧異多與政府組成或領土問題有密切關係，無論是權力的分配或是分離主義的出現，都可能誘發不同政治群體間的敵對行為，而最為極端的內部衝突樣態乃內戰（civil war）。在某些失敗國家（failed

圖9-1　衝突的階段

資料來源：Diehl（2006: 200）。

2　本章所討論的相關研究文獻，除特別說明其人權概念操作化內容者外，其概念設定與觀察指標都是指涉人身自由權，特此說明。

state）中，其內部衝突的型態已經無法清楚的理解成政府與反對派的敵對關係，而比較類似在一定空間範圍內的數個武裝勢力彼此之間的對抗行為，例如過去二十年間索馬利亞的情況。除開內戰之外，國內的衝突狀態也可能誘發不同的行為，包括單向的鎮壓與屠殺等。

參、「衝突—人權」命題

　　武裝衝突的人權衝擊是一個不證自明的現象，從歷史的角度來看，戰爭毫無疑問皆帶來巨大的物質破壞以及生命的損失，人命的傷亡不只侷限於交戰方的武裝部隊，平民百姓之犧牲往往更為震撼，也一再的挑戰現代國際關係所立基的理性與文明基礎。長期以來，有志之士便持續呼籲於衝突期間確保人道原則，然這恰恰反應出該等主張從未得到尊重的情況。在戰爭仍被視為國家合法政策工具的年代，使用武力以及伴隨而來的生靈塗炭乃國際政治之常態。所以，國際人道法先於國際人權法誕生的歷史事實，凸顯了「衝突—人權」命題的嚴重性與迫切性。衝突與人權之間不言可喻的關係，也得到研究社群的呼應，Hafner-Burton（2013）指出，衝突與國家制度（state institution）乃人權侵害最重要的兩項驅動力量。衝突的存在或發生對於人權狀態產生不利的影響。呈現為研究假設的型式，可說倘若一國發動或涉入軍事衝突，則該國的人權狀態惡化的可能性將顯著上升。這樣的看法乃人權學界對於衝突作為影響變數的基本立場，Poe與Tate以及Keith三人於1990年代所提出的經典論文便是採用這樣的觀點（Poe *et al.* 1994）。在他們之後，許多的人權量化研究都納入了衝突此一因子，在統計上當成控制變數來處理。例如Bueno de Mesquita等人在探求制度民主的構成要素與與人權保障之間的關聯性時，就納入了「戰爭」（war）此一變項來涵蓋國內或國際衝突（Bueno de Mesquita 2005）。另外，Simmons（2009）在討論人權條約對於締約國的拘束力時，考慮了「內戰」，「國際戰爭」，以及「內戰經驗」等與衝突有關的變數。

表9-1　影響人權的因素

變數	與人權狀態關係	支持證據
民主程度	民主程度越高，人權侵害越少	強
經濟發展程度	經濟發展程度越高，人權侵害越少	強
國際與國內戰爭	在戰爭情況下，人權侵害可能性升高	強
威脅與異議	面對武裝威脅與社會爭議時，人權侵害可能性升高	強
人口規模	人口規模越大，人權侵害機會升高	強
軍事政體	軍事政權傾向採取人權侵害作為	強
英國殖民遺緒	無英國殖民經驗者人權侵害情況較為顯著	不一致
國際貿易	國際貿易程度低者，人權侵害可能性高	不一致
經濟制裁	面臨經濟制裁國家，人權侵害機率上升	強

資料來源：作者整理自Cardenas（2013: 79）、Landman（2007）。

　　由比較政治的角度來分析人權政治，國家往往被預設爲理性的行爲者，在衡量利弊得失後決定採取何種策略來面對國內群眾，而影響國家成本效益分析的因素遂成爲學者學者探究的重心。經過多年累積，此一研究途徑已經描繪出一幅關係圖像。表9-1列舉了一些重要變數與人權保障之間的關係，其中，民主程度、經濟發展，以及國際貿易程度，都和人權侵害之間存在著負向的關聯；而戰爭、軍事政體、經濟制裁、人口規模等變數，則與人權侵害存在著正向的關聯性；此外，部分變數如英國殖民遺緒與國際制裁與人權保障之間的關聯性，迄今尚未取得一致性的證據支持。

　　然而在此圖像中，「衝突—人權」命題似乎只是諸多因素之一，且其背後的因果機制並沒有得到太多的關注，武裝衝突的爆發必然對人民的生命與人身安全構成威脅，也對於日常生活狀態產生擾動，降低基本生活水準。然而武裝衝突所造成的負面影響，究竟是本國政府相關人權的責任？還是可歸因於交戰方？若屬於前者，則又可進一步討論此等人權侵害乃政府的政策決定所致，還是相關武裝人員的不當作爲？若人權侵害主要由衝突另一方團體所造成，則除了國際人道法規範的適用外，能否放在人權的概念下進行實證分析？對於這些問題，早期研究所提供的線索均不夠完整。Poe等人在討論衝突的人權意涵時，借用Ted Gurr（1986）的概念，指出無論是涉外或國內的情況，統治當局採取壓迫性作為的原因在於其感受到威脅，而須以強制手段因應（Poe *et al.* 1994: 293）。然而，這裡的討論並沒有清楚的區隔國內與國際的意涵，就國際衝突而言，其所帶來的負面人權效果可能是基於戰爭動員準備而採取的限制性措施；另一方面，國內衝突所涉及的人權侵害，本質上上即統治當局對於異議分子／反抗團體的處置作為。換言之，壓迫性作為在涉外衝突時可能是工具性角色的存在，以滿足特定政策目標（控制資訊流通或取得情資等），但在內部衝突時，壓迫性做為卻是政策本身（Bueno de Mesquita 2005: 447）。根據這樣的邏輯，內部衝突所帶來的人權侵害效果將遠遠大過於國際衝突，Poe等人在1999年的研究中印證了此種看法，國內衝突對於人權狀態惡化之影響程度為國際衝突的數倍以上（Poe *et al.* 1999: 308-9）[3]除此之外，衝突造成的影響，是否僅侷限於第一代人權的範疇？由於經濟社會權利的概念過於龐雜，操作化指標不易建立，是以相關的研究較為罕見，Ghobarah等人結合公共衛生領域的分析是少見的例外，他們運用世界生組織健康達成指標（measure of overall health achievement, DALE）的數據，觀察1990年代初期內戰對於相關國家民眾健康情況的影響，分析結果發現，內戰對於不同年齡層群體的整體健康狀態有顯著的負面衝擊，甚至這樣的影響帶有近鄰效應（Ghobarah *et al.* 2003）。

肆、反向的因果關係

傳統「衝突─人權」命題的另外一項不足在於預設人權保障為依變數，但這實質上忽略了其他關係的可能性，特別是人權侵害導致衝突發生／升溫的反向因果關係。Sriram等人（2014）清楚指出，人權侵害既是衝突的

3　面對國內的反對人士，統治當局往往透過壓迫手段製造威嚇效果，以避免其權力面臨嚴重挑戰。

後果，也是衝突的原因。即便人身自由權並未遭到侵犯，但其他類型的歧視與偏差待遇仍可能讓特定族群的不滿情緒累積，並導致社會衝突的爆發。Sriram等人指出，人權與衝突之間的關係有幾種主要的樣態，除了互為因果之外，人權侵害可能在衝突過程中扮演關鍵變數，讓衝突情勢惡化。此外，在後衝突的和平重建階段，人權所扮演的角色更是敏感。一方面，我們可以預期公民社會內倡議分子等行為者要求追究衝突期間人權侵害之責任，落實轉型正義。然而在實務上，這樣的訴求往往會形成締結和平協定之重大障礙，有侵害人權之嫌者往往要求某種形式的赦免作為談判的籌碼。再者，責任的追究對於和平協定的落實時常造成負面效果，1980年代民主轉型後，阿根廷政府企圖追究過去軍政府高層將領侵害人權責任的嘗試，便導致多次軍事政變的威脅。上述這些關係樣態不僅都值得更進一步的經驗分析，更具有深刻的規範意涵，無論是研究衝突或人權的學者，都有共享之核心關懷，亦即期待能減緩人類的苦難（suffering）情況，特別是對個人生命安全與基本尊嚴的威脅。不過在現實世界，這兩項規範價值的實現卻時常呈現出某種張力。

　　在實證文獻中，2000年以後逐漸有學者注意到傳統「衝突—人權」命題的不足，而開始由另一個方向來檢視此一命題。Thoms與Ron由人權的角度，檢視了造成國內衝突的風險因子（risk factor）。他們強調風險因子並不等同於衝突的原因（causes of war），不過這些因素確實會增加國家經歷衝突的機率（Thoms and Ron 2007: 679）。風險因子大體上可以分成兩類：潛在性（underlying）與誘發性（proximate）變因；前者乃長期結構性力量，形構了衝突爆發的溫床，但是潛在性因素並不必然導致衝突的發生，尚需要誘發性因素的存在，使相關行為者得以動員非和平手段作為。透過這樣的架構，人權侵害與國內衝突的關係可以得到更全面的理解，第二代人權的歧視與侵害往往與潛在性變因密切相關，而公民政治權利的侵害則往往與誘發性變因有所關聯。人身自由權的壓迫往往會激發人民起而抗暴，而社會經濟權利的困境則難以產生此種效果。在前一種情境中，個人切身相關的安全甚至生命受到侵害，潛在的怨懟之情很容易轉化成積極的對抗作為，特別當壓迫行為屬於全面性的狀態之際（服從者也不能免於受害）。

　　Thoms與Ron的研究，首次檢視了「人權－衝突」命題，由不同類型的人權出發，探究其與國內衝突之間的關聯性。但由於著重於理論分析，他們在證據上只提供了的變數兩兩之間的相關性比對，而沒有進行多變數的統計驗證，即便不同型態的人權與衝突存在著相關性，但其確切的因果關係連結仍未能確認。除此之外，資料取得的困難（特別是經濟社會權保障的觀察指標）也限制了更精細驗證的可能。

　　Joseph Young進一步探究國家壓迫行為與內戰之間的關係。他認為內戰發生的機率乃國家與異議人士之間互動的函數（function of state-dissident interaction）（Young 2012: 517）。此一論點長久以來未能得到研究內戰學者的重視。統治當局對於職位的不安全感（job insecurity）深刻決定了國家的作為，確保政權延續的考量使得國家在面對行為上的威脅之際傾向以壓迫性手段回應。另一方面，公民社會對於統治當局民意支持的分布狀態容易受到政治制度與族群結構影響，當分布曲線因為上述原因而偏向低度支持分布時，異議分子的數量將增加，而反政府行為發生的機率也會上升。然而異議分子是否會採取激烈作為也是理性計算成功機率下之決策，當國家壓制能力越高，則公民社會採取極端作為的可能性將降低（Young 2013: 521）。由這樣的理論主張出發，Young檢視了162個國家由1976到1999年間的數據，統計分析的結果顯示，缺乏資源且高度壓迫性的國家最有可能出現內戰的情況。

　　除了國內衝突外，人權狀態是否會導致國際衝突發生也成為研究的議題。Caprioli與Trumbore提出「人權流氓」（human rights rogues）的概念，指涉那些嚴重牴觸國際社會普遍接受規範價值的行為，包括族群歧視，性別歧視，以及人身自由權侵害（Capriolo and Trumbore 2006）。冷戰之後國際社會普遍將人權侵害與安全議題結合，主張前者乃對國際和平與安全的重大威脅。Caprioli與Trumbore認為此一政策論述背後的理論基礎來自於規範途徑的民主和平論，特定國內特質反映出的暴力價值觀，將同時影響國家的對外行為。根據1980到2001年的數據，兩位作者的統計分析結果顯示，人權流氓國家確實較一般國家更可能涉入國際衝突。依循著同樣的邏輯，Peterson與Graham討論同樣具有人權侵害文化的國家之間發生衝突之可能性，他們特別強調國家行爲所處的策略互動環境，主張聚焦於成對衝突（dyadic conflict）分析，量化數據顯示，若兩國之間對於人身自由權的尊重程度有顯著差異時，衝突發生的機率將有所上升（Peterson and Graham 2011）。若兩國均尊重人身自由權，則衝突發生機率將最低。除此之外，若兩國皆爲否定人身自由權者，則將存在某種程度的和平關係。唯有在兩國人權規範文化差異顯著時（一國人身自由權保障表現差，另一國人權保障程度佳），衝突發生的可能性將比兩國皆尊重人權的狀態增加2.79倍（Peterson and Graham 2011: 261）。

伍、概念的拆解與延伸

除了反向因果關係外，衝突與人權之分析，還可分別由兩個概念進一步加以拆解，先就人權面向而言，涉及的行爲者並不必然是統治當局，而權利的損害也可能集中在特定的群體上。Hyeran Jo與Katherine Bryant將焦點放在非政府行爲者上，擁有暴力工具的團體也可能對於人身安全以及其他個人權利（individual rights）造成威脅侵害。對於反抗軍團體而言，承諾並遵守人權規範很可能與軍事上合乎理性的作爲相互衝突，畫地自限的反政府行動將傷害軍事上的優勢地位，並危及團體的生存。但是否交戰團體都是忽視人道價值，目無法紀的殘暴之徒（Jo and Bryant 2013）？兩位作者發現，反抗團體的武裝行動仍有可能依循相關的人道規範，在具體行動上包括簽署基本規則（ground rules），允許人道探視，不殺害平民等。以1991～2006年期間國際紅十字會（ICRC）的人道探視做爲符合人權規範的觀察指標，兩位作者企圖找出影響武裝反抗團體對國際人權規範態度的條件因素。量化分析的結果顯示，反抗團體的集權化程度以及脆弱性是兩個重要的條件。反抗團體的組織結構越完整，其核心的決策越能得到下級單位有效落實，則遵從人權規範的行為將較可能實現，畢竟下級單位往往是人權侵害的主要執行者。另一方面，為了爭取國內與國際的政治支持以維生存，反抗團體須維持一定的人道標準，特別當其已看見勝利曙光之際，遵守人權規範往往成為國際社會肯認其行為者身分的前提要件（Jo and Bryant 2013: 247, 257）。

　　在衝突過程中，婦女與兒童的生命與福祉特別容易受到傷害，從東亞地區充滿爭議的慰安婦議題，到非洲地區氾濫的童兵現象，乃至於以性侵作為種族滅絕工具的暴行，都清楚反映出弱勢團體在衝突中的危殆處境。Cohen企圖對內戰期間的性攻擊現象提出理論解釋。她指出既有的理論由機會主義，族群仇恨，以及性別不平等的角度來分析內戰期間出現的強姦行為，但她以為性攻擊現象之所以會出現差異，很大程度上取決於交戰雙方人員招募的模式（Cohen 2013）。武裝衝突期間出現的性攻擊現象，大多以輪暴的方式出現，此種群體行為對於施暴者團體內的整合凝聚有極大的重要性，透過共同參與性侵，強化了施暴者之間的同志情誼。在內戰期間，反抗軍與政府軍的成員往往透過非常態（強徵、拉夫與脅迫入伍）手段組成，然而此種招募方式所構成的團體缺乏內部的凝聚力，很可能在衝突壓力下迅速瓦解，透過輪暴的集體性儀式來建立成員間互信基礎，並鞏固團體連結遂成可能的因應之道。相較之下，若武裝團體內已經有相當強固的社會連結關係（例如出自同一村落或宗族），則無須透過這樣的手段來凝聚一體感。Cohen運用她所蒐集的資料庫進行量化檢驗，分析結果支持此一「社會化」解釋，以非志願方式組織兵員的反抗軍團體犯下戰時強姦行為的機率，是以志願方式組成團體的2倍到5.5倍。同樣的情況也出現在政府軍團體，志願與非志願的組成方式其犯下強姦行為的機率將相差1.6至4倍（Cohen 2013: 472-3）。

　　社會學的分析觀點實際上與另一類弱勢團體的人權困境亦有所關聯，童兵（child soldier）議題在後冷戰年代引發國際社會重大關切，相關的學術探討也漸次萌芽。傳統對於此一現象的理解大抵歸因為貧困，孤兒以及小型武器全球擴散等因素（Achvarina and Reich 2006）。然而這些解釋多由個別案例推論而來，缺乏系統性的驗證。Beber與Blattman參考了組織理論的邏輯，以博弈模型（formal model）推論武裝團體領袖招募童兵的行為模式。由於能力的差異，招募童兵本身並非最佳（optimal）的做法，但是兒童比較容易於進行思想灌輸，以及較低的逃兵率可以彌補成本上的落差，讓招募童兵的預期效用（expected utility）等同或超越招募成年士兵，對於武裝反抗團體領袖而言，招募童兵遂成為可行的選擇（Beber and Blattman 2013）。為了驗證其理論，Berber與Blattman透過新蒐集的非洲「跨叛亂」（cross-rebel）資料庫進行量化分析，結果發現得到外國政府無條件支持的武裝團體有較高的機率強徵童兵，這可能是因為國外的支持降低了該團體因強徵童兵所面臨的刑事責任成本（2013: 100）。另外，Achvarina與Reich（2006）由脆弱性（vulbnerability）出發，認為難民營由於缺乏實質的保障，容易淪為武裝團體補充人員的場所，再加上難民營內部高比例的兒童人口，遂造成高比例的童兵現象。觀察非洲自1975到2002年間的國內衝突，Achvarina與Reich計算難民營遭受攻擊次數，以及難民軍事化（refugee militarization）的發生頻率，將其轉化成觀察指標進行分析。雖然觀察樣本數有限，但與其他替代解釋變數相較，確實僅有此難民可接觸性（accessibility）變數呈現出統計上顯著的結果。童兵現象之所以出現，乃因這些兒童無處可躲，成為難民所致。

不同於先前的討論大多聚焦於眼前實際的利益衡量，Lasley與Thyne認為叛亂團體的類型將影響其招募童兵之意願。這樣的觀點與Jo和Bryant（2013）的論點有所呼應，對於持分離主義訴求的叛亂團體而言，取得國際社會之肯認乃達成其宗旨的重要條件，而由於反對童兵乃國際社會明確的規範性共識，分離主義團體受限於這樣的壓力，將避免使用童兵，從而與其他類型叛亂團體形成明顯區隔。換言之，成本效益的分析是出於不同的規範性偏好，而非僅止於現實的盤算（Lasley and Thyne 2015）。

兒童人權與衝突的關聯性並不局限於童兵議題，其他面向的兒童權利也可能遭受戕害。Simmons（2009）在研究兒童權利公約對於童工（child labor）問題的影響時，也將衝突因素納入考慮，其基本假設認為戰爭吸收成年勞動人口進入戰場，將驅使兒童進入生產場域提供彌補性勞力。這樣的論點看似合理，不過統計分析呈現出非顯著結果，無法支持假設（Simmons 2009: 326-7）。類似的情況也出現在有關女性權利保障的分析上，Simmons 所關注的幾項依變數，包括男女就學比，家庭計畫政策，以及女性服公職比例，相關的統計模型都有納入武裝衝突作爲控制變數，不過都沒有具有統計顯著性的結果。這是否意味著弱勢群體社會經濟權與衝突之間缺乏關聯性，顯然還有待更進一步的探索。

　　除了對人權概念進行拆解，在衝突這一端的討論上，也有許多可以進一步著墨之處。在衝突的過程中，新行爲者的介入，以及衝突結束後的因應手段皆有可能對於人權狀態產生影響。Peksen探討外來軍事干預對於人身自由權保障的影響，他指出，干預性質的差異會產生不同的人權效果。[4]若干預行爲與當事國政府立場接近甚至支持，則會強化統治當局採取迫害行爲的能力與意願，人身自由權侵害的情況將明顯增加。而中性的外部干預亦會產生負面的人權影響，因爲外部行爲者缺乏明確的立場表態，會被當事國政府理解成國際社會缺乏政治意志的訊號，讓其可以放心採取迫害舉措而無庸擔心後果。相對的，敵意干預所反映出的政治決心，以及當事國統治當局對於未來的不確定性（可能面臨責任追究），都會對其採取迫害作爲產生一定的約制效果（Peksen 2012: 559-561）。運用國際軍事干預資料庫（International Military Intervention）進行指標操作化，統計分析結果提供了強烈證據支持前述的理論預期。支持政府以及中性干預將導致人身自由權的惡化，而敵意干預的影響較爲分殊，政治拘禁情況上升，但其他類型的人權侵害則沒有顯著的結果（Peksen 2012: 567）。

　　不同於Peksen關注軍事干預的人權效果，Choi與James（2014）企圖分析美國對外軍事干預的動機，作爲全球霸權，美國比其他國家有更多的機會採取軍事手段達成外交政策目標，而華盛頓的外交政策議程大體上可以歸類成人權關切，民主促進，以及打擊恐怖主義（Choi and James 2014: 6）。在

4　軍事干預的定義參考Pearson & Baumann (1993): "the movement of regular troops, or forceful military exploits by troops already stationed by one country inside another."

檢視了1981到2005年的數據後，兩位作者發現上述三項理由在個別觀察時皆具有統計上顯著的相關性，然而若將其整合到一個模型來判斷相對重要性時，民主促進與對抗恐怖主義的統計顯著性都消失了，唯有人權關切依然呈現出顯著且與預期一致的結果。由預期機率來看，當目標國家人權狀況惡化程度每增加一個標準差時，美方干預的機率將增加120%。所以，相較於其他的政策目標，人權保障更能驅使美方採取軍事干預手段。

　　事實上，軍事干預在規範意義上具有高度爭議性，今日國際社會上最具有正當性的干預型態乃聯合國維和任務（peacekeeping intervention）。自1946年開始，聯合國維和任務作為已經由原初針對國家間的衝突，演變至對於國內武裝衝突也進行干預的積極作為。Murdie與Davis企圖理解維和任務是否真能改善那些歷經內戰衝擊社會的人權狀態（Murdie and Davis 2010）。雖然聯合國近年開始將人權保障納入維和任務的使命，但過去的經驗常凸顯出維和行動與人權保障的本質矛盾，特別是為了確保衝突不再發生，維和單位往往對於衝突各方的人權侵害作為視而不見。Murdie與Davis指出，維和干預對於人權的影響並非單一向度（one-dimensional），維和行動的性質以及執行者本身的人權實踐皆有可能影響標的國的人權狀態（2010: 57）。1980到2004年的數據顯示，維和行動整體而言與人權保障之間並無統計上顯著的關聯性，而若維和行動具備明確的人道目標，則其對於標的國人權狀況的影響將出現遞延性的改善效果。有趣的是，具有人道使命的維和任務會改善當事國的人身自由權，但對於公民自由範疇的權利則會產生負面的效果，Murdie與Davis認為這可能意味著某種負面的外部性，交戰團體無須透過殘暴的壓迫手段來取得資訊，僅需藉由限制行動或言論自由等策略便可達成目標。

陸、結語

　　本章對於近年來討論衝突與人權關係的量化文獻進回顧整理。衝突對於人權的負面影響合乎眾人的常識判斷，但對於其間的因果機制，不同類型權利的易受性，受影響的群體，以及衝突過程中人權衝突的變化等問題，學界的理解依然有所不足。幸而過去十餘年來逐漸有學者投注心力，豐富了相關的知識內容。

　　整體而言，今天學界已經超越了過去把衝突視為人權研究控制變數的立場，並開始思考兩者之間複雜多樣的互動可能。人權侵害行為往往也是衝突的發生的重要因子，壓迫與怨懟積累的社會結構乃內部衝突的溫床，而由規範的角度來看，缺乏尊重人權文化的國家也傾向透過非和平手段執行外交政策。而不論是人權或者是衝突，概念上都可進一步的加以拆解，經濟社會權利的侵害將造成衝突誕生的結構環境，而公民政治權利的壓迫則可能進一步誘發衝突。除此之外，從依變數的角度來看，衝突所造成的負面人權效應也非普遍性的作用於整體人群，弱勢群體如婦女與兒童往往在衝突中淪為最悲慘的受害者，但不論是童兵或者是性攻擊的現象背後都有特定的生成邏輯支撐。最後，介入衝突的第三方對於標的國的人權保障近年來也成為學界關切的研究課題，但相關的發現卻與規範性期待有所差距，作為全球霸權的美國固然在對外軍事干預上考慮到人權保障的必要性，但最具正當性之聯合國維權任務對於人權狀態改善並無立竿見影的效果，和平與人權價值間的取捨（trade-off）該如何超越仍是政策制訂者必須面臨的挑戰。

　　若依照過程的概念架構（圖9-1）來看，上述這些研究成果提供了一些關鍵的貼片，但整份拼圖仍未完成。由圖9-2來看，傳統的「衝突—人權」命題（虛線箭頭），與反向的因果關係都集中在衝突升高這個階段，也就是觀察有戰爭／無戰爭之人權效果差異。然而衝突過程不同階段的發展，都可能與人權保障產生關聯，過去十餘年的量化文獻，促進了我們對於人權與衝突開啓，衝突升高的理解，不過對於戰爭過程與人權保障之間的探究，仍相對缺乏；同樣的，戰爭之後階段與人權的關係，目前學界的理解仍相對有限。這些不足之處固然有其實際的困難，特別是資料蒐集上的挑戰，但也不能否認研究社群對於不同階段的關注程度有所差異。未來可能的研究方向，包括衝突開啟階段與人權侵害之間的關聯性，經濟社會權利構成的衝突情境，在何種情境下會觸發內部衝突？以及統治當局應對措施的抉擇，是基於何種考量？這些問題迄今仍未有完整的理解。就後者而言，由限制公民自由、迫害，到軍事衝突實際上可視為一連續體上的不同作為，因而在理論上可以與民主和平論加以連結。最後，就方法而言，本文所回顧的的分析多聚焦於單向的因果關係，這樣的傾向固然與計量技術的侷限有關，但並非不可克服，Peksen（2012）便嘗試運用雙元機率回歸模型（Bivirate Probic Model）來避免軍事干預與人權之間的內生性問題。人權與衝突之間的相互形構現象有諸多的案例佐證，如何對壓迫循環（cycle of repression）的機制進行系統化的分析顯然是未來努力的方向。

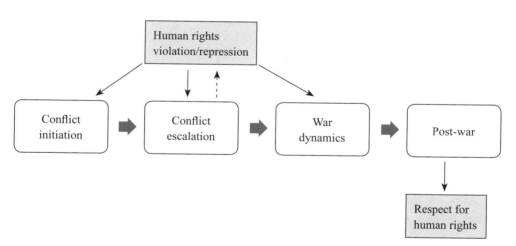

圖9-2　衝突與人權的關聯性

參考文獻

一、中文部分

顏永銘，2013，〈民主必然促進人權？東南亞人權保障的實證分析1981-2008〉，《政治科學論叢》，第56期，頁91-118。

二、外文部分

Achvarina, Vera, Simon F. Reich. 2006. "No Place to Hide: Refugees, Displaced Persons, and the Recruitment of Child Soldiers." *International Security* 31(1): 127-164.

Beber, Bernd, Christopher Blattman. 2013. "The Logic of Child Soldiering and Coercion." *International Organization* 67(1): 65-104.

Bueno De Mesquita, Bruce, George W. Downs, and Alastair Smith. 2005. "Thinking inside the Box: A Closer Look at Democracy and Human Rights." *International Studies Quarterly* 49(3): 439-457.

Cardenas 2013. 2013. "Human Rights in Comparative Politics." In Michael Goodhart (ed.), *Human Rights: Politics and Practice*. Oxford University Press.

Caprioli, mary, Peter F. Trumbore. 2006. "Human Rights Rogues in Interstate Disputes, 1980-2001." *Journal of Peace Research* 43(2): 131-148.

Choi, Seung-Whan, Patrick James. 2014. "Why Does the United States Intervene Abroad? Democracy, Human Rights Violations, and Terrorism." *Journal of Conflict Resolution* 58(1): 1-28.

Cohen, Dara Kay. 2013. "Explaining Rape during civil war: Cross national evidence (1980-2009)." *American Political Science Review* 107(3): 461-477.

Davenport, Christian. 2004. "The Promise of Democratic Pacification: An Empirical Assessment." *International Studies Quarterly* 48(3): 539-560.

Davenport, Christian. 2007. "State Repression and Political Order." *Annual Review of Political Science* 10: 1-23.

Diehl, Paul. 2006. "Just a Phase? Integrating Conflict Dynamics over Time." Conflict Management and Peace Science 23(3): 199-210.

Hafner-Burton, Emilie M. 2014. "A Social Science of Human Rights." *Journal of Peace Research* 5(2): 273-286.

Jo, Hyeran, Katherine Bryant. 2013. "Taming of the warlords: commitment and compliance by armed opposition groups in civil wars." In T. Risse, S. Ropp and K. Sikkink (eds.), *The Persistent Power of Human Rights: From Commitment to Compliance*, Cambridge: Cambridge University Press.

Landman, Todd. 2007. *Issues and Methods in Comparative Politics*. New York, N.Y.: Routledge.

Lasley, Trace and Clayton Thyne. 2015. "Secession, Legitimacy, and the Use of Child Soldiers." *Conflict Management and Peace Science* 32(3): 289-308.

Murdie, Amanda and David R. Davis. 2010. "Problematic Potential: The Human Rights Consequences of Peacekeeping Interventions in Civil Wars." *Human Rights Quarterly* 32(1): 49-72.

Peksen, Dursun. 2012. "Does Foreign Military Intervention Help Human Rights?" *Political Research Quarterly* 65(3): 558-571.

Peterson, Timothy M., Leah Graham. 2011. "Shared Human Rights Norms and Military Conflict." *Journal of Conflict Resolution* 55(2): 248-273.

Poe, Steven C. and C. Neal Tate. 1994. "Repression of Human Rights to Personal Integrity in the 1980s: A Global Analysis." *American Political Science Review* 88(4): 853-872.

Poe, Steven C., C. Neal Tate and Linda Camp Keith. 1999. "Repression of the Human Right to Personal Integrity Revisited: A Global Cross-National Study Covering the Years 1976-1993." *International Studies Quarterly* 43(2): 291-313.

Simmons, Beth. 2009. *Mobilizing for Human Rights: International Law in Domestic Politics*. Cambridge: Cambridge University Press.

Sriram, Chandra Lekha, Olga Martin-Ortega and Johanna Herman. 2014. *War, Conflict and Human Rights: Theory and Practice*. New York, N.Y.: Routledge.

Thoms, Oskar N. T., James Ron. 2007. "Do Human Rights Violations Cause Internal Conflict?" *Human Rights Quarterly* 29: 674-705.

Young, Joseph K. 2012. "Repression, dissent, and the Onset of Civil War." *Political Research Quarterly* 66(3): 516-532.

吳俊德*

壹、前言

　　從2010年12月開始，起自於突尼西亞的群眾抗爭點燃了一連串橫掃阿拉伯國家的反政府運動，成為全世界矚目的焦點。這一波社會運動的浪潮，也就是所謂的阿拉伯之春（the Arab Spring），造成突尼西亞、埃及、葉門等國家的政權垮臺；也引發了利比亞政府軍與反抗軍之間的內戰，利比亞的領導人格達費（Muammar al-Gaddafi）即是在內戰當中身亡。「阿拉伯之春」的效應更擴散到鄰近的區域，在中東以及北非的許多國家，皆發生規模大小不一的民眾暴動或是示威活動。[1]

　　在臺灣，近年來也有相當多的抗議遊行事件，其中較為人注意者有在2013年8月3日，為了悼念在退伍前兩天受到不當管教導致死亡的陸軍義務役士官洪仲丘，由民間團體所舉辦的「萬人送仲丘」活動；以及為了聲援「太陽花學運」，[2]於2014年3月30日在臺北所進行的集會。參與這兩個抗議活動的民眾相當踴躍，「萬人送仲丘」的參與人數約在數萬人至10萬人之間，聲援「太陽花學運」在凱達格蘭大道集會的民眾則有20萬到50萬之譜，也引起國際媒體的注意。臺灣的抗議活動雖然沒有像「阿拉伯之春」一樣直接造成政府領導人下臺，但也造成政策的改變、法令的修改、[3]並導致2014年11月

---

*　東吳大學政治學系兼任助理教授。

1　這些國家包括巴林、敘利亞、阿爾及利亞、伊拉克、約旦、科威特、摩洛哥、阿曼、黎巴嫩、茅利塔尼亞、沙烏地阿拉伯、蘇丹、以及西撒哈拉。

2　「太陽花學運」是一群大學生為了抗議《海峽兩岸服務貿易協議》在立法院草率通過，而於2014年3月18日衝入並占領立法院的行動。該行動受到青年學生以及民眾普遍的支持，學生占領立法院的時間長達23天。

3　在洪仲丘事件之後，立法院修正《軍事審判法》，現役軍人在非戰時若觸犯《陸海空軍刑

中國國民黨在直轄市長及縣市長選舉的落敗。[4]

　　不論是在阿拉伯世界或是在臺灣，這些社會運動有一個共通點，就是組織者與支持者大量利用網際網路（the Internet，以下簡稱網路）來傳遞資訊、動員群眾、報導現場情況、以及向國內和國際宣傳。在突尼西亞、埃及、與利比亞，臉書（Facebook）都是傳送抗議活動相關訊息最主要的媒介，「阿拉伯之春」甚至被許多國際媒體稱爲「臉書革命」（Facebook Revolution），由此可見網路在「阿拉伯之春」的重要性。在臺灣，一個簡單的例子是在「太陽花學運」期間，部分學生與民眾於3月23日晚間闖入行政院，並在3月24日凌晨遭到警方強制驅離。23日當晚，臺灣規模最大，也是最有影響力的網路社群批踢踢實業坊（簡稱Ptt），[5]出現史上最高同時上站人數（177,734人），並且在以討論政治消息爲主的八卦版，也達到史上最高同時在板人數（100,084人）[6]（陳伯璿等，2016）。

　　從這些例子來看，社會運動的發生，似乎與網路的使用有著相當密切的關係。在學界，網路如何影響社會運動已有相當多的研究與討論，本文即是要從各種不同的理論途徑（theoretical approach）去探討網路對於社會運動發揮哪些作用。這裡要先強調一點，社會運動之所以會發生，背後有許多可能的原因，例如民眾受到政治、經濟、社會上各種因素的壓迫。網路本身是

法》，不再由國防部的軍事法庭審理，而是由普通法院審理。在「太陽花學運」方面，當學生占領立法院議場近三週後，立法院長王金平於4月6日前往探視學生，承諾在《兩岸協議監督條例》完成立法之前，不會進行《海峽兩岸服務貿易協議》的黨團協商。學生隨即於4月7日宣布於4月10日晚間退出議場，「太陽花學運」於是落幕。

4　在該次選舉中，民主進步黨斬獲13席，中國國民黨僅得到6席，最具有指標性的臺北市長也由無黨籍的柯文哲擊敗中國國民黨提名的連勝文。

5　Ptt是一個電子布告欄系統（Bulletin Board System，簡稱BBS），使用者透過網路進行連線，可以在上面公告消息、閱讀新聞、並與其他使用者進行討論。Ptt的宗旨是「建立一個快速、即時、平等、免費、開放且自由的言論空間」，目前在Ptt與Ptt2註冊的人數超過100萬人，尖峰時段兩站可容納超過15萬名使用者同時上線，擁有超過兩萬個不同主題的看板，每天有上萬篇的新文章被發表以及閱讀。上述關於Ptt的敘述請參見https://www.ptt.cc/index.html。

6　Ptt以不同顏色的「爆」指標，顯示同時在某個看板上的人數，這個指標可以反映出當時特定議題受到關注的程度。當同時在板人數超過10萬人時稱爲「紫爆」，「紫爆」在過去被鄉民（Ptt使用者自稱爲鄉民）認爲是不可能達成的記錄，但是這個記錄在2014年「太陽花學運」期間達成（陳伯璿等，2016）。

一項傳遞訊息、進行人際溝通的工具，它並不是造成社會運動的「原因」；但是，網路的使用或有助於社會運動的發生，因此值得我們深入瞭解。至於社會運動的成因，由於不是本文關注的焦點，故不多作討論。

　　本文首先要簡單敘述「阿拉伯之春」發生的經過，尤其是埃及的情況，既然「阿拉伯之春」是網路在社會運動中被廣泛運用的濫觴，想要瞭解網路與社會運動的關係，自然必須要對網路在「阿拉伯之春」所扮演的角色先有基本的認識。接下來，本文介紹解釋網路影響力的幾個理論途徑，將力求理論的廣度，從多個面向切入：包括交易成本理論、賦權理論、政治傳播理論、集體行動理論、以及動員結構理論。由於篇幅所限，每個理論途徑只能做簡單的介紹。最後，作者將做出總結，並就學者的研究發現提出一些政策上的建議。

貳、網路與阿拉伯之春

　　2010年12月17日，一位名叫Mohamed Bouazizi的突尼西亞水果小販，在Sidi Bousid市政府前引火自焚，原因是執法人員粗暴地對待他，並將他賴以為生的水果推車沒收。執政當局當時沒有想到的是，這個自焚事件引發了擴散到全國的抗議活動（Fahim 2011）。藉由社群網站（social networking websites），[7]呼籲人民出來抗議的訊息以及抗議現場的影片迅速傳遞，警方使用催淚瓦斯甚至向群眾開槍，抗議的民眾依然遍布街頭（Kirkpatrick 2011a）。即使政府頒布戒嚴令，抗議的民眾並沒有退卻，在將近一個月的抗爭之後，獨裁統治突尼西亞長達23年的總統Zineel Abidine Ben Ali，於2011年1月14日搭機逃往海外。

7　全世界最熱門的社群網站包括臉書（Facebook）、推特（Twitter）、以及影音分享網站YouTube。

　　受到突尼西亞革命成功的激勵，在2011年1月25日，數以萬計的民眾聚集在好幾個埃及城市的街頭，要求埃及總統Hosni Mubarak下臺。在這個「反叛日」（Day of Revolt），抗議者占領了埃及首都開羅市中心的廣場，爲這個終結將近三十年強人統治的人民抗爭拉開序幕（Fahim and el-Naggar 2011）。從「反叛日」開始，參與抗議的民眾越來越多，與警察之間的衝突也日益激烈，在2011年2月1日，總統Mubarak宣布他將不會在該年九月尋求連任。然而，這個宣示並不能滿足抗議民眾要求他立即辭職的訴求，反而激起更大的反對聲浪（Shadid 2011）。在抗議活動進行兩個禮拜後，副總統Omar Suleiman與反對陣營的代表會面，雖然會後Suleiman宣稱雙方已經達成改革的共識，抗議活動的領導者卻駁斥這樣的聲明。

　　2011年2月7日，反對Mubarak的臉書專頁「我們都是薩伊德」（We Are All Khaled Said）的發起人，同時也是抗議運動的幕後組織者Wael Ghonim，在被埃及政府綁架非法囚禁了十二天之後獲釋，Ghonim的重獲自由更是替抗議運動打了一劑強心針（Kirkpatrick and Preston 2011）。三天之後，Mubarak宣布會將部分的權力交給副總統，但是他仍然會保持國家元首的地位（Shadid and Kirkpatrick 2011）。這個聲明再度激怒民眾，抗議活動的強度與參與人數也繼續往上提升，媒體估計在Mubarak作出這個聲明的隔天，湧入街頭抗議的民眾高達100萬人（Kirkpatrick 2011b）。最後，經過十八天的抗爭，副總統Suleiman於2011年2月11日宣布總統Mubarak決定辭職下臺。

　　以上簡單回顧了突尼西亞與埃及在「阿拉伯之春」時推翻政府的過程，至於網路在這個過程中所發揮的作用爲何？本文接下來將以埃及的例子說明。在埃及，反對人士對於社群網站的使用可以追溯到2008年，2008年4月6日，埃及政府壓制了一場原本要在工業城Mahalla進行的紡織工人罷工行動，這場行動雖然是失敗的，但是它的影響卻很深遠。運動失敗之後，組織者在臉書成立了一個「4月6日青年運動」（April 6 Youth Movement）的專頁，作爲日後聯絡與分享訊息之用。在這個網頁出現以後，埃及的反對人士開始積極地利用網路這個媒介，各種關注獨裁暴政、政府貪瀆、人權現況等議題的網站紛紛出爐，讓民眾獲得更多的政治資訊，反對運動的活躍分子也透過網路彼此串連（Kirkpatric and Slackman 2011）。

在2010年6月6日，一位名叫Khaled Said的埃及商人被兩名便衣警察毆打致死，原因是他手上握有警察貪污的證據。五天之後，一個叫做「我們都是薩伊德」的臉書專頁由一位關心人權的匿名人士成立，這位人士後來才被揭露是谷歌（Google）的員工Wael Ghonim（Preston 2011a），他也因此在「反叛日」遭到埃及政府非法逮捕。這個臉書專頁貼出了一些從停屍間拍到的照片，從中可以看出Said的臉被打得血肉模糊，許多網路使用者在瀏覽之後紛紛留言表達他們的哀悼與憤怒。這個網頁在成立之後很快地成為埃及反對人士在網路上的大本營，不過一兩個星期的時間，加入這個專頁的網路使用者就有13萬之多（Preston 2011b）。

到了2011年1月底，「4月6日青年運動」的專頁有7萬名粉絲，而「我們都是薩伊德」的專頁更是有超過47萬人的支持者。在突尼西亞政府垮臺以後，反對運動的組織者籌劃了「反叛日」的全國性抗議運動，並且在這兩個臉書專頁上發布消息，呼籲民眾站出來要求總統Mubarak辭職下臺（Preston 2011b）。由於這兩個專頁有著散布各地的廣大支持群眾，消息的傳遞既快速，又可以跨越距離的限制；收到消息的群眾也可以再利用網路分享、轉發訊息，或是幫忙進行人際之間的口語傳播。於是，「反叛日」活動的訊息得以在一夕之間傳到全國各地。

若是沒有網路，在獨裁國家裡傳播媒體多受到政府掌控之下，抗議活動的訊息根本難以傳遞出去。「反叛日」的活動顯示，網路展現了驚人的資訊傳遞效率以及動員能力，撼動了整個埃及。埃及政府在驚懼之餘，在2011年1月25及26日兩天，將全國大部分地區的網路連線關閉，以避免反對人士利用網路繼續傳播資訊與進行動員（Fahim and el-Naggar 2011）。然而，「反叛日」的活動在全國已經人盡皆知，這樣的反制措施為時已晚，只是更加激起民怨，也妨礙政府部門彼此之間的聯絡溝通，不利於危機處理。最後，Mubarak總統仍然不能免於辭職下臺的命運。

本文所要探討的，是網路發揮了哪些作用，以促成社會運動的發生。上述埃及的例子說明了網路在「阿拉伯之春」有著極為強大的傳遞資訊功能；然而，網路的影響力並不僅限於資訊傳遞而已，還有許多不同的層面。接下來作者將要從各個不同的理論途徑，來分析網路對於社會運動所可能產生的影響，首先從交易成本理論開始。

參、理論途徑

一、交易成本理論

交易成本（transaction cost）是經濟學的概念，首先由Coase（1937）提出，再由Williamson（1975; 1985）將此理論加以擴充並且發揚光大。交易成本指的是為了完成一筆交易所產生的相關費用，新古典經濟學假設市場資訊是完全公開透明的，可以自由取得不需要成本。Coase（1937）則以為，在現實當中這樣的假設是不成立的，因為在市場交易中，各方當事人有著資訊不對稱（information asymmetric）的問題，因此要達成一項交易，會衍生出額外的成本，包括：1.搜尋成本（search costs）：尋找交易物當事人（即買家或賣家）的成本；2.協議成本（bargaining costs）：買賣雙方在交易過程中溝通協調的成本；3.執行成本（enforcement costs）：達成交易履行契約過程中所產生的執行與監督的成本。

Williamson（1975）認為，人性因素與環境因素會造成市場無法正常運作，也就是所謂的市場失靈，導致交易難以達成，因而產生交易成本。人性因素包括個人受到自身智慧、情緒的限制，僅能發揮有限的理性（bounded rationality），以及為了追求利益而意圖隱瞞、詐欺的投機主義（opportunism）。環境因素則包括環境的不確定性與複雜性、少數交易、資訊不對稱、以及交易氣氛等種種問題。Williamson（1985）進一步將交易成本細分為事前（ex ante）交易成本以及事後（ex post）交易成本，事前成本包括資訊搜尋成本、協議談判成本、以及簽約成本；事後成本則包括適應不良成本、討價還價成本、設立與營運成本、以及約束成本。將這個經濟學理論應用在政治參與上，網路在社會運動所能發揮的第一個功用，就是降低上述事前交易成本裡面的資訊搜尋成本以及協議談判成本。

Bonchek（1995）指出，以電腦（即網路）做為媒介的通訊方式（computer-mediated communication），能夠大幅降低一個組織在推展運動時，在進行獲取資訊、相互聯絡、以及工作協調所必須付出的交易成本。這是因為網路通訊非常的快速而簡便，成本也很低廉，更有著其他通訊方式無法比擬的優點。首先，網路可以進行非同時性（asynchronous）的聯絡，訊息的發送與接收不需要同步，不像是打電話或是人際之間的口語傳播，訊息發送者與接收者必須要碰面或是約定時間同時進行，否則訊息就接收不到。其次，網路可以一次將訊息傳給多位對象，使用電子郵件可以輕易地設定收件人名單，比起電話一個一個撥號要來得有效率得多。另外，網路在回覆訊息以及轉發訊息上也非常方便。因此Bonchek（1995）認為，以電腦（網路）進行通訊能夠減少組織者搜尋資訊以及溝通聯絡的成本，而有助於組織的形成、成員的甄補（recruitment）與維繫（retention）、以及推展工作的效率。基於這些好處，網路的使用將會對社會運動的推展有著正面的影響。

在Bonchek提出這個論點的年代，能夠無線上網的手機尚未出現，臉書也還沒有誕生，[8]現今資訊及通訊科技的突飛猛進恐怕是Bonchek當年所無法想像得到的。然而，Bonchek的先見之明可以說是完全應驗。社會運動的組織者有非常繁雜的事務要預做準備，包括策劃活動、訂定時間表、進行宣傳活動、安排後勤支援、以及處理各種行政事務。利用網路進行傳遞資訊與溝通協調的工作，可以節省許多時間與金錢上的成本，對舉辦活動非常有利。

另外，網路的便利性與低成本讓社會運動不需要由既有的民間團體發動，一旦有偶發性或是緊急性的事件發生，臨時聚在一起的民眾可以馬上利用網路進行資訊傳遞以及動員，不必等待社運組織的資源挹注，使得社

8　全世界第一隻可以無線上網的手機於1999年問世，臉書則是在2006年正式開始對外服務。

會運動的發起更為迅速也更有彈性，[9]「太陽花學運」就是一個很好的例子。由於可以節省大量的時間與金錢，網路成為社會運動組織者進行各項工作的利器，「阿拉伯之春」的一位活躍分子曾經說過這樣一句話：「We use Facebook to schedule the protests, Twitter to coordinate, and YouTube to tell the world.」（Howard 2011），這句話無疑是交易成本理論的最佳註解。

　　值得注意的是，雖然交易成本理論捕捉到進行一項集體行動時關鍵性的成本因素，然而，這個理論是單就抗議活動組織者的角度來看，較少討論到參與者的層面。誠然，網路幫助運動組織者節省了許多成本，有利於運動的推展，但這個部分與參與者是比較沒有關係的，也不表示民眾就會因此願意去參與這個運動。畢竟，絕大部分的參與者都沒有涉入運動組織在進行決策制訂以及協調溝通的過程，一般的民眾只是接收資訊，然後做出要不要參與的決定。熱心的民眾也許會幫忙傳遞資訊、動員親朋好友去參加、甚至捐贈金錢或物資，但是他們並不需要去擔負任何行政工作。因此，交易成本理論在網路與社會運動的關係中，主要是在組織面的解釋，要瞭解網路如何對運動的參與者造成影響，我們還需要參考其他的理論。

二、賦權理論

　　網路的一個重要功能，也是與其他傳播媒體最大的不同之處在於，資訊的流動可以是雙向的。傳統的媒體不論是報紙、廣播或是電視，資訊的傳遞幾乎都是單向地從媒體到閱聽人。民眾固然可以投書到報社，或是以寫信、打電話、或是call-in到現場節目等方式去表達不同的意見，但這些方式不是有著時間上的落差，就是未必會受到媒體的接受並且披露出來，閱聽人的意見回饋（feedback）在傳統媒體受到非常大的限制。網路則不然，絕大部分的網站或是新聞網頁都可以讓瀏覽者留言，加上資訊交流平臺（例如電子布告欄系統或是網路論壇）、社群網站、以及個人部落格（blog）的蓬勃發展，網路使用者不但可以在自己的網路空間發表言論、提供資訊，也幾乎可

9　作者感謝內部審稿人提供此一論點。

以對於在任何網站上所發布的消息做出即時回應，甚至與其他網友進行意見交流與討論。

　　由於網路使用者能夠自行發表意見，也可以對於他人的意見加以評論或是回覆，這個「可書寫」（writable）的特性使得網路使用者可以從單純接受資訊的的閱聽人，變成發表意見的評論者，甚至是新聞報導者（Benkler 2006）。舉例來說，任何一位網路使用者都可以在自己的部落格發表他在社會上所看到任何不公不義、或是政府違法濫權的事項，成為一位公民記者；加上現在的手機多有照相、攝影的功能，這些報導還可以附上無法抵賴的證據。這個特性讓部分學者認為，網路使用對於民眾會有賦予權力的效應（empowering effect），因為網路提供了一個空間，讓民眾可以關心政治、討論公共事務、甚至是進行議題以及政策的辯論。當民眾在網路的虛擬世界進行這些活動時，無形中他們會覺得自己的權力變大了，可以參與政治事務，這樣的意識會增進實體的政治參與（Papacharissi 2002）。

　　賦權理論可以分在兩個系絡（context）底下說明：一是民主國家的環境，另一是非民主國家的環境。在民主國家，政治人物、政黨、與政府機關多設有網站，這些網站不只是提供各種政治資訊，還能與民眾溝通、聽取意見、甚至接受陳情與申訴。這樣的雙向溝通讓民眾感覺政治人物與政府是更容易親近的，也讓民眾在心理上與實質上都感覺他的權力提升了，因而會更願意參與實體政治（Bucy and Gregson 2001）。

　　對於社會運動來說，網路賦予使用者權力的效果在非民主國家或許更能夠凸顯。在威權統治之下，言論自由通常是受到限制的，很少有民眾敢在公開場合批評政府，因為這樣的行為很容易被政府鎖定並且處罰。大眾媒體也往往掌握在政府手上，對其不利的消息不會傳達給民眾，抗議活動的相關訊息也會被封鎖。然而，網路有助於突破這些限制，民眾比較有可能在網路上針砭時政或是傳遞抗議活動的訊息，這是基於下列兩個理由：首先，各式各樣的網站太多，在茫茫網海當中，政府難以監控所有的網路論壇、社群網站、或是部落格（Ali 2011）；其次，網路使用者可以匿名，即便政府監控某些網站，也會遇到很大的困難（Rohlinger and Brown 2009），不是無法確認留言者的真實身分，就是要花許多時間力氣才有辦法辨明身分，進而追緝特定個人。

由於這兩個特性，網路就像是一個保護傘，讓威權政府難以鎖定批評政府的人士，也讓使用者敢於發表意見，得到更多的言論自由，這就形同獲得更大的權力。另一方面，隨著通訊科技的發展以及行動裝置的普遍，反對運動的領導者不必舉行實體的聚會，四散各地的組織者利用網路就能夠串連、組織、規劃抗議行動，如此可以讓運動的推展更有效率，也可以避免政府的查緝以及逮捕，前面提到「阿拉伯之春」的「反叛日」就是一個例子。當人民有更多的機會發表言論、批評政府、並且進行組織工作時，他們就有更高的機會成為反對人士並且走上街頭。有學者指出，「阿拉伯之春」即是社群網站帶給人民的權力提升感所造成（Ali 2011）。

賦權理論雖然言之成理，卻也受到一些挑戰。在理論上，學者指出，即便在網路上表達意見能夠讓民眾感覺權力在提升，然而這樣的感覺是否會讓他們採取行動，是很值得懷疑的。這種感覺可能只是暫時的，持續不了多久的時間，並不會造成實際的政治參與，因而只是一種虛假的賦權意識（Papacharissi 2002）。Scheufele與Nisbet（2002）發現，用網路搜尋政治資訊並不會增進政治功效感與政治參與，[10]反而是在網路上進行與政治無關的活動，例如購物或是尋找其他教育性質的資訊，與政治功效感有著正向的關聯。Scheufele與Nisbet（2002）認為這個結果顯示，某些網路使用者的政治知識並沒有增加，網路對他們也沒有真正的動員效果，但是網路卻讓這些使用者以為他們對於政治是有影響力的，誤以為自己在進行政治參與。

在現實當中，網路動員與實體動員往往會有落差，所謂「萬人響應，一人到場」這樣的說法，在臺灣的網友之間廣為流傳。某人在臉書上對抗議活動按讚，並不代表他會真正會走上街頭，中間有所謂「轉換率」的問題，網路鄉民因此經常被嘲諷為只會打打嘴炮或是「鍵盤救國」而已。Morozov（2009）將這樣的現象稱為「光說不練」（slacktivism），認為許多的使用

---

10 本文將在下段「三」對於政治功效感（political efficacy）做較為詳細的說明。

者在網路上慷慨陳詞、憂國憂民，但大多是喊一喊得到發洩之後就結束了，並沒有眞正採取行動，網路賦予使用者權力的想法是理想多過於現實。在學術討論上，賦權理論少有學者進行實證研究，以這個理論來解釋特定社會運動發生的文獻，多半都是描述性的，在缺乏經驗證據之下，網路使用是否眞的能夠藉由賦權的效應來影響政治參與，或有讓人懷疑之處。

三、政治傳播理論

政治傳播（political communication）的相關理論在網路與社會運動的關係上，關注的是個人的媒體使用行爲、資訊接收對於政治參與的影響。資訊接收對於政治參與的影響有兩種：一種是直接的影響，另一種是間接的影響，本節將分別敘述。在直接影響方面，首先，政治參與需要資訊，如果民衆不知道有什麼政治活動正在進行，自然不會去參加；就算知道有什麼政治活動將要舉行，例如有聽說即將要選舉，如果不清楚是哪一天投票、在哪裡投票、需要攜帶哪些文件，即便有意願也無從參加。誠然，擁有資訊未必會去參與政治活動，但若是沒有資訊，去參與的機會可說是微乎其微，因此，擁有資訊可以說是政治參與的必要條件（necessary condition）。

其次，當個人擁有越多的資訊，就越有可能去參與政治活動，這是因爲具有較多政治資訊或是知識的民衆，比較能瞭解某項政治活動進行的目的，及其所可能造成的影響（Delli Carpini and Keeter 1996）。當他知道他參與的意義何在，參與的可能性就會增加，Palfrey和Poole（1987）即指出，當民衆知道不同候選人彼此之間的差異時，就比較不會因爲「反正投給誰都沒差」這樣的想法而不去投票。又如一項抗議活動，如果一位民衆知道的不只是什麼時候、在哪裡、由誰舉辦，還知道其主要的訴求、所想要改變的政策、以及會影響到哪些人，他就比較有可能因爲瞭解而認同這項活動，進而去支持甚至參與。

資訊的傳遞有許多管道，其中一個主要的管道是大衆傳播媒體，傳統的媒體包括報紙、廣播、以及電視。近十年來，網路也加入大衆媒體的行列，平面媒體紛紛電子化，提供線上新聞。由於是否擁有資訊、以及持有資訊的多寡會影響政治參與，不同媒體傳遞資訊的方式與特性，自然可能影響民眾對於資訊的接收，進而影響其政治行為。當資訊的取得更快、更便宜、也更方便時，民眾就會擁有更多資訊，也更可能參與政治活動。因此，傳播科技的改變與創新，以及新媒體的出現，可能會是影響政治參與的重要變數（Tolbert and McNeal 2003）。

　　網路如何影響資訊的傳播與接收？每個人使用媒體的原因都不一樣，可能是為了吸收資訊、工作需要、或是排遣無聊，不論原因為何，基本上都是為了要滿足某種需求（use-and-gratification）。和傳統媒體相較，網路有著許多的優勢，因而可能成為民眾較為依賴的媒體，這些優勢除了前面已經提到的快速以及成本低廉以外，至少還包括使用上的彈性以及強大的搜尋資訊功能。

　　在使用的彈性上，網路可以隨時使用，不論是需要資訊或是娛樂，都可以隨時滿足，不像廣播和電視受到節目播放時間表的限制，一旦錯過就接收不到。隨著行動裝置例如手機與平板電腦的普及，網路不僅僅是隨時可以連線，更幾乎是隨地可以連線，不論身在何處，民眾只要擁有行動上網的能力，都可以滿足自身的需求。電視則不然，要收看電視節目就必須坐在電視機前面，離開電視機就看不到。因此，以使用時間與地點的便利性來說，網路遠勝傳統媒體。

　　在搜尋資訊方面，傳統媒體「餵食」（feed）哪些資訊，閱聽人就只能得到這些資訊，而這些資訊未必是閱聽人所需要（need）或是想要（want）得到的，因此傳統媒體的使用者未必能得到滿足。在只有傳統媒體的年代，媒體沒有提供、或是不願意提供的資訊，閱聽人就無法獲得。網路則可以由使用者自行決定想要得到什麼資訊，換句話說，網路使用者自己就是資訊的編輯臺，可以「客製化」（customize）自己想要的資訊（Sunstein 2001），並且過濾掉不需要的資訊。由於搜尋引擎、入口網站、與超連結（hyperlink）的發達，網路使用者一旦對於某項事務有興趣，可以很輕易地如滾雪球般迅速找到大量的相關資訊。另外，網路有著報紙所無法具備的聲光效果，也可以詳盡地披露電視和廣播難以呈現的文字細節，因此傳統媒體在內容的豐富性和完整性上面可以說是遠遠不及於網路。

　　由於傳統媒體在便利性與功能性上面都無法與網路相比，有學者以為，網路提供了最多的機會去滿足民眾各種不同的需求（Dimmick *et al.* 2004），因而有可能會成為民眾所依賴的媒體。又網路在傳遞資訊上是更有效率、也更有彈性的。綜合這兩點來看，網路的使用者會擁有較多的資訊，也較可能進行政治參與，包括抗議活動。

　　資訊接收對於政治參與的另一個影響是間接的，也就是說，當民眾透過媒體接收到政治資訊以後，政治資訊會先改變、影響一些民眾原有的心理、認知狀態；在這些心理、認知變項發生變化之後，民眾參與政治的行為也隨之受到影響。Bimber（2003）將間接效果又稱為心理途徑（psychological approach），以有別於直接效果強調網路節省成本、提高效率的的工具性觀點（instrumental perspective）。在間接影響中，這些中介變項（intervening variable）包括政治知識、政治功效感（political efficacy）、以及政治興趣。

　　在政治知識方面，以選舉為例，關注媒體上的選戰消息能夠幫助選民瞭解候選人的個人特質（Weaver *et al.* 1981）、辨明候選人在哪個議題上採取什麼立場（Chaffee and Kanihan 1997; Weaver and Drew 1993），這些都直接增加了選民的政治知識。當選民的政治知識增加，他會認為自己能夠做出一個經過深思熟慮，也是比較符合社會需求的投票決定，自然就會比較傾向去投票。Eveland與Scheufele（2000）的研究證實了這樣一個媒體使用提升政治知識、政治知識上升再促進政治參與的間接影響。

　　政治功效感是一種「認為政治改變是可能的，而且個人可以在帶來這個改變的過程中扮演一定角色」的感覺（Campbell *et al.* 1954）。政治功效感又可以區分為內在功效感（internal efficacy）與外在功效感（external efficacy），內在功效感指的是「相信個人有能力可以瞭解、並且有效率地參與政治」的感覺，外在功效感則是「相信政府部門及執政者對民眾的要求會有所回應」的感覺（Niemi *et al.* 1991）。網路使用對於內在功效感以及外在功效感都是有助益的，Cornfield（2003）指出，由於網路使用者可以匿名，彼此不知道對方的真實身分，在網路上面查詢資訊或是發問時，不必擔心別人覺得自己「怎麼連這個都不知道」，可以避免尷尬或丟臉，如此有助於政治資訊較低的民眾得到知識，並且提升內在功效感。Kenski與Stroud（2006）則提到，政府與政治人物都鼓勵人民藉由他們所設立的官方網站去獲取資訊以及進行雙向溝通，一旦民眾使用並且獲得回應，將可以讓人民確信政府對於他們的意見是會回覆的，如此可以增進外在功效感。[11]

另一方面，當民眾擁有越多的政治資訊時，往往會對政治事務產生越高的興趣（Drew and Weaver 2006; Lupia and Philpot 2005）。政治知識、政治功效感、與政治興趣，都是影響民眾進行政治參與的重要變數，所以當較多的資訊增進了政治知識、政治功效感、或是政治興趣時，民眾參與政治的可能性就會顯著地提高（Verba *et al.* 1995）。McLeod與McDonald（1985）發現，傳統媒體（電視與報紙）的使用會增進民眾的政治知識與政治效能感，進而增加投票的機率；Weaver（1996）則指出，選民會在媒體所提供的報導當中學習，在這個獲取資訊與知識的過程中，政治興趣與投票的意向也會增加。

Nisbet與Scheufele（2004）的實證分析顯示，擁有網路設施（internet access）確實會增進政治知識與政治效能感；Kenski與Stroud（2006）的研究則更進一步發現，能夠上網的民眾除了有較高的政治知識以外，內在功效感以及外在功效感也都是比較高的。值得注意的是，資訊接收對於政治興趣與投票意向（政治參與）的影響不是單向的，後兩者的提升會促使民眾有更高的意願去獲取更多的資訊。因此，資訊接收、政治興趣、政治效能感、以及政治參與，這些變數彼此之間不只是密切相關，還會相互增強（McLeod *et al.* 1999）。

本段到目前為止簡單介紹了在政治傳播的相關理論當中，資訊的傳遞與接收如何影響民眾的政治參與，從這些理論來看，網路的使用對於民眾參

---

11 不過Kenski與Stroud（2006）也提到，如果政府與政治人物在網路的回應都是制式的官式語言，或只是系統的自動回應，反而會不利於外在功效感。

與政治活動或是抗議行為有著正面的影響。然而，在實際的效果上，學者對於網路的影響力仍然有不同的意見。有一派學者認為，由於網路大幅節省獲取資訊的時間與金錢、可以自己決定想要什麼資訊、何時取得、還可以發表意見，網路的使用將可以大幅降低民眾因為政治知識不足，而無法參與政治活動的障礙（Barber 2001; Krueger 2002; Tolbert and McNeal 2003; Weber et al. 2003）。對於社會經濟地位較低的民眾而言，網路是一項消弭資訊落差的利器，也是一個發聲的管道，甚至能夠直接和政府溝通，在網路普及之後，可以幫助弱勢族群提升政治參與。這個效果尤其在年輕人身上最明顯（Delli Carpini 2000），因為年輕人是使用網路最多的族群，傳統上也是政治參與比例最低的族群。簡言之，這一派的學者認為網路有助於動員原本在政治上較為冷漠、不積極的一群人，可以提升社會整體的政治參與情況，這對於民主政治的運作是有利的，這一派的學者被稱為「動員學派」（mobilization theorists）。

另一派學者則不同意「動員學派」的論點，他們認為，會使用網路的人是那些原本就對於政治比較有興趣、也比較積極參與的民眾（Bimber 1999; Bonfadelli 2002; Norris 2001; Polat 2005）。雖然網路讓資訊更便宜、也更方便取得，但是使用網路進行資訊搜尋仍然需要一些基本的教育程度和技巧，沒有這些知識和技術是無法在網路上獲得資訊的。另外，網路上充斥大量無用的資訊，隨便一個鍵入關鍵字所能找到的資料數量，可能高達數萬筆甚至數十萬筆，要在這些過多的資訊當中找到真正有用的資料也不是件容易的事，沒有經驗的新手很容易在茫茫網海中不知所措，甚至為此感到挫折，而降低政治功效感（Kenski and Stroud 2006）。

因此，社會經濟地位較低、以及教育程度較差的民眾未必能如同動員學派所說，都能享受網路帶來的好處；相反地，這群人有可能因為能力達不到使用的門檻，或是在使用時遭遇種種困難，而無法充分利用這個媒體，自然也不會因為網路而增進政治參與。這一派學者認為，網路吸引到的使用者，還是那些社會經濟地位較高、政治知識較多、對於政治參與較熱情的人

（Norris 2000; Xenos and Moy 2007），[12]結果是，網路無助於改善既有政治參與的型態，原來由資源、資訊落差造成不同階級之間政治參與的差距，並不會因為網路使用而有所改變；甚至，社會上原有的權力結構反而會更為增強（DiMaggio *et al.* 2001），這一派的學者一般被稱為「加強學派」（reinforcement theorists）。

　　還有一派學者認為，網路使用對於個人政治參與沒有影響，甚至可能是有害的。這派學者的主要論點在於，由於網路內容豐富又有聲光效果，上網可以看影片、聽音樂、玩線上遊戲、或是購物，許多人把網路當作是娛樂工具來使用。當民眾把空閒時間花在電視或網路上，他能與親友聊天交談、或是外出參加社群活動的時間和精力就會減少（Putnam 1995; 2000）。公民社會（civil society）理論認為，當人際互動減少、社交範圍變得狹窄、以及對於民間社團的參與程度越來越低時，人與人之間的信任關係會受到傷害；個人會不願意去從事社區服務等有利於群體的互利行為，最終會導致對於公共事務的疏離，以及政治參與的降低（Putnam 1993）。

　　有學者發現，使用網路越多的民眾，確實會減少與家庭成員的聯絡溝通，社交圈也會變小，寂寞感與憂鬱感則會上升（Kraut *et al.* 1998）。在政治參與方面，也有一些實證研究發現網路使用對於政治參與的影響是微弱且不顯著，甚至是負面的。Bimber（2001）發現使用網路取得政治資訊的選民，與從其他管道取得政治資訊的選民相比，除了捐獻政治獻金以外，在其他的政治行為上並無顯著差異。Scheufele和Nisbet（2002）的研究結果顯示，搜尋網路資訊與政治效能感或是政治參與沒有顯著相關。另外讓人意外的是，寬頻（broadband）網路使用者比起窄頻（narrowband）網路使用者或不上網者，在政治參與的程度上更低（Kwak *et al.* 2004）。而使用

12　Norris（2000）認為，既然網路的使用者是那些具有較多資源、政治參與傾向較高的民眾，這些人在使用網路獲得資訊之後，會更容易產生政治興趣，進而參加政治活動；在參與之後，這些人回來，會繼續上網搜尋相關資訊或是發表感想，上網之後又再增強政治興趣、參與政治活動。社會經濟地位較高的民眾，對於使用網路與政治參與的行為會不斷地反覆循環、相互增強，Norris（2000）將此現象稱為「良性循環」（virtuous circle）。

社群網站雖然會增加公民參與（civic engagement），但不會增加政治參與（Zhang *et al*. 2010）。[13]在拉丁美洲，閱讀網路新聞更是和投票行為呈現負相關（Salzman 2011）。

　　從這些研究結果來看，政治傳播理論的支持者與反對者似乎都能找到經驗證據來為自己辯護，網路使用對於政治參與的影響究竟為何，尚在爭辯當中，還沒有一個定論。Boulianne（2009）曾經蒐集了38份相關的研究進行分析整理，首先她發現，整體來說只有非常少數的研究顯示網路使用對於政治參與的影響是負面的，大部分的研究結果還是正面的，但是這個正面的效果並不強；其次，網路的影響力會隨著時序推移而增強，使用2000年以後蒐集的資料得到的結果，普遍比2000年以前蒐集的資料來得大，不過這個變化不是一路上升，而是起起伏伏；第三，當網路的使用是以閱讀線上新聞作為測量時，這樣的研究會比較容易發現網路使用對於政治參與有正面的影響，效果也比較強。

　　Boulianne（2009）的研究點出了一個重要的結論，就是網路使用會不會對於政治參與有影響，或是有什麼樣的影響，其實是取決於網路的用途。如果民眾使用網路只是在做娛樂（Quan-Haase *et al*. 2002）或是消費（Moy *et al*. 2005），對於政治參與自然不會有幫助，甚至會有負面的影響。但如果網路的用途是在蒐集資訊、閱讀新聞、甚至是對於公共事務發表意見或討論，就會對於政治參與有著正面的影響。不少學者也有相同的看法，Kenski和Stroud（2006）指出，在擁有網路設施的民眾當中，接觸網路上的選戰資訊會增進政治參與；Prior（2005）則是發現，在有線電視與網路蓬勃發展的今日，民眾對於可以收看的節目有太多選擇，因此，對於娛樂的偏好程度（entertainment preference）將會影響媒體使用者的政治知識以及政治參與。當個人偏好娛樂時，對其政治參與是不利的。

　　總而言之，從政治傳播理論的角度來說，網路使用對於參與政治活動

13　不過，這篇論文的作者承認，公民參與和政治參與的區別並不是那麼清楚，中間有模糊的地帶。

或是抗議行為的影響，端視民眾自己如何使用網路而定。若是民眾利用網路來獲取資訊，則政治傳播理論所提到的直接影響和間接影響將會對於政治參與有正面的助益；如果網路只是作為娛樂之用，Putnam（1995; 2000）所描述的公民社會式微、政治參與衰退等現象就會發生。然而，在社群網站，尤其是臉書（Facebook）興起之後，Putnam的理論受到新的挑戰。這是因為就算民眾在網路上流連忘返，不見得就會犧牲掉與親朋好友聯絡與互動的機會，也未必就會影響政治參與，這一點本文將會在接下來要介紹的兩個理論中說明。

四、集體行動理論

抗議活動在本質上屬於集體行動（collective action），需要有一定數量的群眾共同參與，少數一兩個人無法成事，因此無可避免會遇到集體行動的問題。抗議活動的目的，不論是政策的改變或是政府領導人的下臺，都是涉及群眾利益的公共財（public good），而公共財有兩項特性，使得集體行動難以發生：首先是非排他性（non-excludable）：公共財一旦被提供，所有民眾都可以享受，不會有人被排除在外。例如推翻獨裁君主，不是只有少數人得到解脫，而是所有人民都可以不再受到暴政之苦；其次是非競爭性（non-rival）：某位民眾對於公共財的使用，不會減損其他人使用的機會。例如，某位民眾請求警察的保護，並不會減少其他民眾也受到警察保護的機會。[14] 由於公共財有這些特性，即便某位民眾沒有對於公共財的提供做出任何貢獻，他還是可以使用公共財，並享受其帶來的好處，例如沒有繳稅的人民也仍然受到國防武力的保護。

從理性選擇（rational choice）的觀點，Olson（1965）認為，一個理性、考量自我利益（self-interested）的個人，不會去參與能夠產生公共財的

14　事實上，並非所有公共財都具有完全的非競爭性，對於某些公共財來說，一位民眾的使用會造成其他民眾使用機會的減少。例如說一座公園有容納人數的限制，額滿之後就沒有辦法再讓其他的民眾進入。然而，本文討論的焦點是社會運動，社會運動的結果所產生的公共財，不論是政策的改變或是政府官員的下臺，基本上是具有完全的非競爭性的。

集體行動（例如抗議活動），因爲就算他不花時間力氣去參與，只要公共財被提供出來，他一樣可以享受，這就是集體行動當中所謂搭便車（free-ride）的問題。Chong（1991）指出，事實上，一個理性的個人不去參加集體行動的誘因比去參加來得大。理由在於：如果其他人都去參加，抗議活動不差我一個也會成功，我不用花任何成本就能享受成功所帶來好處；如果其他人都不去參加，只有我一個人去也不會讓抗議活動成功。因此，對我來說，不管別人參加或是不參加，我的「優勢策略」（dominant strategy）就是不參加抗議活動。在這樣的情況下，沒有人會願意採取行動，集體行動也不會出現，以賽局理論（game theory）的概念來說，這是一個典型的囚徒困境（prisoner's dilemma）。

集體行動的問題要如何解決呢？Olson（1965）提出的解決方法是提供某些只有活動參與者才能得到的利益，以吸引民衆參加，這些利益稱爲選擇性誘因（selective incentives）。舉例來說，抗議活動的組織者會提供食物、飲水給參加者，沒有參加的民衆就拿不到。有些抗議活動的主辦單位甚至會安排交通運輸工具例如遊覽車，幫想要參加的外地民衆解決交通問題，以便於他們參與。這些利益只有參與活動的民衆可以得到，雖然不是具有很高的金錢價值，但多少能減低民衆參與的成本。

值得注意的一點是，選擇性誘因並不一定是物質上的利益，有學者指出，吸引民衆參與集體行動的誘因也可以是心理上的滿足或是社交上的利益。Muller和Opp（1986）曾經提到，抗議活動的參與者因爲遵從其所屬團體的規範而得到歸屬感，這兩位學者將這種心理的滿足感稱爲「娛樂價值」（entertainment value）。Chong（1991）則是認爲，與社群成員一同參與集體行動可以得到社交誘因（social incentives），包括友誼的獲得與維持、個人在社群中地位的維護、以及避免被同儕嘲笑或排擠。

Chong（1991; 1992）的理論替集體行動的發生提出了一個重要的解釋，他認爲，滿足心理與社交需求，對個人來說是很重要的一件事，個人在和朋友以及社群成員進行人際互動、參與活動的過程當中獲得社交誘因，這些社交誘因可以將原本的囚徒困境轉化成互信賽局（assurance game），讓人更有動機去參加集體行動。所謂的互信賽局是指：當我採取行動，你採取行動會比不採取行動獲得較高的利益；當你採取行動，我採取行動也會比不採取行動獲得較高的利益，因此兩個人一起採取行動是最佳的選擇。

社交誘因如何將因徒困境轉化成信任賽局呢？以下是簡單的邏輯推演：當我的朋友去參加抗議活動時，我也參加的話可以增進我和他們的友誼，維持我在社群中的地位；如果我沒有去參加，我可能會被他們嘲笑或是排擠，下次有什麼活動可能就不會找我，為了避免失去朋友，我會儘量和他們一起去參加集體行動。反過來說，當我去參加抗議活動時，我會希望我的朋友一起來參加，有來的在我心中分量會更重，可以成為我的麻吉；沒來的可能會被我扣分，下次有什麼好康的就不找他。另外，有幾個「死忠兼換帖」的我知道一定會來情義相挺，不會讓我孤單一個人在這裡抗議。簡單地說，社交誘因讓社群成員在一起去做一件事情時可以得到滿足感，增進彼此的情誼。所以當他人採取行動時，自己會願意配合；而當自己想參與時，也會對於其他成員的加入有信心。在這樣的情境下，優勢策略就會轉變為和對方採取一致的行動。[15]

Chong（1991）說到，社交誘因並不能百分之百地解決集體行動的問題，但是由於有著這些誘因，搭便車的問題可以減緩，集體行動發生的可能性就提高了，他的研究顯示社交誘因是美國民權運動得以發生的一個重要因素。Lichbach（1994）也指出，有許多的證據顯示，物質上的與社交上的選擇性誘因，在農民運動中都是關鍵的因素。從這些研究，我們瞭解社交誘因在社會運動當中的重要性，然而，社交誘因與網路使用又有什麼關係呢？

本文在上一段提及，Putnam（1995; 2000）認為新興媒體例如有線電視與網路，占據了民眾許多的空閒時間，使得民眾減少與親友之間的聯絡以及社群活動的參與，造成人際關係的疏離、公民社會的式微、並進而導致政治參與的下降。社群網站的出現衝擊了這樣的想法，以臉書（Facebook）來說，其目的是連結使用者所認識的人，每一個使用者都可以藉由臉書在網

15　此處的討論亦可參考（林澤民、蘇彥斌，2015）。

路上建立自己的社交網絡（social networks），在上面發布訊息、彼此聯絡溝通、並且透過朋友的社群認識更多的人。臉書在2006年正式上線服務以後，迅速地在全球吸引了廣大的使用者，Tancer（2008）發現，上社群網站已經取代尋找色情資訊，成為當前網路使用者最主要的上網活動。許多人都會上網在臉書上面查看朋友的動態，與親朋好友分享近況，甚至有許多失聯已久的老同學、老朋友，都是因為臉書而重新開始聯絡。因此，使用網路不僅不會危及人際之間的互動，反而更能增進親友的聯繫、並且擴大個人的社交網絡，Putnam（1995; 2000）的說法可以說是受到很大的挑戰。

　　由於臉書強大的建立社群與聯絡溝通的功能，與親友之間的聯繫可以很有效率地完成。使用社群網站不但可以節省打電話的成本，利用留言進行非同時性的通訊也可以免除找不到人就聯絡不上的困擾。網路也可以跨越距離的障礙，透過視訊就如同當面溝通，讓相隔兩地的友人仍然得以互相聯絡感情，也省下為了要相聚而必須付出的交通運輸成本。臉書也便於將資訊一次傳遞給多位接收者，更可以設立不同的群組，依不同的性質與關係分享不同的資訊、進行親疏有別的聯絡。而且，和親朋好友的聯絡無須刻意，隨機地在臉書上看到朋友的動態，就可以回覆或是加入討論，分享對方的喜悅或是哀愁。自己所發布的近況或是有感而發，也會有人不經意地看到就按個讚或是表示關心，朋友間的情誼就在這些彈指間的動作得到維繫與加強。

　　綜上而論，在社群網站蓬勃發展之後，人與人的溝通聯絡變得更簡單、更方便、也理應更頻繁地發生，人際關係會因為網路而更為增進。如果這個現象是確實存在的，網路的使用將可以強化社交誘因，有利於集體行動的發生。由於社群網站擴大了社交網絡的範圍、也增強了人際溝通的頻率，與沒有網路的時代相比，網路使用者會與更多人有著更緊密的連結與更深厚的情誼。這意味的是，網路使用者有著更多的社交誘因，今天一旦他的好友要參加集體行動，他會更容易因為彼此之間交情的而一同參與；同樣地，今天如果是他自己想要參與集體行動，他也會更有把握，會有三五好友陪他一起赴湯蹈火。在這樣的情境下，社交誘因改變了採取行動的報償結構（pay-off matrix），集體行動由囚徒困境轉化為互信賽局，民眾就會比較願意去參與抗議活動，公共財也較有可能被生產，這是網路使用有助於社會運動的另一個理論解釋。網路使用除了提供社交誘因以減緩搭便車的問題之外，還有一個很大的功用，就是協助動員，這一點將在下一個理論說明。

五、動員結構理論

Brady與Verba以及Schlozman（1995）曾經提到，要瞭解民眾為何會去從事政治參與，包括投票、捐助政治獻金、以及參加抗議活動等等，一個簡單的方式是從反面來思考。民眾不願意參與政治的原因不外乎三個：不想去（沒有動機）、不能去（沒有資源或能力）、以及沒人叫我去（沒有被動員）。本段要討論的即是動員（mobilization）的部分，將說明網路如何在社會運動進行動員時發揮作用，克服集體行動的難題。

民眾在參與公共事務時（不僅限於政治參與，也包括社區服務與社團活動），未必是單純基於自己的興趣或是利益而主動參加，很多時候是被動地參與，因為他們受到熟人的請託或是要求，也就是因為被動員而去參加。Rosenstone和Hansen（1993）認為，動員是政治參與的一個重要因素。動員何以能夠促進政治參與呢？人不是單獨孤立地在社會上生存，每個人都無可避免要與其他的人接觸、往來、產生親密程度不同的關係，無法離開群體而生活。McAdam與Tarrow以及Tilly（1996）指出，每個人都鑲嵌（embedded）在各種不同的社會結構與習俗當中，人的行為不是完全能夠由自己決定，往往會受到他人的影響。

由於人的行為會受到所處社會結構的影響，是否要採取某項行動就不是純粹基於個人自利的考量，於是，搭便車的心態就有可能被壓制住，對於公眾有利的事物例如公共財，也才有可能被生產以及提供。而動員是如何進行的呢？McAdam與Tarrow以及Tilly（1997）點出動員多是透過社會上正式或是非正式的社交網絡進行，正式的社交網絡包括個人所加入的民間社團或組織，也就是公民社會；非正式的社交網絡則像是家族、同儕等團體。

由於個人的生活與這些正式以及非正式的社交網絡密不可分，當這些團體提出採取行動的請求或要求時，個人會感受到壓力，很難置之不理。社交誘因當然是一個理由，已如上段「四」所述。另外一個重要的原因是，社交網絡本身也是一個監督機制，個人若是在集體行動中缺席、偷懶、或是半途開小差，很容易會被社群中其他也有參與的人發現。事情傳出去以後會有損於個人在社群中的聲譽，甚至還會受到懲罰。所以，經由各種社群提出參與公共事務的要求，能夠促使團體所屬成員參加，而有助於克服集體行動的問題，McAdam與Tarrow以及Tilly（1997）將這些正式與非正式的社交網絡稱為「動員結構」（mobilizing structures）。

　　網路與動員結構有何關係呢？與社交誘因類似，社群網站的興起在動員結構上提供了新的型態與新的可能性。如前所述，社群網站可以輕易地將同一個社群的成員在網路上連結起來，有許多的社會團體或組織也會在臉書直接成立該團體的專頁，讓所屬成員加入。這些專頁除了發布訊息之外，還可以讓成員在上面發表意見、討論問題、策劃活動、協調分工。由於有這些功能，團體成員不需要實際碰面開會，只要上網就可以完成涉及社團成員事務的決策以及規劃。也就是說，既有的社會團體或是組織可以利用社群網站延伸（extend）到網路空間並且持續運作。

　　另一方面，社群網站以及網路論壇也有類似公民社會的作用。社群網站上面有許多針對各種不同嗜好而組成的專頁或是粉絲團，網路使用者可以依照個人興趣加入：網路論壇也區分為不同的討論區或是版面討論各種議題或是喜好，讓人自由選擇。網路使用者可以在這些地方找到志同道合的朋友，鑽研共同的興趣，往往有同好彼此在網路上熟稔之後，還會舉辦網友聚會，讓大家進一步認識，甚至一起舉辦實體活動將他們的興趣推廣出去。Wu（2012）認為，社群網站與網路論壇這樣的功能，實際上與民間基於興趣所成立的各種自願性組織、社團相當類似，可以說是虛擬的公民社會（virtual civil society）。

　　既然社群網站可以是民間社團在網路空間的延伸，甚至成為虛擬的公民社會，集體行動自然可以透過這些管道來進行動員，就如同社會上實體的正式與非正式社交網絡一樣。於是，我們可以把網路納入McAdam與Tarrow以及Tilly（1997）動員結構的概念，將社群網站以及網路論壇視為「虛擬動員結構」（virtual mobilizing structure）。透過這個虛擬動員結構來進行動員，可能會比傳統的動員結構來得更有效率。因為傳統的動員結構必須仰賴團體成員面對面的口語傳播，或是利用傳統通訊工具例如電話、傳真等，耗費的成本較高，動員指令也只能單線傳遞與回覆。

　　虛擬動員結構則不然，只需要將動員訊息放上網路，馬上可以傳達到所有成員。更重要的是，成員可以在網路上發表意見與討論，社群網站的訊息系統會保留所有成員的回覆，比較晚加入討論的成員也不會錯失別人先前發表的意見，猶如一個可以隨時加入或退出，但又能看到完整記錄的線上會議。這樣的功能會對於動員非常有幫助，因為可以進行集體討論、集體說服，一旦形成共識要採取行動，會對於成員產生更大的壓力，搭便車的動機就可能會被大幅削弱。社群網站作為虛擬動員結構，即是網路幫助解決集體行動問題的另一個機制。

　　網路在促進社會運動的動員上，還有一個很重要的功能，在於幫助潛在的參與者評估運動成功的可能性。Chong（1991）指出，社交誘因雖然可以減輕搭便車的問題，但是不能完全解決集體行動所遇到的困難，其中一個困難就是運動的前景。一個運動是否會成功，關鍵性的因素是參與人數的多寡。就算一位民眾基於社交誘因、或是受到動員而願意去參加，如果他評估除了他的社群成員以外，其他民眾參與的意願不高，導致這個運動成功的可能性很低，他可能還是會裹足不前，避免他的付出徒勞無功。再者，如果要參加的是反抗政府的運動，可能會面臨執政者的鎮壓或是事後追訴，因而有安全上的顧慮。當越多人參加時，每個人被鎮壓或是事後被懲罰的機率就越低；當越少人參加時，安全的風險就越高。因此，事前對於運動會有多少人參與、以及成功可能性有多高的評估，會是影響參與的一個重要因素。

　　Granovetter（1978）提出門檻理論，認為一個理性的個人對於集體行動會有一個參與的「門檻」（threshold）——要有多少人一同參加他才覺得安全。當他認為可能參與活動的人數超過這個安全門檻時，他才會願意加入，反之則否。當然，每個人的門檻高低不同，有些人是所謂的激進分子，只需要很少的人就敢往前衝；有些人則傾向趨避風險，要看到大量民眾出現才願意加入。不論門檻是高是低，個人必須要認爲參與人數會超過他的門檻，才有可能會去參與。

　　在沒有網路的年代，要評估可能參與活動的人數相當困難。民衆頂多只能掌握自己所屬的團體成員，以及身邊的親朋好友會有多少人參加，在這個範圍以外難以得到任何資訊去估計。在網路普及、社群網站興起之後，對於參與人數以及運動前景的評估，變得相對容易而且準確。前面提到臉書可以針對特定議題或是活動設立專頁，對這個議題或是活動有興趣的民衆可以在上面發布訊息、自由討論、以及進行動員，這個專頁的人氣或是按讚數便可以作爲評估可能參與人數的依據。當然，這個評估不會完全精準，但是這個指標至少納入了來自社會上四面八方的資訊，比起單從自己的社交網絡去估計要好得太多。

　　這裡一個簡單的例子是本文一開始所提到，在埃及有「4月6日青年運動」、以及「我們都是薩伊德」的臉書專頁，這兩個專頁分別有超過7萬以及47萬的支持者。當「反叛日」的動員訊息透過這些網頁傳達出去並且獲得熱烈迴響時，這樣的人氣會讓人相信，願意站上街頭的民衆絕對不會只有小貓兩三隻，運動成功的機會應該也不小。當民衆從網路發現要參與的人數已經跨越自己心中的門檻，而且可能會是非常大規模的運動時，花車效應（bandwagon effect）就會隨之出現，讓民衆參與的信念益發堅定。

　　Granovetter（1978）還提到一點相當有趣，他認爲個人的門檻高低會受到一些因素的影響，其中一個因素是個人與其他參與者的關係。Granovetter（1978）說，在計算門檻時，熟人的影響力會大於陌生人。舉例來說，在一項集體行動當中，如果其他的參與者都是陌生人，可能需要有100個人參與他才願意出席。但如果其他的參與者都是熟人，因爲友誼的關係，參與會成爲一件比較愉快的事，所以只需要50個朋友就他就願意參加。這樣的說法其實是把之前所說的社會誘因也帶入了門檻理論，當社會誘因促使親友、同儕一起參與集體行動時，還能幫忙降低採取行動的門檻，讓效果加乘。

　　綜上所述，社群網站以及網路論壇除了提供社會誘因之外，還能成爲動員結構的一部分，另外也能幫助民衆評估參與活動的人數以及運動成功的可能性，社交誘因還能降低參與門檻。這些功能都有助於減少民眾搭便車的心態，促使他們採取實際行動，網路在克服集體行動的問題上，可以說是具有多重的效果。本文到此已經將所有要介紹的理論介紹完畢，下一段將做最後的總結。

肆、結語

　　本文從五個理論途徑來探究網路如何對社會運動的發生產生影響，分別是交易成本理論、賦權理論、政治傳播理論、集體行動理論、以及動員結構理論。作者必須強調，上述這些理論並未涵蓋所有能夠解釋網路影響力的理論，它們只是眾多理論當中的一部分而已。之所以介紹這些理論，是因為作者個人認為它們是比較具有解釋力的，由於篇幅所限，對每一個理論的說明或有不夠深入之處。然而，本文希望透過這些理論，讓讀者可以從不同的面向與角度，去理解並且思考網路究竟有什麼樣的力量，能夠在許多地方掀起社會運動的風潮；並且讓某些威權國家，至今仍然視網路為洪水猛獸而加以嚴格管制，深怕開放人民自由使用之後會對政權造成威脅。

　　綜合前面所提到的五個理論，我們可以簡單地整理出網路如何促進社會運動的發生。首先，網路大幅降低獲取資訊、傳遞資訊、以及聯絡溝通的成本，讓訊息的取得與交換更快速、更便宜、也更方便，交易成本的降低對於社會運動的組織者在籌劃、推展運動的時候非常有幫助。其次，網路讓資訊的來源更為多元，所有人都可以成為資訊的提供者與評論者，這在威權國家有助於突破政府對於媒體的控制，讓人民獲得更多的言論自由。當人民感覺權力在提升，就會更積極參與政治，抗議政府的行為就越有可能會出現。

　　第三，網路讓民眾成為資訊的主宰，當民眾擁有網路設施，尤其是具有行動上網的能力時，民眾可以隨時、隨地獲取資訊。藉由網路，民眾也可以自己決定要獲取什麼資訊，並且能輕易地搜尋到大量的相關訊息，不再只是被動地接收傳統媒體所提供的資訊。當民眾擁有更多的政治資訊以及知識，政治參與就會隨之增加。另一方面，網路使用還有著間接的影響，當個人的政治資訊增加，其政治興趣與政治效能感也會隨之上升，這兩者都會增進個人的政治參與。

最後，網路能減輕集體行動的問題，這與社群網站的風行有密切的關係。社群網站將個人的社交網絡在網路上連結起來，讓人際溝通更頻繁，有助於維繫感情與增進友誼。當人際的交往越緊密，就能在集體行動發生時提供更多的社交誘因，將原本的囚徒困境轉化為互信賽局，降低搭便車的心態。另一方面，社群網站是許多既有公民團體與組織在網路上的延伸，因此可以納入動員結構的一部分。由於社群網站強大的聯絡溝通功能，在這個虛擬動員結構上進行動員，會比傳統動員結構來得更有效率。社群網站還能幫助民眾評估可能參與社會運動的人數、以及運動成功的可能性，這些都能幫助參與者克服集體行動的困難，讓社會運動更有可能發生。

必須注意的是，本文所提到的這幾種理論，雖然在推理（reasoning）的層次上都言之成理，但是有的缺乏經驗證據，有的則是研究結果分歧。要檢驗這些理論的解釋能力，甚至證實「網路使用促進社會運動的發生」這個研究假說（hypothesis），我們還需要更多的實證研究。[16]另一方面，網路並非全然地有利於政治參與以及社會運動，網路是否能發揮作用，關鍵還是落在民眾對網路的用途。倘若民眾上網都是在打線上遊戲、欣賞電影、或是理財購物，對於政治參與就不會有影響；如果因為沈迷在網路的娛樂功能，而排擠掉與親戚朋友聯絡溝通的時間，對政治參與甚至可能會是有害的。

網路的另一項隱憂在於，其所吸引到的使用者多半都是社會經濟地位較高、比較具有政治知識的民眾，這些民眾原本就具有比較高的政治興趣，參與政治的比例也較高，網路使用讓他們對於政治參與更積極。反之，社會經濟地位較低的民眾，原本對於政治參與的比例就低，如果這些民眾不傾向使用網路，網路對於政治參與的影響，在他們身上就無從發揮，社會上的權力

---

16 作者感謝內部審稿人提醒這一點。

結構也不會因為網路的普及而有所改變。

　　不幸的是，弱勢族群才是真正需要向政府抗議、去爭取對他們有利的政策的一群人。當網路對政治參與的影響是「富者越富，貧者越貧」──原本就會參與的變得更積極，原本就不參與的變得更消極的情況下，如何讓弱勢族群能多使用網路來獲取資訊、增進其政治參與（包括對於抗議活動的參與），將是一項重要的課題。廣泛設立公共免費的網路設施，讓無力負擔電腦設備以及網路費用的民眾，仍然有機會使用網路是第一步。免費教導弱勢民眾如何使用網路，讓他們不會因為智識或是能力的不足，而無法使用網路或許是第二步。接下來還有更多的政策以及措施，需要學界與政府共同努力去發想制訂，讓弱勢族群也能享受網路帶來的好處，我們才能更接近一個公平正義的社會。

參考文獻

一、中文部分

林澤民、蘇彥斌，2015，〈臺灣快閃政治—新媒體、政黨與社會運動〉，《臺灣民主季刊》，第12卷第2期，頁123-159。

陳伯璿、周昱璇、胡舜詒、劉揚銘，2016，〈解讀Ptt：臺灣最有影響力的網路社群〉，《數位時代》，http://www.bnext.com.tw/article/view/id/38609，最後瀏覽日期：2016年2月4日。

二、外文部分

Ali, Amir Hatem. 2011. "The Power of Social Media in Developing Nations: New Tools for Closing the Global Digital Divide and Beyond." *Harvard Human Rights Journal* 24(1): 185-219.

Barber, Benjamin R. 2001. "The Uncertainty of Digital Politics." *Harvard International Review* 23(1): 42-8.

Benkler, Yochai. 2006. *The Wealth of Networks: How Social Production Transforms Markets and Freedom*. New Haven, CT: Yale University Press.

Bimber, Bruce. 1999. "The Internet and Citizen Communication with Government: Does the Medium Matter?" *Political Communication* 16(4): 409-28.

Bimber, Bruce. 2001. "Information and Political Engagement in America: The Search for Effects of Information Technology at the Individual Level." *Political Research Quarterly* 54(1): 53-67.

Bimber, Bruce. 2003. *Information and American Democracy: Technology in the Evolution of Political Power*. New York: Cambridge University Press.

Bonchek, Mark S. 1995. "Grassroots in Cyberspace: Using Computer Networks to Facilitate Political Participation." Presented at the 53rd Annual Meeting of the Midwest Political Science Association, Chicago.

Bonfadelli, Heinz. 2002. "The Internet and Knowledge Gaps: A Theoretical and Empirical Investigation." *European Journal of Communication* 17(1): 65-84.

Boulianne, Shelley. 2009. "Does Internet Use Affect Engagement? A Meta-Analysis of Research." *Political Communication* 26(2): 193-211.

Brady, Henry E., Sidney Verba, and Kay Lehman Schlozman. 1995. "Beyond SES: A Resource Model of Political Participation." *American Political Science Review* 89(2): 271-94.

Bucy, Erik P. and Kimberly S. Gregson. 2001. "Media Participation: A Legitimizing Mechanism of Mass Democracy." *New Media & Society* 3(3): 357-80.

Campbell, Angus, Gerald Gurin, and Warren E. Miller. 1954. *The Voter Decides*. Evanston, IL: Row, Peterson, and Co.

Chaffee, Steven H., and Stacey Frank Kanihan. 1997. "Learning about Politics from the Mass Media." *Political Communication* 14(4): 421-30.

Chong, Dennis. 1991. *Collective Action and the Civil Rights Movement*. Chicago: University of Chicago Press.

Chong, Dennis. 1992. "Social Incentives and the Preservation of Reputation in Public-Spirited Collective Action." *International Political Science Review* 13(2): 171-98.

Coase, Ronald H. 1937. "The Nature of the Firm." *Economica* 4(16): 386-405.

Cornfield, Michael. 2003. "Adding in the Net: Making Citizenship Count in the Digital Age." In David M. Anderson and Michael Cornfield. Lanham (eds.), *The Civic Web: Online Politics and Democratic Values*. MD: Rowman & Littlefield.

Delli Carpini, Michael X. 2000. "Gen.com: Youth, Civic Engagement, and the New Information Environment." *Political Communication* 17(4): 341-9.

Delli Carpini, Michael X. and Scott Keeter. 1996. *What Americans Know about Politics and Why It Matters*. New Haven, CT: Yale University Press.

DiMaggio, Paul, Eszter Hargittai, W. Russell Neuman, and John P. Robinson. 2001. "Social Implications of the Internet." *Annual Review of Sociology* 27: 307-36.

Dimmick, John, Yan Chen, and Zhan Li. 2004. "Competition between the Internet and Traditional News Media: The Gratification-Opportunities Niche Dimension." *The Journal of Media Economics* 17(1): 19-33.

Drew, Dan, and David Weaver. 2006. "Voter Learning in the 2004 Presidential Election: Did the Media Matter?" *Journalism & Mass Communication Quarterly* 83(1): 25-42.

Eveland, William P. and Dietram A. Scheufele. 2000. "Connecting News Media Use with Gaps in Knowledge and Participation." *Political Communication* 17(3): 215-37.

Fahim, Kareem. 2011. "Slap to a Man's Pride Set Off Tumult in Tunisia." *New York Times,* Jan. 22, A1.

Fahim, Kareem, and Mona el-Naggar. 2011. "Across Egypt, Protests Direct Fury at Leader." *New York Times,* Jan. 26, A1.

Granovetter, Mark. 1978. "Threshold Models of Collective Behavior." *American Journal of Sociology* 83(6): 1420-43.

Howard, Philip N. 2011. "The Arab Spring's Cascading Effects." *Pacific Standard*. http://www.psmag.com/navigation/politics-and-law/the-cascading-effects-of-the-arab-spring-28575/, accessed on Feb. 28, 2016.

Kenski, Kate and Natalie Jomini Stroud. 2006. "Connections between Internet Use and Political Efficacy, Knowledge, and Participation." *Journal of Broadcasting & Electronic Media* 50(2): 173-92.

Kirkpatrick, David D. 2011a. "Protests Spread to Tunisia's Capital, and a Curfew Is Decreed." *New York Times,* Jan. 13, A4.

Kirkpatrick, David D. 2011b. "Mubarak Out." *New York Times,* Feb. 12, A1.

Kirkpatrick, David D. and Jennifer Preston. 2011. "Google Executive Who Was Jailed Said He Was Part of Online Campaign in Egypt." *New York Times,* Feb. 8, A10.

Kirkpatrick, David D. and Michael Slackman 2011. "In New Role, Egypt Youths Drive Revolt." *New York Times,* Jan. 27, A1.

Kraut, Robert, Michael Patterson, Vicki Lundmark, Sara Kiesler, Tridas Mukophadhyay, and William Scherlis. 1998. "Internet Paradox: A Social Technology that Reduces Social Involvement and Psychological Well-Being?" *American Psychologist* 53(9): 1017-31.

Krueger, Brian S. 2002. "Assessing the Potential of Internet Political Participation in the United States: A Resource Approach." *American Politics Research* 30(5): 476-98.

Kwak, Nojin, Marko M. Skoric, Ann E. Williams, and Nathaniel D. Poor. 2004. "To Broadband or Not to Broadband: The Relationship between High-Speed Internet and Knowledge and Participation." *Journal of Broadcasting & Electronic Media* 48(3): 421-45.

Lichbach, Mark Irving. 1994. "What Makes Rational Peasants Revolutionary? Dilemma, Paradox, and Irony in Peasant Collective Action." *World Politics* 46(3): 383-418.

Lupia, Arthur and Tasha S. Philpot. 2005. "Views from Inside the Net: How Websites Affect Young Adults' Political Interest." *Journal of Politics* 67(4): 1122-42.

McAdam, Doug, Sidney Tarrow and Charles Tilly. 1996. "To Map Contentious Politics." *Mobilization: An International Quarterly* 1(1): 17-34.

McAdam, Doug, Sidney Tarrow and Charles Tilly. 1997. "Toward an Integrated Perspective on Social Movements and Revolutions." In Mark Irving Lichbach and Alan S. Zuckerman (eds.),

Comparative Politics: Rationality, Culture, and Structure. New York: Cambridge University Press.

McLeod, Jack M. and Daniel G. McDonald. 1985. "Beyond Simple Exposure: Media Orientations and Their Impact on Political Processes." *Communication Research* 12(1): 3-33.

McLeod, Jack M., Dietram A. Scheufele and Patricia Moy. 1999. "Community, Communication, and Participation: The Role of Mass Media and Interpersonal Discussion in Local Political Participation." *Political Communication* 16(3): 315-36.

Morozov, Evgeny. 2009. "The Brave New World of Slacktivism." *Foreign Policy.* http://www.npr.org/templates/story/story.php?storyId=104302141, accessed on Feb. 16, 2016.

Moy, Patricia, Edith Manosevitch, Keith Stamm, and Kate Dunsmore. 2005. "Linking Dimensions of Internet Use and Civic Engagement." *Journalism & Mass Communication Quarterly* 82(3): 571-86.

Muller, Edward N., and Karl-Dieter Opp. 1986. "Rational Choice and Rebellious Collective Action." *American Political Science Review* 80(2): 471-87.

Niemi, Richard G., Stephen C. Craig, and Franco Mattei. 1991. "Measuring Internal Political Efficacy in the 1988 National Election Study." *American Political Science Review* 85(4): 1407-13.

Nisbet, Matthew C., and Dietram A. Scheufele. 2004. "Political Talk as a Catalyst for Online Citizenship." *Journalism & Mass Communication Quarterly* 81(4): 877-96.

Norris, Pippa. 2000. *A Virtuous Circle: Political Communications in Postindustrial Societies*. New York: Cambridge University Press.

Norris, Pippa. 2001. *Digital Divide: Civic Engagement, Information Poverty, and the Internet Worldwide*. New York: Cambridge University Press.

Olson, Mancur. 1965. *The Logic of Collective Action: Public Goods and the Theory of Groups*. Cambridge, MA: Harvard University Press.

Palfrey, Thomas R. and Keith T. Poole. 1987. "The Relationship between Information, Ideology, and Voting Behavior." *American Journal of Political Science* 31(3): 511-30.

Papacharissi, Zizi. 2002. "The Virtual Sphere: The Internet as a Public Sphere." *New Media & Society* 4(1): 9-27.

Polat, Rabia K. 2005. "The Internet and Political Participation: Exploring the Explanatory Links." *European Journal of Communication* 20(4): 435-59.

Preston, Jennifer. 2011a. "Optimism For Release Of Executive From Google." *New York Times,* Feb. 7,

A10.

Preston, Jennifer. 2011b. "Movement Began With Outrage and a Facebook Page That Gave It an Outlet." *New York Times,* Feb. 6, A10.

Prior, Markus. 2005. "News vs. Entertainment: How Increasing Media Choice Widens Gaps in Political Knowledge and Turnout." *American Journal of Political Science* 49(3): 577-92.

Putnam, Robert D. 1993. *Making Democracy Work: Civic Traditions in Modern Italy.* Princeton, N.J.: Princeton University Press.

Putnam, Robert D. 1995. "Tuning in, Tuning out: The Strange Disappearance of Social Capital in America." *PS: Political Science & Politics* 28(4): 664-83.

Putnam, Robert D. 2000. *Bowling Alone: The Collapse and Revival of American Community.* New York: Simon and Schuster.

Quan-Haase, Anabel, Barry Wellman, James C. Witte, and Keith N. Hampton. 2002. "Capitalizing on the Net: Social Contact, Civic Engagement, and Sense of Community." In Barry Wellman and Caroline Haythornthwaite (eds.), *The Internet in Everyday Life.* Oxford, UK: Blackwell.

Rohlinger, Deana A., and Jordan Brown. 2009. "Democracy, Action, and the Internet after 9/11." *American Behavioral Scientist* 53(1): 133-50.

Rosenstone, Steven J. and John Mark Hansen. 1993. *Mobilization, Participation, and Democracy in America.* New York: Macmillan.

Salzman, Ryan. 2011. "Understanding News Media Consumption and Political Attitudes and Behavior in Latin America." Ph.D. Dissertation. University of North Texas.

Scheufele, Dietram A., and Matthew C. Nisbet. 2002. "Being a Citizen Online: New Opportunities and Dead Ends." *The International Journal of Press/Politics* 7(3): 55-75.

Shadid, Anthony. 2011. "Mubarak Won't Run Again, But Stays; Obama Urges a Faster Shift of Power." *New York Times,* Feb. 2, A1.

Shadid, Anthony, and David D. Kirkpatrick. 2011. "Mubarak Won't Quit, Stoking Revolt's Fury and Resolve." *New York Times,* Feb. 11, A1.

Sunstein, Cass R. 2001. *Republic. Com.* Princeton, N.J.: Princeton University Press.

Tancer, Bill. 2008. *Click: What Millions of People Are Doing Online and Why It Matters.* New York: Hyperion.

Tolbert, Caroline J., and Ramona S. McNeal. 2003. "Unraveling the Effects of the Internet on Political Participation?" *Political Research Quarterly* 56(2): 175-85.

Verba, Sidney, Kay Lehman Schlozman, and Henry E. Brady. 1995. *Voice and Equality: Civic Voluntarism in American Politics*. Cambridge, MA: Harvard University Press.

Weaver, David H. 1996. "What Voters Learn from Media." *The Annals of the American Academy of Political and Social Science* 546 (Jul.): 34-47.

Weaver, David H., and Dan Drew. 1993. "Voter Learning in the 1990 Off-Year Election: Did the Media Matter?" *Journalism & Mass Communication Quarterly* 70(2): 356-68.

Weaver, David H., Doris A. Graber, Maxwell E. McCombs, and Chaim H. Eyal. 1981. *Media Agenda-Setting in a Presidential Election: Issues, Images, and Interests*. New York: Praeger.

Weber, Lori M., Alysha Loumakis, and James Bergman. 2003. "Who Participates and Why? An Analysis of Citizens on the Internet and the Mass Public." *Social Science Computer Review* 21(1): 26-42.

Williamson, Oliver E. 1975. *Markets and Hierarchies: Analysis and Antitrust Implications*. New York: Free Press.

Williamson, Oliver E. 1985. *The Economic Intstitutions of Capitalism: Firms, Markets, Relational Contracting*. New York: Free Press.

Wu, Jun-deh. 2012. "Repression, Civic Engagement, Internet Use, and Dissident Collective Action: The Interaction between Motives and Resources." Ph.D. Dissertation. University of North Texas.

Xenos, Michael, and Patricia Moy. 2007. "Direct and Differential Effects of the Internet on Political and Civic Engagement." *Journal of Communication* 57(4): 704-18.

Zhang, Weiwu, Thomas J. Johnson, Trent Seltzer, and Shannon L. Bichard. 2010. "The Revolution Will Be Networked: The Influence of Social Networking Sites on Political Attitudes and Behavior." *Social Science Computer Review* 28(1): 75-92.

劉奇峰[*]

壹、超越戰鬥死傷的內戰測量方法

在當代量化衝突研究中，戰鬥人員的死亡數（或稱戰死者數，battle death）是一個常用指標，用以測量國家間衝突（interstate conflict）或國家內衝突（intrastate conflict）的強度（intensity）。Richardson（1960）是首位以對數化的戰死者數來比較歷史上戰爭嚴重性的學者。量化衝突研究的先驅Small和Singer（1972）在他們的「戰爭關聯（Correlates of War, COW）」計畫當中，提出了三個測量衝突強度的概念：規模（magnitude）、嚴重性（severity）和強度；後兩個指標用的就是戰死者數。衝突的嚴重性在操作層面被定義爲該衝突所直接導致的死傷者數。而戰爭的強度有三個指標，分別爲一、每國每月的衝突相關死傷者人數；二、衝突相關死傷者人數和戰前該國武裝部隊人數的比值；三、衝突相關死傷者人數和戰前該國總人數的比值（53）。Small和Singer（1982）之後也沿用了相似的指標。由於他們的指標和數據廣爲許多數據庫採用，故根基於戰死者人數上的戰爭強度指標成爲了主流的關鍵指標之一。

不過近年來，以戰爭死傷數的主流指標也遭受不少研究者的質疑和挑戰，認爲其定義太過狹窄。Moore（2005）認爲COW的概念太過侷限，而戰爭強度應該是一個多面向的概念。Lacina和Gleditsch（2005）則質疑戰死者數的信度和效度，尤其在內部衝突中，要蒐集相對精確的戰死者數有一定程度的困難。二戰後主要衝突形式的改變也促使學界開始注意以其他指標來測量戰爭的強度。在國家之間的衝突（或稱國際戰爭）中，戰鬥員的死亡數

[*]　印度金德爾全球大學（O.P. Jindal Global University）國際事務學院助理教授。

被視作人力資本損失的指標（Klingberg 1966）。但隨著戰鬥形式的改變和對人命的重視，各主要國家（尤其是民主國家）對軍人的死亡數字越發敏感，並開始採取措施減低軍事人員死亡數，如精確攻擊武器和戰鬥員的保護等等。主力決戰和大型會戰退出歷史舞臺，無差別攻擊也從現代戰爭戰法中淡出。在各主要國家都開始盡力減少軍事人員損失的情況下，單純地以戰鬥員死亡數來衡量現代戰爭的做法越發受質疑。Mueller（2004）比較數據後發現，世界上每年死於車禍的人要比死於戰爭的人多。就算是越戰的高峰期，美國青年死在越南戰場上的機率，也僅大致和死於車禍的機率相等。O'Loughlin和Raleigh（2007）則發現，人際之間的暴力（指謀殺等）在全世界範圍內導致的死亡數要超過所有國際戰爭和內部武裝衝突的總和（493）。

　　二戰之後，內戰開始成為衝突的主要形式，冷戰後尤是如此。內戰的特點之一是平民死亡數遠超過戰鬥人員。根據Melander、Oberg和Hall（2006）以及Sivard（1987）的統計，二戰後死傷數最大的25場內戰中，有17場的平民死傷數超過該場戰爭總死傷數的65%；在印度（1946-48年印巴分治戰爭：平民死亡80萬人）和烏干達（1971-78年：平民死亡30萬人）的例子中，戰鬥人員的死亡數甚至是0。研究人員也發現，近代內戰中由戰爭導致的死亡人數（battle-related death）有90%是平民，而二戰的這個數字僅有5%（Lacina and Gleditsch 2005）。近代內戰的大量平民死亡主要由戰爭過程中的政治屠殺（politicide）和種族屠殺（genocide）所導致（Rummel 1997）。內戰也會摧毀交戰國的公共衛生系統，使得諸如愛滋病等傳染病更易於傳播。這種破壞效應甚至會持續到戰爭結束多年後，並繼續造成平民（許多人年齡小於14歲）死亡（Ghobarah et al. 2003）。不過，由於平民死傷數較戰鬥員更難以估算，故若要以其做為戰爭嚴重性的指標，會產生測量失準的問題，尤其在國家以下（Sub-state）的地方層面，平民死傷者的數據更難估算。此外，現代內戰也常常帶來自然環境破壞、野生動物滅絕以及眾所周知的國際難民（refugees）和國內難民（internally displaced persons，又稱「流離失所者」）問題。種種情況都造成評估內戰實際成本的困難度增加。

在方法論層面，以戰鬥人員死者數作爲評估內戰嚴重性或強度的指標，也常會造成選擇偏誤（selection bias）的問題。學界一般以Sambanis（2004）的標準，將每年戰鬥人員死傷數超過1,000人的武裝衝突定義爲內戰。但在平民死傷數遠超過戰鬥員的情況下，這種方法有極大的可能低估戰爭的嚴重性。另一個方法論上相關的問題在於，在廣爲採納的COW戰爭強度定義（每國每年戰死者數）裡採用的是總死者數的平均，在此情況下，內戰每年強度的變化並無法被反映出來。由於COW是以國家爲分析單位（unit of analysis），故內戰強度的指標並無法讓研究者進一步分析戰爭每年、每月，甚至每週的變化，造成進一步進行時間序列分析（time series analysis）的困難。戰爭隨著時間進展的不同，在不同的時間段會造成不同的破壞程度；而隨著戰事的進行，戰鬥的地點也常常變換。以國共內戰爲例（1945-1949），遼瀋、淮海（徐蚌）、平津三大會戰標誌著最集中、最激烈的戰鬥。隨著共軍在1949年4月跨越長江以至10月中共建政爲止，國共雙方的戰爭都一直持續中，在中共建政後於國軍的戰鬥仍未間斷，但強度已不如三大會戰。以平均數爲主的COW指標並無法反應出這種隨時間和地點改變的戰爭強度。

貳、內戰研究的方法和視角：從宏觀的總體化走向微觀的個體化

以戰死者平均數做爲內戰指標所產生的問題，反應出以國家爲分析單位的不足之處。內戰研究長期附屬在國際戰爭的概念之下。冷戰時期，國際政治學者並未發展出對內戰的系統性研究興趣，當時研究內戰的學者主要從事的是革命研究、外交分析、或是蘇聯研究，他們從戰略性的視角研究內戰如何影響強權（主要是蘇聯）的國力（Modelski 1964; Scott 1964）。冷戰結束後，許多蘇聯專家轉向專門研究內戰（David 1997），國際戰爭數目的減少也促使許多研究國際戰爭的學者轉變研究方向。由是之故，內戰的研

究不免受到國際戰爭研究視角的制約。另一派以內部衝突為主要研究主題的學者為發展經濟學家，其中較為有名的是提出「貪婪、抑或冤屈（Greed or Grievance）」問題的世界銀行經濟學家Paul Collier。內戰研究學者在探究戰爭起源的時候主要分為兩派，一派認為戰爭是由於社會與政治上的不公所造成（即「冤屈」）；另一派（「貪婪」）以Collier代表的發展經濟學家則認為，當代內戰的起因主要是因為對經濟資源的爭奪而起（Collier *et al.* 2003; 2004; Collier and Hoeffler 1998; 2004; Collier and Sambanis 2005）。不論是以國際戰爭為視角出發、或是以經濟學方法出發所做的內戰研究，都難以避免地陷入以國家為分析單位所造成的問題。

近年來，有一派比較政治出身的學者開始嘗試以微觀的角度研究內戰。他們認為，現今的內戰研究欠缺概念上的基礎。宏觀的經濟學方法不但在解釋上難以避免內生性（endogeneity）的問題，而且其方法無法以國家層次以下（sub-state）的角度解釋內戰的起因（Kalyvas 2008）。舉例而言，俄國與車臣叛軍的內戰在地域上影響最大的還是在外高加索地區，但是以國家層次來標記，俄國全國將被標記為衝突區，此種數據登記並無法反映出這種地理上的聚集性，在概念上也無法做更細緻的區隔（Gleditsch *et al.* 2002）。

另一派嘗試用微觀角度研究內戰的是政治地理學家。他們質疑目前宏觀的經濟方法所做的研究，並嘗試著以更為地方化的模型運用在不同的案例上。O'Loughlin和Witmer（2005）在回應Starr（2003）所指「『能動者結構（agent-structure）』問題已經成為國際政治學方法論上的新挑戰」的論點時提到，要解決這個問題，政治學家必須重新「重視地理（take geography seriously）」同時蒐集更為微觀的內戰數據。地理學不但注重宏觀的「空間（space）」，也注重微觀的「地點（place）」，意即「世界不同大陸上，發展不同文化、政治脈絡的各地區所產生各種狀況的特殊組合」（O'Loughlin and Raleigh 2007: 494）。

政治地理學家由不同觀點出發，許多新的主題和方法也應運而生。Braithwaite（2006）尋找並標定世界上國際衝突機率較高的地點，即「熱點（hot spots）」，並以此建立微觀層面的數據庫。政治地理學家同時也運用特殊統計方法，如地理加權回歸（Geographically-Weighted Regression, GWR）、區域空間連結指標（Local Indicators of Spatial Association, LISA）等，以及相關軟體如GeoDa及地理資訊系統（GIS）來針對相關問題作進一步分析。Buhaug和Lujala（2005）則針對內戰的區域特性及成因加以探討。他們認為，內戰鮮少在全國範圍內進行，大多集中在局部地區。而地形、自然資源、人口、族裔分布等可能導致內戰發生的因素因地而異，若以傳統的方式在國家層面分析資料，將忽視此種差異性而導出不正確或不重要的結論。許多傳統上用於分析並解釋內戰的變數，如邊界、經濟發展狀況、鄰近國家內戰的擴散效應等等，其影響都在局部層面發生。若研究者不查，僅蒐集國家層面資料，將扭曲實際地點與物理距離，而導致錯誤統計結果的產生（403-404）。

參、地點在內戰研究中的重要性

　　地點能透露出關於武裝衝突的重要資訊，例如交戰各方的戰略目標及目的。Gleditsch等人（2002）將內戰分為兩種：「政權紛爭（governmental disputes）」和「領土紛爭（territorial disputes）」，前者武裝團體以取代中央政府、奪取或改變政權為目的；而後者則是訴求領土分離或自治為目的。目的的不同影響了戰爭發生的地點。Buhaug（2006）就發現，政權紛爭多集中在首都周邊，而領土紛爭則多發生在遠離首都的武裝團體根據地。

　　此外，戰爭或戰鬥的地點也透露出了現存政府和武裝團體的力量對比及消長。以美國南北戰爭（1861-1865）為例，384場主要戰役裡絕大部分發生在南方邦聯的領土上：126場在維吉尼亞州、38場在田納西州、29場在密蘇里州、28場在喬治亞、23場在路易西安那州、20場在北卡羅萊納州、17場在阿肯色州、16場在密西西比州，這些州都是南軍的領地。在傳統南北方分界的梅森—狄克森線（Mason-Dixon Line）以北（即聯邦領地）僅有三個郡受到戰火的肆虐：賓州的約克及亞當斯郡（即著名的蓋提斯堡戰役發生地）以及俄亥俄州的哥倫比安納郡（Kennedy 1998: 451-452, 458）。南北戰爭中戰役發生的地點透露出南北雙方實力的差距。始終無法防止戰火延燒的南方邦聯最終也輸了這場戰爭。

　　當代的內戰也展現出了空間上的異質性（spatial heterogeneity），即在不同的地理環境有不同的分布型態。以阿爾及利亞內戰為例，目標是奪取政權的叛軍和政府軍交戰地點大幅集中在城市（Lowi 2005）。雖然戰鬥一度蔓延到阿爾及利亞西部，但卻從未蔓延至政府軍有著穩固控制的阿國南部（237-38）。另一個由Kimenyi和Ndung'u（2005）關於肯亞種族動亂所做的研究則顯示，內部衝突有相當的侷限性，僅發生在國內幾個特定地點，而沒有釀成全國性的爆發（150-52）。地理因素作為自變數也會影響或助長內戰的發生：武裝團體利用有利地形阻絕政府軍的攻擊，當地的地形也提供武裝分子安全的藏身地，便利其修整、進行政治動員或是招募兵員（Gates 2002）。

　　許多與當代內戰有關的重要議題也往往和地理和地點有關，例如平民傷亡、難民、種族清洗或屠殺、疾病的傳播和戰後的復原等等。戰爭和這些議題在地理及空間上密切相關（spatially correlated）。以平民傷亡為例，靠近戰場的平民傷亡較為慘重，難民亦然；剛果民主共和國（又稱剛果（金））的北基伍省，是第二次剛果戰爭（1998-2003）和基伍衝突（Kivu Conflict 2004-）的主要戰場。2008年叛軍領袖坤達（Laurent Nkunda）對北基伍省展開反攻，造成25萬當地居民成為難民，而當地的流離失所者（IDPs）也達到了85萬人（BBC 2009a）。Kalyvas（2006）以村為單位，研究並蒐集了希臘內戰（1946-1949）中的屠殺事件。他的理論是，交戰團體是否取得占領地的穩固控制，是解釋該地是否會出現屠殺事件的關鍵。Melander和Oberg（2007）的研究也發現，內戰中的強制遷徙（forced migration）與戰場的大小有關，而與以戰死者數為基準的戰爭強度指標並未有較強的關係。

　　另一方面，內部武裝衝突的地點也與疾病的傳播有關。戰爭使得諸如霍亂、痢疾、瘟疫、天花、傷寒，以及斑疹傷寒的傳播更加容易。按戰爭與疾病研究的先驅德國病學家普林金（Friedrich Prinzing）所說：傳染病「通常是跟隨著好戰軍隊的腳步前來的」（轉引自Smallman-Raynor and Cliff 2004: 35）。戰鬥部隊的動員和集中為疾病的傳播提供了有利的條件；衛生及營養條件隨著戰爭的進行而惡化，當地公衛體系被摧毀、疾病隨著大量的未掩埋的死者屍體滋生、並隨著大量難民的遷徙而傳播至鄰近地區甚至鄰國；這些現象在內戰中屢見不鮮。在烏干達、蒲隆地以及盧安達的內戰中，愛滋病、斑疹傷寒和霍亂即造成了大量平民的死亡。在1895年至1898年的古巴起義中，傷寒、天花和黃熱病即跟隨著叛軍的移動路徑傳播至古巴全島（Smallman-Raynor and Cliff 1999; 2004）。Proctor等人（2005）針對第一次波灣戰爭（1991）的研究也顯示，好發於退伍軍人中的慢性多症候病（CMI）與患者在被派駐地點是否暴露於某些危險化學物質有正相關。

　　戰爭亦會對當地的自然環境以及生態系統帶來災難性的破壞。一個例子是越戰中使用的、為了摧毀越共掩蔽的除草劑「橙劑（Agent Orange）」造成了當地植被的破壞。第一次波灣戰爭中，敗退的伊拉克軍隊炸毀了多達730座油田，噴出的原油造成大量動植物死亡的畫面，隨著新聞畫面為全世界所知（Stead 1997）。內戰的主要戰場以及其鄰近區域所受到的影響大於其他地區。交戰方通常會就地徵用工廠、工具、機器以挹注戰鬥物資的需求，或是主動加以破壞以免落入敵方手中，這些都造成戰後復原的困難。在戰鬥中，學校等教育機構受到摧毀，造成當地兒童及青少年教育權利的喪失。激烈持久的戰鬥並為當地人群帶來身體及心理上的創傷，久久難以平復。而遺留在戰場上的地雷、爆炸裝置（IED）、未爆砲彈、集群炸彈等武器，也持續危害當地民眾的安全，甚至持續到戰爭結束多年後（Pasha 2008）。

肆、構建以地點為基礎的內戰強度指標與概念

　　作者認為，衝突的地點和地理位置應當獲得更多的重視。政治學和衝突研究長年忽視戰爭和武裝衝突的空間特性，雖然有些空間指標如物理距離和

鄰接性（contiguity）在研究中也被用以衡量國家間互動的程度，但其他重要的空間程度指標如面積、地點和方向等等並未受到研究者的重視。此外，這些地理指標爲計量經濟模型所帶來的非時變性（temporal invarance，指該量測值極少或不會隨著時間的改變而變化）問題也沒有獲得解決。

　　政治學界並非對地理概念全然陌生。Singer和Small（1972）在他們的著作中曾經討論過以空間的維度來測量衝突的規模，其中可能的選項包括戰場的大小和戰鬥的數目（43）。Moore（2005）所提議的數個測量戰爭強度的指標中，其中一個就是「在衝突之下的領土面積（8）」。不過，實際量測戰場的大小有其實際的困難。首先，研究者難以確認衝突發生的實際位置；第二，衝突的面積（scope）量測也並非易事。若以上問題在概念或操作上沒有獲得解決，獲得精確的度量將發生困難。

　　其中一個在內戰研究中較爲廣泛使用的空間概念是「核心—邊陲概念（core-periphery）」。該概念假設政府占領地爲該國的「核心」，而叛軍或持異議的武裝團體由「邊陲」發動攻擊，最終的目的是進取核心取而代之。這個概念可見於博定（Kenneth Boulding）的「生存模型（viability model）」（或稱「力量遞減梯度（Loss-of-Strength-Gradient, LSG）」），以及比較政治研究中關於非洲政治地理的研究，如Herbst（2000）和Boone（2003）。其中，博定的模型廣爲政治地理學的衝突研究者採用，如O'Sullivan（1983）、Buhaug（2010）和Weidmann等人（2006）。在博定的假定中，每個行動者（政府或是武裝團體）在其基地的中心力量最強（稱爲「根據地力量（home strength）」，力量隨著離開根據地的距離增加而遞減，形成一個傘狀的力場。兩個或更多傘狀力場在空間中交叉的點，便成爲政府和叛軍的力量「邊界」。在力量相距不遠的邊界上，是衝突最容易發生的地方（Boulding 1962: 230-231）。依照博定的模型，不同的根據地力量和武裝團體的距離將決定戰爭的地點。

　　以博定的概念爲本，Buhaug和Gates（2002）將「衝突區（conflict zone）」定義爲「由叛軍控制的地區」以及「受衝突影響的地區」，而「衝突範圍（scope of conflict）」則是一個能夠涵蓋衝突區的最小圓形地域

（圖11-1）。另一個由此衍生的概念為「相對範圍（relative scope）」，在操作上被定義為衝突範圍占全體（國）的比例（424）。Raleigh等人（2006）則更進一步在他們的「衝突地點：1946-2005」數據庫中延伸了相似的概念。該數據庫以UCDP／PRIO的武裝衝突數據庫為本，加上了座標定位的（geo-referenced）衝突地點。與Buhang和Gates（2005）不同的是，Raleigh等人（2006）以雙方交火的地點做為該場武裝衝突的中心點，而非叛軍所控制的地域。

　　這兩個衝突地理數據庫在資料的蒐集和操作化上有幾個問題。首先就Buhaug和Gates（2002）的數據庫來說，以叛軍所控制的地區作為「戰場」不甚合宜，因為在很多內戰的例子裡，叛軍有著堅實控制的地區，反而有穩定的社會秩序（Kalyvas 2006），而政府所控制的大城市或首都區，卻因為叛軍的頻繁攻擊而成為戰鬥的多發地域。進一步延伸，若叛軍控制地僅有小部分為戰鬥集中地域，將所有的叛軍控制地劃為衝突地區在概念上也存在著問題；另一個問題是「非時變性（temporal invariance）」：內戰的戰場隨

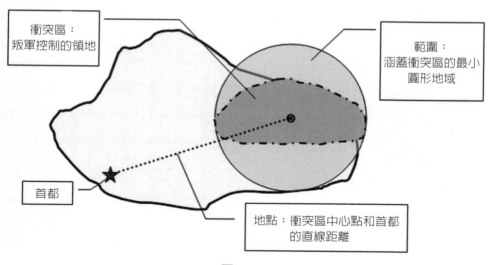

圖11-1

著時間轉移，交戰雙方的戰術戰略以及實力的消長也會改變戰場的位置。例如，以博定的LSG邏輯來看，在一場爭奪政權的內戰中，若叛軍獲得了來自境外的援助，其增長的根據地力量，勢將其武力投射範圍向外延伸，而戰場也將隨著時間的推移更靠近首都地區，而非固定於某處；第三，現代內戰常有多個戰場，這種狀況也並未在上述兩個數據庫的概念化及操作化層面獲得適當的處理。

　　要更爲精確地記錄並測量實際的戰場的另一個更好的方式，是將某一個固定時間內所有發生的戰鬥事件加以座標化，計算一個能包含所有戰鬥事件的最小平面，並將這個平面定義爲戰場。在Gledistch等人（2002）以及Buhaug和Rod（2006）的數據庫中就是以上述方法來操作化定義戰區（battle zones）。不過，這個方式仍然無法處理一個問題，也就是戰場強度不均的問題。圖11-2顯示了一個假想的戰鬥分布狀況：在戰場的中心地帶，戰鬥集中、強度大，但在戰場周圍，僅有零星的戰鬥事件分布。若研究者將這兩種不同的戰鬥強度分布狀態等量齊觀，便有可能納入太多的「非事件（non-cases）」，誇大並扭曲了某些地區的戰鬥強度。

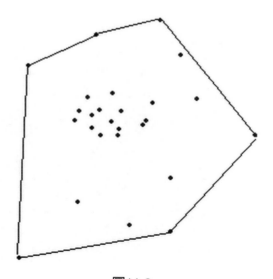

圖11-2

由是之故，作者認為，要較為精確地概念化當代內戰中的「主戰場」，吾人應該將焦點放在如何測量並尋找戰鬥事件的時空群集（spatio-temporal cluster）上。首先，內戰中雖然戰鬥事件呈現離散分布，但和其他空間分布一樣，大多成一定程度的聚集性。一個戰鬥群集能顯示戰爭的強度、戰爭各方的戰術、意願及能力，和目標的主觀重要性。Zipf（1946）在他廣為被引用的引力模型（the gravity model）中使用兩個關鍵因子「距離」及「質量」來建構引力的大小。質量越大（即事件越集中）、距離越近，引力（或是該群集對周邊環境的影響力）越大。按照同樣的邏輯，作者假定戰鬥群集密度越大，對周邊地域以及生態系統、經濟發展、疾病傳播的狀況皆會有更大的影響。同樣的，戰鬥群集距離受影響的變數越近，其影響力越大，與疾病傳播的情況相似，距離致病源越近，受感染的機率越高。時間是時空群集概念裡面另一個重要的變數。內戰裡的「主戰場」，或戰鬥群集概念，所指的不只是空間上的聚集，同時也衡量單位時間內事件集中的程度。在短暫時間內在一特定處所若聚集高密度的戰鬥事件，不但顯示出該地區的戰略重要性，以及交戰各方集中的敵意，同時該地區也有較高機率成為受害較重的戰場。同時，指出「主戰場」的發生時間，也有助於研究者釐清不同事件之間的因果關係。

伍、概念的操作化：現存數據所展示出的內戰空間分布

為了進一步建構並比較「主戰場」的概念，作者將進一步展示現代內戰中戰鬥事件的分布狀態，並討論和比較不同地理方法的優劣。作者使用的是由Raleigh和Hegre（2005）所編纂的「武裝衝突地點及事件數據庫」（The Armed Conflict Location and Events Dataset, ACLED）。[1]ACLED數據庫以各大新聞社為資料來源，記錄亞非大陸國家可得的衝突事件的重要變數，

1　ACLED數據庫時有更新。關於該數據庫的細節，請訪問www.acleddata.com。

並附上事件發生的經緯度座標。ACLED的分析單位是「事件／日（event/day）」，記錄了發生在政府武裝部隊和叛軍武裝團體、不同武裝團體之間、以及武裝團體所採取的單向行動。ACLED數據庫自成立以來數度更新。最初包含了非洲的13個國家及12場戰爭，有4,746筆資料，分為六種不同的事件：

　　一、「戰鬥事件，沒有根據地轉移」；

　　二、「戰鬥事件，領地轉由叛軍控制」；

　　三、「戰鬥事件，政府軍重新奪回失地」；

　　四、「叛軍建立總部」；

　　五、「叛軍非戰鬥活動」；

　　六、「土地轉由叛軍控制，但日期不明」（Raleigh and Hegre, 2005）。

　　ACLED數據庫的優點是其記載的數據是分化數據（disaggregated data），研究者能根據自己的需要加總，或依據不同的時間層次（日、月、年）加以整合。在地理上，這些數據是點事件數據（point event data），研究者能在不同的層面（如不同大小的行政區或是地理柵格）重新計算並整合數據。

　　本研究選定了ACLED數據庫中的獅子山共和國內戰（1991-2000，UCDP／PRIO衝突數據庫編號187）作為例子，來闡述作者提出的「主戰場／戰鬥時空群集」概念的必要性。

　　圖11-3顯示了獅子山內戰的空間分布概況。作者選取了ACLED數據庫中的戰鬥相關聯事件（即「戰鬥事件，沒有根據地轉移」、「戰鬥事件，領地轉由叛軍控制」、「戰鬥事件，政府軍重新奪回失地」三種類型），並以美國ERSI公司的ArcGIS軟體進行繪圖。獅子山的內戰與許多當代的內部武裝衝突相似，在空間的分布上呈現了一種離散的狀態，這種狀態反映出當代內戰的特性。世界上的武裝衝突中，常規戰爭（conventional warfare）僅占了全體樣本的15%至20%（Holsti 1996: 22-24）。大部分冷戰後的內戰都是以叛亂（insurgency）以及城市游擊戰的戰法進行的（Fearon and Laitin

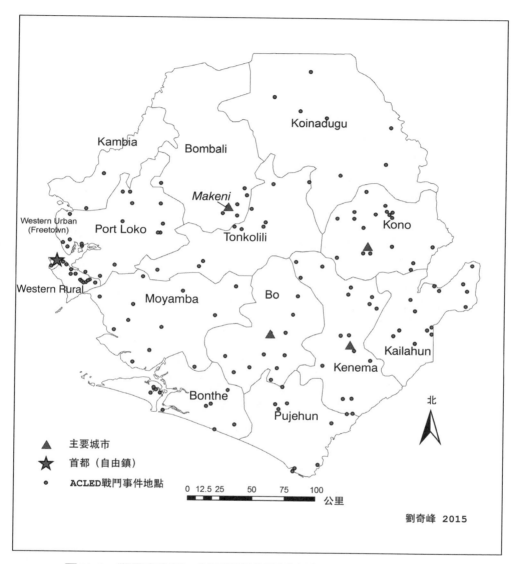

圖11-3　獅子山內戰：以區呈現的戰鬥事件分布圖（1991-2000）

2003）。游擊戰術是絕大部分內戰的戰法。純粹以常規方法進行的內戰數目相對稀少，剩下的則是常規和游擊戰術混合進行的形式（Kalyvas 2006: 90）。與常規戰法不同，游擊戰避免與敵方主力決戰，而採取「不輸爲贏」的消耗戰戰術（Clausewitz 1832; 1943）。如同Smith（2003）所描述的：

> ……政府軍（或現任掌權者）部署常規部隊，以控制城鎮地區和部隊能開入的地域，同時也尋求和敵人在邊緣及地形複雜的地帶進行交戰；挑戰者（叛軍或起義團體）則是「避免浮上正規軍事的水面」，（他們）躲藏著並倚賴襲擾及出其不意的戰法來進行「隱密突擊」（23）。

游擊戰的戰法中，兩軍並沒有清楚的戰線及敵前敵後。由於主要戰法是小規模襲擾爲主，故在空間的分布上政府與叛軍的戰鬥事件呈現離散型態。與常規戰鬥相比，游擊戰的戰鬥人員傷亡數要來得少，這也是該事件通常被稱爲低強度衝突（LIC）的原因，因爲強度的定義是以戰鬥人員的傷亡數來估計的。Buhaug和Lujala（2005）的研究也發現，內戰的戰鬥事件在地理上呈「島嶼狀」分布，戰區之間並沒有明顯的分界。同時。政府或現任掌權的武裝團體常同時與多個「邊緣團體（peripheral groups）」交戰（Cederman et al. 2006），這也進一步增強了戰鬥事件分布的離散程度。

當代內戰的上述特性都增加了估計主戰場和戰鬥對局部地區影響的困難度。地理學家使用了多種統計方式來估算局部戰鬥的強度。其中一個方法便是以地區進行加總。以獅子山共和國爲例，其第一級地方行政區爲省（province），第二級行政區爲區（district）。研究者可以不同的行政區進行區內的戰鬥數加總，以此估算該省內或該區內的戰鬥密度。這也是大部分地理學家所使用的方法。不過這種做法有可能導致幾個估算上的問題。首先，戰鬥事件在各個地方行政區也不呈現平均分布，也沒有考慮鄰接性的問題。以獅子山內戰的彭巴里區（Bombali District）爲例，大部分的戰鬥事件，發生在該區東南部與鄰近的銅口里里區（Tonkolili District）的邊界地帶（圖11-3），特別是靠近彭巴里區的最大城市馬可尼（Makeni）。但是若以區內平均計算，經過平均「稀釋」事件密度的結果，研究者將無法正確估計戰鬥事件密度在彭巴里區內最強的地點（圖11-4）。

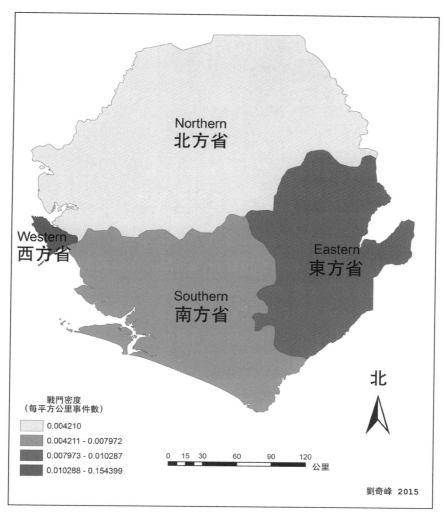

圖11-4　獅子山內戰：以省計算的戰鬥事件密度

　　第二個問題是所謂的「可變地區單位問題（Modifiable Areal Unit Problem, MAUP）」，即在不同大小層次的地區單位內的加總數值，在分析上會呈現出不同的結果（Openshaw 1983）。圖11-4是以省為單位進行加總的戰鬥密度，與圖11-5相比，北方省（Northern Province）有著最低的戰鬥密度（每平方公里的事件數），但若以區來分別統計，則能看出各區之間的戰鬥密度差距。鄰近首都自由鎮（Freetown）所在西方省（Western Province）的羅柯港區（Port Loko）的戰鬥密度，很顯然要高出北方省的其他區，但這種差別在省一級的統計是無法被呈現的。

　　MAUP是地理學家無法忽視的統計問題。要避免因各行政地區大小不同所產生的空間差異，其中一個解決辦法是對全域進行所謂的「樣方分析（Quadrat Analysis, QA）」。該方法將統計地域分割成大小一致的柵格（grid），並以該柵格為基本單位進行各種計算，如格內數量、密度、平均數等（De Smith *et al.* 2008）。Buhaug和Rod（2006）便以QA法對非洲的內戰進行了分析及可視化（visualization）。他們將整個非洲大陸分割成100公里見方的柵格，並計算柵格內部的戰鬥密度。QA法能解決各地理單位大小不同所產生的空間變異性（spatial variation），使研究者能有一致的分析單位，便於使用適當的計量經濟模型納入不同的變數加以估算。

　　另一個常為量化地理學者使用的統計方法為核密度估計（Kernal Density Estimation, KDE）。KDE作為非參數密度估計法之一，是讓數據可視化及平順化的一個廣為使用的方法。核估計元是由如下的式子所定義（Silverman 1986）：

$$\hat{\lambda}(x) = \frac{1}{nw} \sum_{i=1}^{n} K(\frac{l - l_i}{w})$$

　　其中w代表用以估算密度的窗口寬度，又稱帶寬（bandwidth）。K則代表不同的核函數，最常用的是高斯核密度估計。核密度估計中，帶寬的大小選取比核函數重要，因為不同的帶寬對密度估計的影響要大於核函數。如果在同一地點有多個數據點（稱為重疊核），其密度也會增加。

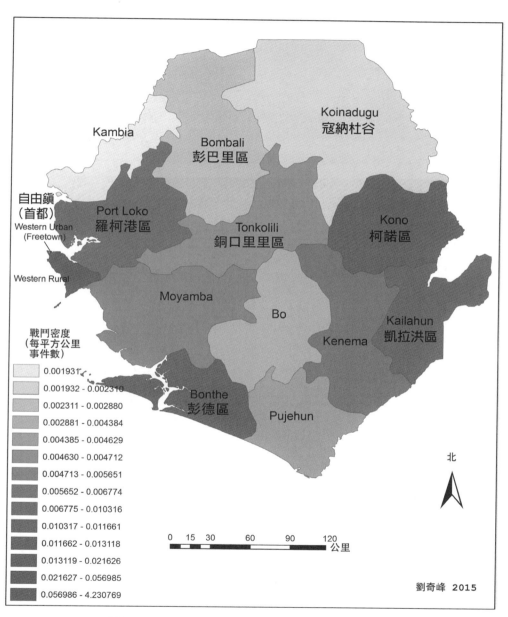

圖11-5　獅子山內戰：以區計算的戰鬥事件密度

　　圖11-6顯示了以核密度函數估計的戰鬥事件群集，並以ArcGIS加以繪圖。軟體採用的是ArcGIS 9.2版，帶寬大小則採用內建值。圖11-6的紅點表示的是至少有一次戰鬥發生的地點。由於地圖是二維（即平面）的，所以並無法從圖上看出戰鬥的密集度：有的地方可能重複發生過多次戰鬥，有的地方可能僅發生過數次甚至一次戰鬥，但在平面圖上卻無法分辨，因為Z軸的資訊被隱匿之故。使用ArcGIS內建的核密度功能，便可讓我們看出事件分

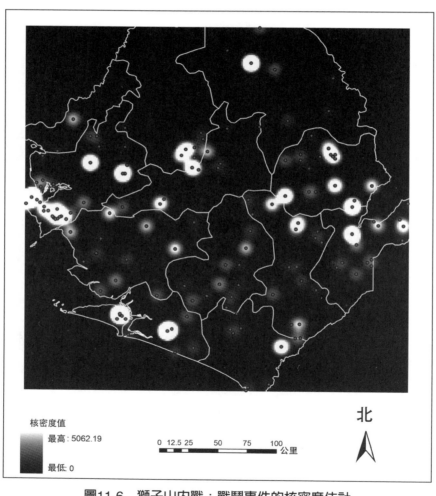

圖11-6　獅子山內戰：戰鬥事件的核密度估計

布的密集度：色調越白，代表該地區的戰鬥事件越密集，在同一個地方有重複的戰鬥事件發生，越白表示事件次數越多，越黑則表示戰鬥事件的頻率越小，全黑表示沒有戰鬥發生。

綜上所述，量化地理學家運用了多種方法來估算局部地區的密度。不過，不管是QA還是KDE仍然存在著一些估算上和概念上的問題。MAUP仍然存在。在QA中，柵格大小的選取關係到密度的估計值。理論上來說，柵格越精細，越能顯示出局部密度的差異，也能解決國家大小不均的問題。譬如，100公里見方的柵格，對於蘇丹這樣的國家也許不失為一個適當的尺寸，但對蒲隆地這樣的小國來說，則需要尺寸更小的柵格來凸顯各地區的差異。不過，柵格的大小影響數據的資訊量，而數據的質量和研究及分析的資源卻存在著交換的關係（trade-off）：越精密的柵格需要更多的數據記錄和電腦資源，越小的柵格常常會加重研究者的負擔，而這是研究者在進行研究時必須作出的取捨。KDE的問題則是經過密度估算後，仍然存在著太多的「戰場」，同時這些「戰場」如Buhaug和Lujala（2005）所指出的成島狀分布，同時缺乏明確的邊界，使蒐集與汲取局部資料存在著一定程度的困難。[2]

其中最大的問題還是對時間維度估算的忽視。時間在政治學研究中，往往比在地理學研究中受到更多的重視。以獅子山的內戰來說，GIS繪圖顯示在約十年間（1991-2000）的慘烈內戰當中，首都自由鎮周邊有著極高的戰鬥密度。若以此場戰爭做為單一案例來研究，研究者可以歸納出「政權紛爭的戰場傾向於集中在首都周邊」的結論，但以現行的方法來分析，不但難以發現首都之外的戰場，同時由於所有的數據缺乏時間的變化，也無法發現首都周邊戰鬥集中的高峰期，亦即主戰場的時間尺度。一般空間傳染病學或是空間犯罪學的研究並未特別突出時間尺度的重要性，因為其一般研究時間較短（從數月到數年不等），而且同質性較高（集中研究一種疾病或是特定

2　這種缺乏明確邊界的狀態被稱為「模糊性（fuzziness）」或是「不確定的環繞區（surrounding zones of uncertainty）」。見Jacquez, G.M., "Spatial Cluster Analysis." In Wilson and Fotheringham (eds.), *The Handbook of Geographic Information Science*. Malden, Mass: Blackwell Publishing.

的犯罪行為）。但是內戰的時間聚集性較可能呈現複雜的樣態，蓋內戰常由一個或多個武裝團體發動，其根據地可能位於不同的地區。而隨著戰爭的進行，國內秩序的崩壞也將在不同地區生成更多的武裝團體，使得戰爭的時空分布更為複雜。

　　為了發現內戰主戰場的時空分布，作者運用了「時空掃描統計（space-time scan statistics）」這個統計工具（Kulldorff 2001; Kulldorff *et al.* 1998; 2005）。掃描統計在自然科學的研究中運用較廣，在流行病學的研究中也常用來進行發掘性的研究（exploratory studies），以找出疾病分布的集中地區和可能的致病源。掃描統計原先是用來找出某個線段（一維）或是平面空間上（二維）點事件的分布，是否有群集（cluster）的現象。以平面的點分布作為例子，若我們想知道某些點的分布是否和亂數產生下的分布有別（通常以泊松分布或伯努利分布來產生），空間掃描統計便是一個可以使用的工具。軟體會以每一個數據點做為中心，產生大小不一的「窗框（windows，通常是圓形）」，並將窗框內的數值與亂數產生的數值進行排比，若某個窗框內的數值與亂數值相比越大、排名越靠前，表示此群集隨機產生的機會越小。Kulldorff等人（2005）在SatScan軟體中加入了時間這個維度，「窗框」成為了一個三維的圓柱體。軟體會不斷改變窗框的大小，並計算窗框內的數據點，與窗框外的數據點分布做比較。其數學式為：

$$\left(\frac{c_W}{\mu_W}\right)^{c_W} \left(\frac{C - c_W}{C - \mu_W}\right)^{(C - c_W)} \tag{1}$$

其中，C是全域中的所有數據點。數學上被定義為：

$$C = \sum_i \sum_t c_{it} \tag{2}$$

　　即所有數據點在不同區域i和時間段t中的集合。式子（1）當中的c_w是被窗框W所納入的數據點數目。而μ_w則是窗框W中的期望值，數學式為：

$$\mu_W = \frac{\sum_i c_{it} \sum_t c_{it}}{\sum_i \sum_t c_{it}}, (i,t) \in W \tag{3}$$

軟體採用最大似然估計法來找出數值最大的窗框數據點集合，並以蒙地卡羅程序（Monte Carlo process）計算統計顯著值。按照不同設定，MC程序會隨機產生99, 999或是9,999個亂數值。窗框內的數值會與亂數值進行排序。觀察值的分布在與999個亂數值加入後相較若排名第一，則其P值則為0.001。掃描統計和其他地理方法一樣，也受到可變地區單位問題（MAUP）的影響。軟體內對窗框大小的設定的預設值是最大不得超過全域面積的50%，而時間窗框的大小也能按照不同的研究需求加以設定，最小的值是「一日」。作者在空間窗框採用預設值，而時間窗框則採用年為單位。

表11-1是SatScan軟體針對獅子山共和國內戰所產生的數據。與其他地理方法相較，時空掃描統計能估計出許多其他方法無法提供的數據，如：

一、每個戰鬥事件時空群集（或稱「主戰場」）的空間半徑：這個數據將有助於研究者估計戰場的大小，並納入周邊可能受影響的變數時空數據點，做進一步的量化分析。

二、主戰場中心的座標值：座標值能讓研究者計算戰場中心與其他研究者關心的變數的距離。

表11-1　獅子山內戰五個主戰場的相關數據

戰場編號	緯度	經度	半徑（公里）	起始日期（月/日/年）	結束日期（月/日/年）	地點數	P值	觀察值	期望值	戰場中心與首都距離（公里）	戰場邊緣與首都距離（公里）
1	7.526	-12.5050	32.85	1/1/1991	12/31/1993	7	0.001	32	7.9	133.4	100.55
2	8.133	-10.7333	18.12	1/1/1992	12/31/1993	3	0.001	15	2.2	277.9	259.77
3	8.091	-12.1280	42.16	1/1/1994	12/31/1996	6	0.001	18	5.2	129.4	87.23
4	9.066	-11.4833	67.39	1/1/1998	12/31/1998	26	0.001	51	22.1	204.1	136.70
5	8.983	-12.7833	78.63	1/1/1999	12/31/2000	34	0.001	74	30.2	74.4	-4.23

三、主戰場的起始和結束時間：研究者能以該數據算出主戰場的持續時間（duration）。主戰場的時間長度也是另一個可以用來計算或代表強度的指標。

四、主戰場包含的不同地點訊息：這個指標可以提供研究者受到戰爭影響最大的地點名稱、數目；研究者也能進一步地與其他相關變數（人口、經濟活動等等）連結，以評估其影響。

五、主戰場包含的戰鬥事件數目：這個數值可用以計算局部的戰鬥密度，並評估戰鬥的局部強度。

表11-1裡也新增了三個變數：戰場的時間長度、首都和戰場中心距離，以及戰場外緣和首都的距離。

SatScan所產生的結果由ArcGIS進行2D繪圖（圖11-7）及3D繪圖（圖11-8）。2D繪圖顯示了由SatScan軟體估算的5個主戰場。圓形邊界顯示了戰場的空間大小，而戰場的起始和結束時間則標示於主戰場旁邊。戰場的標號同時也是其時間上的順序。圖11-8的縱軸則顯示了戰場的持續時間：越長的軸表示戰場持續越久。

圖11-7及圖11-8顯示出獅子山內戰的幾個趨勢。第一是戰場並非固定於某處，而是隨著戰事的變化而移動。由於主戰場顯示的是戰鬥活動最激烈的地區，所以隨著戰場的移動，吾人也能看出整體戰事的變化。首個主戰場發生在西南邊的彭德區（Bonthe District），其後戰場二移動到東南邊的凱拉洪區（Kailahun District）。之後向中間移動，然後移向東北各區，最終向首都自由鎮移動（各區位置參圖11-5）。

獅子山內戰的實際發展也符合本研究對主戰場的估計。1991年3月，由鄰國賴比瑞亞支持的革命聯合陣線（Revolutionary United Front, RUF）越過邊境進入東南邊的凱拉洪區發動首次攻擊，揭開了內戰的序幕。該年4月開始，RUF的武裝部隊開始對駐守在彭德區的獅子山政府守軍發動攻勢（Richards 2001; BBC 2009b）。在1997年前，大部分的戰鬥集中在獅子山的南邊和東南邊省份，戰場編號1、2及3（圖11-7）顯示了戰爭初期最激烈戰鬥的集中處及時間段。

　　1996年總統民選結果出爐，戰鬥稍歇，RUF與政府軍簽署了阿比尚和平協定（Abidjan Peace Accord）。在這段時間內，如戰場分布圖11-7所顯示，沒有任何的主戰場在這段時間內發生。

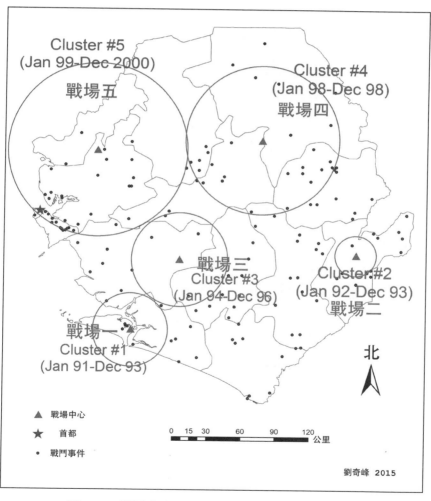

圖11-7　獅子山內戰的五個主戰場（1991-2000）

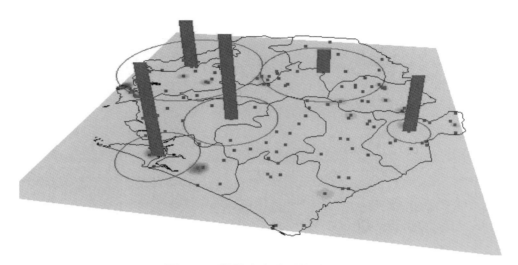

圖11-8　　獅子山主戰場的時間維度

　　1997年5月，政府軍內部軍官發動政變，成立了「武裝部隊革命會議」（Armed Forces Revolutionary Council, AFRC），戰事隨即再起。AFRC之後和RUF結盟，而殘存的政府軍則與另一支武裝部隊「平民防衛部隊」（Civilian Defense Forces, CDF）合作，在「西非國家經濟共同體監察小組（ECOMOG）」聯軍的協助下，於AFRC／RUF在東北各區如寇納杜谷（Koinadugu）和柯諾（Kono）進行激烈攻防戰（NPWJ 2004）。在這個階段，主戰場移動到獅子山的東北邊，如戰場編號4（圖11-7）所顯示。

　　1999年初，AFRC／RUF聯軍開始向首都自由鎮挺進，並與ECOMOG及政府軍聯軍在首都周圍展開激烈攻防，也與來援的聯合國維和部隊（UN-AMSIL）及英國皇家海軍陸戰隊部隊交火（NPWJ 2004）。獅子山的內戰主戰場的最末階段，正如戰場5（圖11-7）所顯示的，開始向首都自由鎮移動，而這個戰場，若以其涵蓋的地區其範圍來看，也是5個戰場中強度最大的（兩年間在34個不同地點發生了74場戰鬥；戰場半徑78.63公里）。

　　圖11-7所顯示的動態主戰場若與一般戰場的靜態定義比較，能看出很大的不同。圖11-9是根據Raleigh等人（2007）的「衝突地點1946-2005（Con-

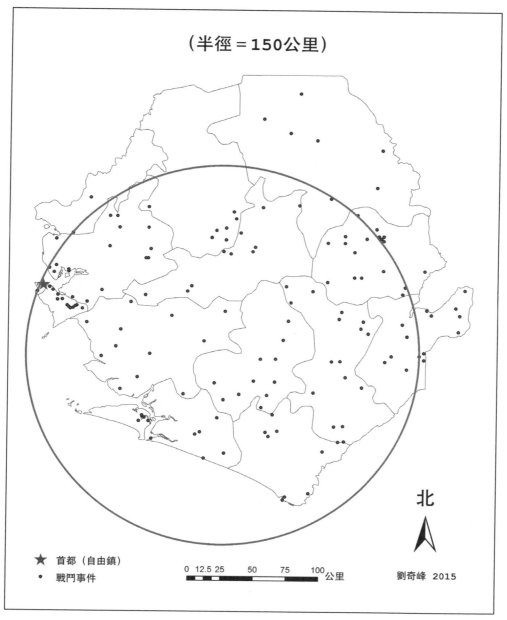

圖11-9　衝突地點（1946-2005）數據庫的非時變戰場

flict Sites 1946-2005）」數據集所繪製的戰場圖。該戰場中心的經緯度定位在北緯8度和西經12度，半徑150公里，涵蓋了獅子山共和國全國約四分之三的面積。這個戰場並未隨著時間而改變，也無法看出及追蹤整場戰爭在強度和時序上的改變。

陸、結語及未來研究方向

運用了時間－空間群集技術分析獅子山共和國內戰（1991-2000），作者展示了以不同的方式概念化測量內戰強度的可能。以相關概念及統計工具，內戰戰鬥強度在不同時段和地區的呈現也可以透過GIS加以可視化。主戰場的概念不但提供了另一種測量的指標，同時由於加入了時間的資訊，也能讓研究者追蹤戰場的軌跡，如同氣象學家定位並追蹤颱風的行進路線一般。

除了能協助研究者在時空維度定位戰鬥群集之外，主戰場概念和時空掃描統計也能為當代內戰的量化和質化研究提供貢獻。對大樣本的量化研究而言，主戰場概念所產生的數據，不但能協助研究者計算主戰場和相關變數在地理空間上的距離，增加的時序數據也能有效地幫助釐清主戰場和其他變數的因果關係。另一方面，集群方法（clustering methods）能讓研究者進行空間數據探索分析（Exploratory Spatial Data Analysis, ESDA）。ESDA有助於建立主戰場和其他內戰相關解釋變數，諸如石油的位置、鑽石礦藏的地點，及其他社會經濟層面的變數，如人口密度、貧窮程度、地區的經濟表現和貿易量等傳統上在國家層面用以解釋內戰的變數。

目前在國際學術界有越來越多的研究者建立了地區層面的數據庫，如石油（The Petrodata; Lujala et al. 2007）、鑽石（Diadata; Gilmore et al. 2005）、聯合國維和行動（PKOLED; Dorussen 2007）、地區族裔群體的分布（Geo-referencing of Ethnic Groups, GREG; Weidmann et al. 2010）。主戰

場概念可與目前越來越多的地理數據庫結合運用，並以GIS和相關地理統計產生出新變數和數據。此外，主戰場也能與邊界研究結合，探索內戰強度和衝突跨國擴散的關係（Starr and Thomas 2005）。

　　對質化研究來說，對主戰場的定位有助於研究者發掘新的變數來解釋為何特定地區有較高的衝突發生率。除了學術研究之外，主戰場也有助於政策層面的研究。例如在評估內戰對於地區的損害及救援行動上，若能發現戰鬥強度最高的地方和發生的時間，也有助於國際組織或志工團體分配協調資源到損害最嚴重的地區。

　　時空群集的主戰場概念的另一個貢獻是在地理研究中引進了時間。以往對內戰的政治地理學研究中，時間並未受到重視。研究者仍傾向以時變性不高的變數，如人口密度、戰爭與首都的距離等來解釋戰爭在局部地區的發生。時間的數據陳了能讓研究者發掘可能的因果關係外，同時也能納入更多的突發變數，如洪水、乾旱、風災、地震等以往因其突發性和非規律性而未受重視的資訊，來解釋內戰在局部地區的發生和不同地區的嚴重性。

參考文獻

BBC. 2009a. "DR Congo seeks Nkunda extradition." *BBC.com.* http://news.bbc.co.uk/2/hi/africa/784763 9.stm, accessed on Dec. 1, 2009.

BBC. 2009b. "Timeline: Sierra Leone." *BBC.com.* http://news.bbc.co.uk/2/hi/africa/1065898.stm, accessed on Dec. 4, 2009.

Anselin, Luc. 1995. "Local Indicators of Spatial Association-LISA." *Geographical Analysis* 27: 2: 93-115.

Boone, Catherine. 2003. *Political Topographies of the African State: Territorial Authority and Institutional Choice.* Cambridge. UK: Cambridge University Press.

Boulding, Kenneth. 1962. *Conflict and Defence: A General Theory.* New York: Harper & Bros.

Braithwaite, Alex. 2006. The Geographic Spread of Militarized Disputes. *Journal of Peace Research* 43: 507-522.

Buhaug, Halvard. 2010. "Dude, Where's My Conflict? LSG, Relative Strength, and the Location of Civil War." *Conflict Management and Peace Science* 27(2): 107-128.

Buhaug, Halvard and Päivi Lujala, 2005. "Accounting for Scale: Measuring Geography in Quantitative Studies of Civil War." *Political Geography* 24(4): 399-411.

Buhaug, Halvard and Jan Ketil Rød, 2006. "Local Determinants of African Civil Wars, 1970-2001." *Political Geography* 25(3): 315-335.

Buhaug, Halvard and Scott Gates, 2002. "The Geography of Civil War." *Journal of Peace Research* 39(4): 417-433

Cederman, Lars-Erik, S. G. Gates and K. S. Gleditsch. 2006. *Disaggregating Civil Wars: Project Proposal Submitted to the European Science Foundation.* http://www.icr.ethz.ch/research/ecrp, accessed on Jul. 1, 2009.

Collier, Paul. 2007. *The Bottom Billion: Why the Poorest Countries Are Failing and What Can Be Done About It.* New York, NY: Oxford University Press.

Collier, Paul *et al.* 2003. *Breaking the Conflict Trap: Civil War and Development Policy.* Washington, DC: The World Bank and Oxford University Press.

Collier, Paul *et al.* 2004. On the Duration of Civil War. *Journal of Peace Research* 41: 253-273

Collier, Paul & Anke Hoeffler, 1998. "On the Economic Causes of Civil War." *Oxford Economic Papers*

50 (4): 563-573.

Collier, Paul and Anke Hoeffler. 2004. "Greed and Grievance in Civil War." *Oxford Economic Papers* 56 (4): 563-595.

Collier, Paul and Nicholas Sambanis. 2005. *Understanding Civil War: Evidence and Analysis*. Vol. 2. Washington, DC: The World Bank.

Clausewitz, K. 1832 [1943]. *On War*. New York: The Modern Library.

David, S. R. 1997. "Internal War: Causes and Cures." *World Politics* 49: 4: 552-576.

De Smith, Goodchild and Longley. 2008. *Geospatial Analysis: A Comprehensive Guide to Principles, Techniques, and Software Tools, Second Edition*. Leicester, UK: Troubador Publishing Ltd.

Dorussen, Han. 2007. "Introducing PKOLED: A Peacekeeping Operations Location and Event Dataset." Paper presented at the Conference on Disaggregating the Study of Civil War and Transnational Violence, University of Essex, Nov. 24-25, 2007.

Fearon, James D. and David Laitin. 2003. Ethnicity, Insurgency, and Civil War. *American Political Science Review* 97: 75-90

Gates, Scott. 2002. "Recruitment and Allegiance: The Microfoundations of Rebellion." *Journal of Conflict Resolution* 46: 1: 111-130.

Ghobarah, H., P. Huth, and B. Russett. 2003. "Civil Wars Kill and Maim People-Long After the Shooting Stops." *American Political Science Review* 97: 2: 189-202.

Gilmore, Elisabeth, Nils Petter Gleditsch, Päivi Lujala and Jan Ketil Rød, 2005. "Conflict Diamonds: A New Dataset." *Conflict Management and Peace Science* 22 (3): 257-292.

Gleditsch, N. P., P. Wallensteen, M. Sollenberg and H. Strand. 2002. "Armed Conflict 1946-2001: A New Dataset." *Journal of Peace Research* 39: 5: 615-37.

Herbst, Jeffrey. 2000. *States and Power in Africa*. Princeton, NJ: Princeton University Press.

Jacquez, G. M. "Spatial Cluster Analysis." In Wilson and Fotheringham (eds.), *The Handbook of Geographic Information Science*. Malden, Mass: Blackwell Publishing.

Kalyvas S. N., I. Shapiro and T. Masoud (eds.). 2008. *Order, Conflict and Violence*. Cambridge: Cambridge University Press.

Kennedy, F. H. 1998. *The Civil War Battlefield Guide*, 2nd ed. Boston: Houghton and Mifflin.

Klingberg, Frank L. 1966. "Predicting the Termination of War: Battle Casualties and Population Losses." *Journal of Conflict Resolution* 10: 129-171.

Kulldorff, M, Heffernan R, Hartman J, Assunção RM, Mostashari F. 2005. "A Space-time Permutation

Scan Statistic for the Early Detection of Disease Outbreaks." *PLoS Medicine 2*: 216-224.

Kulldorff, M. 1997. "A Spatial Scan Statistic." *Communications in Statistics: Theory and Methods, 26*: 1481-1496.

Lacina, Bethany and N. P. Gleditsch. 2005. "Monitoring Trends in Global Combat: A New Dataset of Battle Deaths." *European Journal of Population* 21: 145-166.

Lujala, Päivi; Jan Ketil Rød and Nadia Thieme, 2007. "Fighting over Oil: Introducing A New Dataset." *Conflict Management and Peace Science* 24: 239-256.

Lowi, Miriam, R. 2005. "Algeria, 1992-2002: Anatomy of a Civil War." In Paul Collier and N Sambanis (eds.), *Understanding Civil Wars* v.1. Washington DC: World Bank.

Melander, Erik, Magnus Öberg, and Jonathan Hall. 2006. The 'New Wars' Debate Revisited: An Empirical Evaluation of the Atrociousness of 'New Wars, Uppsala Peace Research Papers No. 9. Uppsala: Department of Peace and Conflict Research, Uppsala University.

Melander, Erik and Magnus Öberg. 2007. "The Threat of Violence and Forced Migration: Geographical Scope Trumps Intensity of Fighting." *Civil Wars* 9: 2: 156-173.

Modelski. G. 1964. "The International Relations of Internal War." In Rosenau, J. N. (eds.), *International Aspects of Civil Strife*. Princeton, NJ: Princeton Univ. Press.

Moore, Will H. 2005. A Problem with Peace Science: The Dark Side of COW. Paper presented at the Peace Science Society (International), Nov. 5, 2005. Iowa City, Iowa.

Mueller, J. 2004. *The Remnants of War*. Ithaca, NY: Cornell University Press.

NPWJ (No Peace Without Justice). 2004. *Conflict Mapping in Sierra Leone: Violations of International Humanitarian Law 1991 to 2002*. Freetown, Sierra Leone: No Peace Without Justice.

O' Sullivan, P. 1991. *Terrain and Tactics*. New York: Greenwood.

O'Loughlin J., and C. Raleigh. 2007. "Spatial Analysis of Civil War Violence." *Handbook of Political Geography*. London: Sage. 493-508.

O'Loughlin J. and F. Witmer. 2005. "Taking 'Geography' Seriously: Disaggregating the Study of Civil Wars." Paper presented at the conference on "Disaggregating the study of civil war and transnational violence." University of California Institute of Global Conflict and Cooperation, La Jolla, CA.

Openshaw, Stan. 1983. *The Modifiable Areal Unit Problem*. Norwich, UK: Geo Books.

Pasha, Aneeza. 2008. "Humanitarian Impact Evaluation: Battlefield Area Clearance in South Lebanon." *The Journal of ERW and Mine Action* 12: 2.

Proctor, S. *et al.* 2005. "Spatial Analysis of 1991 Gulf War Troop Locations in Relationship with Postwar Health Symptom Reports Using GIS Techniques." *Transactions in GIS* 9: 381-396.

Raleigh, Clionadh & Håvard Hegre, 2005. Introducing ACLED: An Armed Conflict Location and Event Dataset. Paper presented to the conference on *Disaggregating the Study of Civil War and Transnational Violence,* University of California Institute of Global Conflict and Cooperation, San Diego, CA, March 7-8.

Richards, Paul. 2001. "War and Peace in Sierra Leone." *The Fletcher Forum of World Affairs* 25: 41-50.

Richardson, Lewis F. 1960. *Statistics of Deadly Quarrels*. Pittsburgh, PA: The Boxwood Press.

Rummel, R.J. 1997. *Statistics of Democide: Genocide and Mass Murder Since 1900*. Charlottesville, VA: Center for National Security Law, School of Law, University of Virginia.

Sambanis, Nicholas. 2004. "What is Civil War?" *The Journal of Conflict Resolution* 48(6): 814-858.

Scott. A. M. 1964. "International Violence as an Instrument of Cold Warfare." In Rosenau, J. N. (eds.), *International Aspects of Civil Strife.* Princeton, NJ: Princeton Univ. Press.

Singer, David and M. Small. 1972. *The Wages of War, 1816-1965: A Statistical Handbook.* New York: John Wiley & Sons.

Sivard, R L. 1987. World Military Expenditure. Washington DC: World Priorities.

Small, Melvin and J David Singer. 1982. *Resort to Arms: International and Civil Wars, 1816-1980.* Beverly Hills, CA: Sage.

Smallman-Raynor, M and A. D. Cliff. 1999. "The spatial dynamics of epidemic diseases in war and peace: Cuba and the insurrection against Spain, 1895-98." *Transactions of the Institute of British Geographers* 24: 3: 331-352.

Smallman-Raynor, M.R. and A. D. Cliff. 2004. War Epidemics: An Historical Geography of Infectious Diseases in Military Conflict and Civil Strife, 1850-2000. UK: Oxford University Press.

Stead, C.F. 1997. "Oil Fires Petroleum and Gulf War Illness." Testimony to House SubCommmittee on Human Resources and Intergovernmental Relations, Chairman Shays C. Jun. 26, 1997.

Starr, Harvey and G Dale Thomas. 2005. The Nature of Borders and International Conflict: Revisiting Hypotheses on Territory. *International Studies Quarterly* 49: 123-139.

Weidmann, N. B., H. Hegre, and C. Raleigh. 2006. "Modeling Spatial and Temporal Patterns of Civil War." Paper presented at the Annual Meeting of the American Political Science Association, Philadelphia.

Weidmann, Nils B., Jan Ketil Rød and Lars-Erik Cederman. 2010. "Representing Ethnic Groups in

Space: A New Dataset." *Journal of Peace Research*. In press.

Zipf, G. K. 1946. "The P1P2/ D hypothesis: on the Intercity Movement of Persons." *American Sociological Review* 11: 677-686.

國家圖書館出版品預行編目資料

和平與衝突研究：理論新視野／湯智貿等著.
-- 初版. -- 臺北市：五南，2017.04
　　　面；　公分.
ISBN 978-957-11-8959-8（平裝）
1.衝突 2.和平 3.恐怖主義 4.文集
541.6207　　　　　　　　　　105023093

1PAN

和平與衝突研究：
理論新視野

作　　者 ― 湯智貿（433.5）、吳崇涵、陳宗巖、邱奕宏
　　　　　　廖小娟、楊仕樂、郭祐輖、顏永銘、吳俊德
　　　　　　劉奇峰、李佳怡

發 行 人 ― 楊榮川

總 編 輯 ― 王翠華

主　　編 ― 劉靜芬

責任編輯 ― 張若婕

封面設計 ― P.Design視覺企劃

出 版 者 ― 五南圖書出版股份有限公司

地　　址：106台北市大安區和平東路二段339號4樓

電　　話：(02)2705-5066　　傳　真：(02)2706-6100

網　　址：http://www.wunan.com.tw

電子郵件：wunan@wunan.com.tw

劃撥帳號：01068953

戶　　名：五南圖書出版股份有限公司

法律顧問　林勝安律師事務所　林勝安律師

出版日期　2017年4月初版一刷

定　　價　新臺幣350元